跟我学做一流汽修技师丛书

汽车故障诊断一点通

栾琪文 著

机械工业出版社

本书从汽车故障诊断入门实际需要出发，全面介绍汽车故障诊断的思路和诊断方法，内容包括：汽车故障诊断的思路，故障码、数据流分析要点与应用技巧，故障诊断的切入点，简单、复杂和奇怪故障的应对策略，如何避免误诊断以及疑难故障诊断技巧等。

本书内容重点突出，图文并茂，通俗易懂，特别适合汽车维修人员尤其是初级入门者阅读，能够起到举一反三、事半功倍的效果，是一本实用的汽车故障诊断入门与提升的学习用书。

图书在版编目（CIP）数据

汽车故障诊断一点通/栾琪文著． —北京：机械工业出版社，2018.1（2021.1重印）

（跟我学做一流汽修技师丛书）

ISBN 978-7-111-59274-7

Ⅰ. ①汽… Ⅱ. ①栾… Ⅲ. ①汽车–故障诊断 Ⅳ. ①U472.42

中国版本图书馆CIP数据核字（2018）第038885号

机械工业出版社（北京市百万庄大街22号 邮政编码100037）
策划编辑：齐福江　责任编辑：齐福江　李　然
责任校对：王　延　封面设计：鞠　杨
责任印制：常天培
北京盛通商印快线网络科技有限公司印刷
2021年1月第1版第3次印刷
184mm×260mm·16.5印张·395千字
6 001—7 000册
标准书号：ISBN 978-7-111-59274-7
定价：65.00元

凡购本书，如有缺页、倒页、脱页，由本社发行部调换

电话服务　　　　　　　　　　网络服务
服务咨询热线：010-88361066　机工官网：www.cmpbook.com
读者购书热线：010-68326294　机工官博：weibo.com/cmp1952
　　　　　　　010-88379203　金　书　网：www.golden-book.com
封面无防伪标均为盗版　　教育服务网：www.cmpedu.com

序
时代呼唤真正的汽车诊断

当看到栾琪文老师这本书稿的时候，与栾琪文老师交往的经历历历在目：从一起交流如何开展汽车诊断师大赛，到共同走上各地讲台；从讨论汽车诊断师思路的应用，到诊断案例的深夜交流。从汽车诊断师大赛的评委，到成为诊断师大赛的组织者，栾琪文老师始终坚守着工匠精神。

栾琪文老师是汽修圈的名人，很多院校采用的教材都是栾老师的著作。他不是只会编书的专家，而是一个"上得了讲堂，下得了车间"的真专家，是真正的实力派。

我一直想写一本关于"汽车诊断思路和方法"的书，但总是阴差阳错，到现在仍没有写完。这些年，我一直在讲"汽车故障诊断"，一直在全国各地搞"汽车诊断师大赛"，还和栾老师联手讲过几次课，但是也没有写出这本书，直到栾老师拿着书稿找到我，希望我为之作序，我才意识到：栾老师才是这本书的最佳作者，这是行业的众望所归。

汽车诊断，是汽车维修行业的技术核心。类似于医院的门诊，汽修企业也可称为"汽车医院"，对应的核心人物就是"汽车医生"——汽车诊断师。汽车诊断师要有很强的专业基础和实战经验，这是汽修行业的软肋之一——缺医（诊断师）少药（放心配件）。

《汽车故障诊断一点通》这本书的出版适逢其时！全国汽车诊断师大赛的数万名选手都在问我：有没有合适的书推荐给大家，这本书显然是再合适不过了。

在我看来，这本书具有以下几个特点：

（1）内容结构特别好，从诊断思路到故障码分析，从数据流到执行元件测试，从各个故障现象的切入点到疑难杂症分析，就像福尔摩斯探案一样，带你走入汽车诊断师的思维领地。

（2）语言轻松，甚至福尔摩斯这些耳熟能详的大侦探都走到了你的身边。

（3）作者权威，栾琪文的技术实力不必多说，他是集理论教学与技术实践于一身的专家，并且具备从事汽车诊断师大赛裁判工作的实际经验，对汽车诊断师的实际水平和技术需求最为了解。

一提起汽车诊断，我相信绝大多数人想到的是疑难杂症，想到的是各种难题故障，想到的是车辆抛锚之后的事情。其实,这种看法是片面的,至少在对汽车诊断的认识上是片面的。

真正的汽车诊断是"发生在零部件更换之前的一系列的科学的判定行为,是基于数据分析得出的结论",这是我给汽车诊断下的定义。

如果让我给汽车维修人员找一个个人技术成长的最终目标,那一定是"汽车诊断师"。目前,汽车行业对汽车诊断有很多认知误区,在此说明一下:

(1) 诊断≠修车:汽车诊断是发生在修车之前的事情。

(2) 诊断≠检测:汽车诊断包含"检测+判断","诊"是检测,"断"是结论。

(3) 诊断≠电脑检测仪:汽车诊断需要对汽车数据进行采集分析,包括物理数据、电器数据、尾气数据、机械数据等,而电脑检测仪提供的数据只占所有数据的30%左右。

(4) 诊断≠故障诊断:汽车诊断包含配件诊断、车辆性能诊断和故障诊断三个部分。

如果说知识的差距导致了行动的莽撞,那么理念的差距直接导致了发展进程的缓慢。我今年在云南、吉林、上海、苏州、深圳、济南等很多城市进行了一圈公益巡讲,发现上面的认识误区是普遍存在的。一路下来,就更激发了我要把"先诊断后保养""无诊断不维修"的理念推向全国。

《汽车故障诊断一点通》来得正是时候!

诊断是检验汽车维修从业者技能的试金石!

诊断是修理厂留住客户的镇宅宝!

诊断是技术,也是经营。

祝愿中国所有的修理厂、配件企业和4S店都有自己的诊断师,祝愿所有优秀的汽修人都成为诊断师!

中国汽车诊断师大赛组委会主任
全国总工会汽车行业杰出贡献者
安莱(北京)汽车技术研究院院长
中央电视台"每周质量报道"资深汽车技术专家
清华大学特聘讲师
阚有波

前　言

　　动手写本书是九年前的事了，那时机械工业出版社的齐福江先生找到我，建议写一本指导大家如何进行汽车故障诊断的书，不仅汽车维修人员一看就明白，有助于修好车，而且对广大车主诊断汽车故障有指导意义。

　　于是这九年作者写写停停、停停写写，有时竟无从下笔。我在大学学的是汽车维修，毕业后从事汽车维修工作达28年。在大、小型修理厂和4S店售后服务站均工作过，修理工、班长、车间主任、技术总监、服务经理、站长、厂长等维修岗位也都经历过。在4S店或特约服务站接触过丰田、一汽-大众、奥迪、红旗、中华、奇瑞、东南、长安、海马、猎豹等品牌。这些年修车技术不断增长，获得了市级修理工比赛的第三名，一汽轿车全国技术比武的技术能手、齐鲁首席技师等称号，一直在摸索写什么能对现在的汽车维修人员有指导意义，能达到"醍醐灌顶"的作用。

　　2013年我培训的选手在全国发动机大赛中获得了第一名，第一次带领选手参加山东省职业院校汽车维修技术大赛就获得了一等奖，这两次培训，让我知道应该写什么了。我认为本书不能仅仅讲解高深的技术，更应该将自己的经验、诀窍写出来给初入修理行业或入行不久的修理工参考学习，使他们进步更快一些，将自己走的弯路写出来帮助他们避免犯同样的错误，将维修要点和注意事项写出来帮助他们"健康"地成长。做到让读了本书的人，技术水平更进一步。

　　基于这些想法，主要从以下几方面进行讲解：

　　（1）全书始终贯彻理清思路、规范流程的原则。授人以鱼不如授人以渔，教给维修人员一个好的方法、一个正确的思路，告诉他们应该如何按照正确的流程来维修，少走弯路。

　　（2）注意实用性。本书有大量的故障诊断案例，实用性强。这些案例均来自作者自己的维修实践经验或作者与一线维修总监或技师共同总结的维修经验，对排除故障有实际的参考价值，对维修过程中少走弯路有着实际的指导意义。

　　（3）内容丰富。本书内容涉及汽车故障诊断的方方面面，内容较为广泛。

　　本书在写作过程中得到了张华、高辉波、姚美红、周得荣、李伟、胡智厚、栾俊峰、张杰等的大力支持，在此表示衷心感谢。

　　由于时间仓促，书中难免有不当之处，恳请广大读者批评指正。

作　者

目　　录

序	时代呼唤真正的汽车诊断
前言	

第一章　汽车故障诊断的思路……………1

第一节　汽车故障诊断里的智慧………1
一、汽车故障诊断概述…………………1
二、香草冰激凌引发的汽车故障………2
三、不爱"加班"的中华轿车……………3
四、汽车故障诊断的奇思妙想…………4

第二节　福尔摩斯与汽车故障诊断的逻辑思维……………………5
一、福尔摩斯探案对汽车故障诊断的启示………………………………5
二、汽车故障诊断的逻辑思维…………7
三、汽车故障诊断的方法………………9
四、宝马售后服务的汽车故障5步诊断法………………………………14

第三节　汽车故障诊断的思路………15
一、汽车故障诊断的步骤………………16
二、别把自己"搞晕"……………………19
三、合理、简捷的思路是很好的思路……20

四、德国人的故障诊断思路……………24

第二章　认清爱捉弄人的故障码………28

第一节　故障码概述……………………28
一、故障码与故障现象和部件故障的关系……………………………………28
二、故障码指示部件不一定有故障……29
三、有故障码不一定有故障现象………30

第二节　故障码分析……………………31
一、无故障码却有故障现象……………31
二、有些故障码制造了故障，其实动动手指就可以解决……………………………33
三、模糊故障码的分析方法……………34
四、故障码和故障现象相差很远的分析方法……………………………………35
五、有故障码和故障现象，但故障码指示部件无故障的分析方法……………36
六、更换零部件后还会出现故障码……37
七、同时出现多个故障码的分析方法…38
八、偶发性故障码的分析方法…………40
九、同一故障现象却有不同的故障码出现……………………………………41
十、出现故障的部件与故障码指示的部件不同…………………………………43

目 录

十一、外界因素引起的故障码 …………… 44
第三节　故障码的诊断流程 ……………… 45
　　一、故障码的诊断 ………………………… 45
　　二、故障码不是万能的 …………………… 48
　　三、机械故障也会有故障码出现 ………… 49
　　四、故障码时有时无的诊断方法 ………… 49
　　五、失火故障码诊断 ……………………… 50
　　六、三元催化转化器效率低于极限值故障码
　　　　的诊断 ………………………………… 51
　　七、最大适配长换档故障码的诊断 ……… 52
　　八、无故障码要多考虑机械方面的故障 … 52
　　九、发动机混合气变浓和混合气变稀的故障码
　　　　分析 …………………………………… 53

第三章　让数据流说话 …………… 55

第一节　数据流分析方法 ………………… 55
　　一、数据流会说话 ………………………… 55
　　二、标准数据流的比较 …………………… 56
　　三、状态参数变化比较 …………………… 57
　　四、无标准数据流对比的分析方法 ……… 57
　　五、不同工况数据流的对比 ……………… 58
　　六、不同负荷状态数据流的比较 ………… 59
　　七、不同系统的数据流可相互参考 ……… 59
　　八、多个数据流不正常的分析方法 ……… 60
　　九、数据流的经验值 ……………………… 61
第二节　发动机常用数据流分析 ………… 62
　　一、进气歧管压力传感器数据流分析 …… 62
　　二、节气门位置传感器数据流分析 ……… 63
　　三、空气流量计数据流分析 ……………… 64
　　四、氧传感器数据流分析 ………………… 65
　　五、空燃比传感器数据流分析 …………… 67
　　六、短期燃油修正与长期燃油修正 ……… 68
　　七、加速踏板位置传感器信号分析 ……… 71
　　八、活性炭罐电磁阀数据流分析 ………… 72
　　九、离合器开关信号分析 ………………… 73
　　十、车速信号分析 ………………………… 74
　　十一、缸内直喷系统的燃油压力数据流
　　　　　分析 ………………………………… 74
　　十二、柴油共轨系统的燃油压力数据流
　　　　　分析 ………………………………… 76
　　十三、喷油脉宽信号分析 ………………… 76

十四、增压压力数据流分析 ……………… 77
第三节　底盘常用数据流分析 …………… 78
　　一、自动变速器数据流分析 ……………… 78
　　二、DSG 数据流分析 ……………………… 80
　　三、ABS 数据流分析 ……………………… 81
　　四、转向系统数据流分析 ………………… 83
　　五、轮胎压力监控系统数据流分析 ……… 84
第四节　车身电气系统数据流分析 ……… 87
　　一、空调系统数据流分析 ………………… 87
　　二、安全气囊数据流分析 ………………… 91
　　三、氙气前照灯数据流分析 ……………… 94
　　四、车灯控制 ……………………………… 98
　　五、车门控制 ……………………………… 107
　　六、充电系统数据流分析 ………………… 108
　　七、多媒体系统数据流分析 ……………… 109

第四章　这些方法很实用 ………… 111

第一节　执行元件动作测试 ……………… 111
　　一、执行元件动作测试功能简介 ………… 111
　　二、喷油量和进气量的执行元件动作
　　　　测试 …………………………………… 113
　　三、电动水泵和冷却风扇的执行元件
　　　　动作测试 ……………………………… 116
　　四、异响诊断与执行元件动作测试 ……… 116
　　五、空气悬架系统的动作测试 …………… 117
　　六、发电机执行元件动作测试 …………… 118
　　七、利用执行元件动作测试激活不动作
　　　　的部件 ………………………………… 118
　　八、利用执行元件动作测试功能检查偶发
　　　　故障 …………………………………… 119
　　九、执行元件动作测试可以理清故障排除
　　　　的思路 ………………………………… 119
第二节　气缸功率平衡和缺火 …………… 120
　　一、气缸功率平衡 ………………………… 120
　　二、发动机缺火数据 ……………………… 120
　　三、冻结帧数据 …………………………… 121
第三节　少有人用的好方法 ……………… 125
　　一、冰点测试仪 …………………………… 125
　　二、进气歧管真空度的测量 ……………… 126
　　三、排气压力的测量 ……………………… 128
　　四、气缸漏气量的检测 …………………… 129

· VII ·

五、光纤短接头 …………………… 130
六、总线节点诊断器 ………………… 131
七、废气分析仪 ……………………… 132
八、温度计测量法 …………………… 133

第五章　故障诊断的切入点………… 135

第一节　故障诊断如何切入 ………… 135
一、故障诊断切入点的选择 ………… 135
二、准确把握故障诊断的切入点 …… 136

第二节　发动机故障诊断的切入点 … 138
一、起动机不工作故障诊断的切入点 … 138
二、发动机无初始燃烧迹象故障诊断的
　　切入点 ………………………… 140
三、发动机有初始燃烧迹象但无法起动故
　　障诊断的切入点 ……………… 143
四、发动机起动后熄火故障诊断的
　　切入点 ………………………… 143
五、发动机冷热车均起动困难故障诊
　　断的切入点 …………………… 144
六、发动机冷车起动困难故障诊断的
　　切入点 ………………………… 145
七、发动机热车起动困难故障诊断的
　　切入点 ………………………… 145
八、发动机怠速过高故障诊断的切入点 … 146
九、发动机怠速过低故障诊断的切入点 … 147
十、怠速不稳故障诊断的切入点 …… 149
十一、加速无力故障诊断的切入点 … 151
十二、行驶加速耸车故障诊断的切入点 … 153
十三、发动机回火故障诊断的切入点 … 154
十四、排气管放炮故障诊断的切入点 … 154
十五、回火且放炮故障诊断的切入点 … 155
十六、排气管冒黑烟故障诊断的切入点 … 155
十七、发动机冷却液温度过高故障诊断
　　的切入点 ……………………… 156
十八、冷却液泄漏故障诊断的切入点 … 156
十九、发动机过热故障诊断的切入点 … 156
二十、机油压力过低故障诊断的切入点 … 157
二十一、机油消耗过多故障诊断的
　　切入点 ………………………… 158

第三节　底盘故障诊断的切入点 …… 160
一、离合器打滑故障诊断的切入点 …… 160
二、手动变速器挂档困难故障诊断的
　　切入点 ………………………… 160
三、自动变速器换档冲击故障诊断的
　　切入点 ………………………… 161
四、自动变速器不能升档故障诊断的
　　切入点 ………………………… 162
五、自动变速器不能行驶故障诊断的
　　切入点 ………………………… 163
六、制动效果差故障诊断的切入点 …… 166
七、制动跑偏故障诊断的切入点 …… 167
八、制动拖滞故障诊断的切入点 …… 168
九、驻车制动不良故障诊断的切入点 … 168
十、电控助力转向沉重故障诊断的
　　切入点 ………………………… 169
十一、汽车方向稳定性不良故障诊断的
　　切入点 ………………………… 170

第四节　电气系统故障诊断的
　　切入点 ………………………… 171
一、空调不制冷故障诊断的切入点 …… 171
二、空调间歇不制冷故障诊断的
　　切入点 ………………………… 173
三、灯光故障诊断的切入点 ………… 174

第六章　简单、复杂和奇怪的故障 … 179

第一节　奇怪故障不奇怪 …………… 179
一、电路"生怪病" ………………… 179
二、"恐怖的烟雾" ………………… 180
三、换散热器后风扇常转 …………… 180
四、无漏点却漏气 …………………… 181
五、就是把车上所有部件都换了也排除
　　不了的故障 …………………… 181
六、外来因素的影响 ………………… 182
七、正时标记都对但配气相位不对 … 183
八、奇怪的发动机熄火 ……………… 183
九、雨天打开刮水器发动机会熄火 … 184
十、摆脱"奇怪"的心理 …………… 184
十一、车辆产生如失火一样的耸车 … 185
十二、轿车正时接二连三出现问题 … 185
十三、一个 ABS 的通信系统故障码影响了
　　CVT …………………………… 186
十四、地理位置不好引发的故障 …… 186

目 录

　十五、发动机部件的故障引起变速器的故障 ………………………… 187
　十六、宝马X5制动失效源于三元催化转化器堵塞 ……………… 187
　十七、挂前进档发动机熄火 ……… 188
第二节　复杂故障不复杂 …………… 189
　一、复杂故障有时其实很简单 …… 189
　二、配件都换了故障还存在 ……… 190
　三、两个或多个故障部件或故障原因引起的故障 ………………… 191
　四、表面看起来正常，内部不一定正常 …………………………… 192
　五、只换损坏的部件不一定成功 … 193
　六、机械故障当成电器故障排除 … 193
　七、烦人的异响 …………………… 194
　八、更换控制单元要仔细 ………… 195
　九、清洗进气系统、喷油器和三元催化转化器后的设定 ……… 195
　十、诊断仪不能进入电控系统 …… 196
第三节　简单故障不简单 …………… 197
　一、看似简单的故障排除很难 …… 197
　二、哪里漏油不一定就要处理哪里 … 198
　三、零件坏了就换不一定可行 …… 202
　四、处理冷却系统漏水要多思考 … 202
　五、奇怪的转向系统异响和漏油故障 … 203
　六、简单故障处理不好会引起复杂故障 …………………………… 203

第七章　如何避免误诊断 …………… 204

第一节　逻辑思维和惯性思维 ……… 204
　一、两道智力测试题 ……………… 204
　二、机械故障引发上海通用别克新世纪和君威（旧车型）轿车漏电 … 204
　三、螺栓松动引起上海大众帕萨特领驭轿车的发动机故障指示灯亮 … 205
　四、一喷油就着车却不是燃油系统的故障 …………………………… 206
　五、有油有火有压缩压力，正时正确发动机未必能工作 …………… 206
　六、发动机失火的感觉 …………… 207
　七、颠覆传统的热车起动困难故障 … 207

　八、其他有异议的故障诊断方法 … 210
第二节　误诊断原因分析 …………… 211
　一、不了解结构和工作原理 ……… 211
　二、没掌握基本电路和原理 ……… 212
　三、位置不熟悉 …………………… 214
　四、故障码引起的误诊断 ………… 215
　五、数据流给人错觉 ……………… 215
　六、思想简单，想当然 …………… 216
　七、假冒配件害人不浅 …………… 217
　八、假经验作祟 …………………… 218
第三节　如何避免误诊断和假经验 …………………………………… 218
　一、适应各种变化 ………………… 218
　二、熟悉不同车型的不同结构 …… 219
　三、掌握不同车龄的不同故障的特点 … 222
　四、不被表面现象迷惑 …………… 223
　五、避免故障码引起的误诊断 …… 224
　六、正确使用零件替换法 ………… 225
　七、多分析多思考 ………………… 226

第八章　疑难故障诊断技巧 ………… 227

第一节　间歇性故障诊断技巧 ……… 227
　一、间歇性故障考验智力、耐心和信心 …………………………… 227
　二、间歇性故障产生的原因 ……… 228
　三、常用的八种间歇性故障诊断方法 … 228
　四、间歇性故障诊断需要逻辑分析 … 233
　五、间歇性故障的瞬态记录法 …… 233
　六、排除法诊断间歇性故障 ……… 235
第二节　漏电故障检查技巧 ………… 236
　一、漏电的原因 …………………… 236
　二、漏电的检查方法 ……………… 237
　三、漏电逻辑推理方法 …………… 239
　四、漏电排除方法 ………………… 240
　五、综合检测和分析法查找漏电 … 241
第三节　疑难故障诊断综合技巧 …… 244
　一、虚接故障诊断 ………………… 245
　二、搭铁不良 ……………………… 247
　三、CAN线和LIN线的测量 ……… 249
　四、信号波形的测量 ……………… 251

参考文献 ……………………………… 253

第一章 汽车故障诊断的思路

第一节 汽车故障诊断里的智慧

一、汽车故障诊断概述

1. 汽车故障简介

汽车故障是指汽车部分或完全丧失工作能力的现象,其实质是汽车零件本身或零件之间的配合状态发生了异常变化。汽车的工作性能是动力性、经济性、工作可靠性及安全环保等性能的总称。

2. 汽车故障的分类

根据分类目的不同,汽车故障的分类多种多样,常见的故障分类如下:
1) 按汽车丧失工作能力的程度可分为局部故障和完全故障。
2) 按故障发生的后果可分为轻微故障、一般故障、严重故障和致命故障。
3) 按故障发生的性质可分为自然故障和人为故障。
4) 按故障发生的速度可分为突发性故障和渐进性故障。
5) 按故障表现的稳定程度可分为持续性故障和间歇性故障。
6) 按故障显现程度可分为可见性故障和潜在性故障。

3. 汽车故障形成的主要原因

1) 汽车存在易损零件。
2) 零件本身存在质量差异。
3) 燃油及润滑油的质量差异。
4) 运行环境的影响。
5) 使用方法的影响。
6) 故障诊断和维修技术的影响。

4. 汽车故障诊断简介

汽车故障诊断是在不解体的条件下,确定汽车技术状况或查明故障部位、原因进行的检测、分析与判断。

汽车故障诊断的目的是找出故障发生的准确部位，为尽快修复汽车提供可靠依据。汽车故障诊断的最终结果是对汽车故障点做准确定位。

二、香草冰激凌引发的汽车故障

说起汽车维修，人们的第一反应就是"脏""累""苦"，可是里面却暗藏智慧。

美国通用汽车公司一位客户的汽车出现了一个有趣的故障。

这位客户写信给美国通用汽车公司，提到他家有饭后吃冰激凌的习惯，就是每天在吃完晚餐后，都会用冰激凌当饭后甜点。因为冰激凌的种类很多，所以每天饭后大家需要投票决定吃哪种，他再开车去买。最近，他买了一部通用公司的新车，奇怪的是，只要他买的是香草冰激凌，从店里出来汽车就无法起动。但如果买的是其他种类的冰激凌，他就可以非常顺利地起动汽车。于是他认为是香草冰激凌与汽车之间存在不匹配。

通用汽车公司的工程师开始都认为这是无稽之谈，不同种类的冰激凌怎么可能和汽车的起动有关系？因此一直没有回复他。可是客户一直在执着地催促，于是他们决定派一位工程师去调查一下。

工程师安排同这位客户在他刚用完晚餐后见面，之后两人驾车驶向冰激凌店。恰巧那天晚上的投票结果是香草冰激凌，当客户买好冰激凌回到车上后，汽车竟然真的不能起动了！

工程师之后又依约来了三个晚上：

第一晚，巧克力冰激凌，汽车没事。

第二晚，草莓冰激凌，汽车也没事。

第三晚，香草冰激凌，汽车无法起动。

工程师没有预料到会这样，但他还是坚决不相信这位客户的汽车会对香草冰激凌"过敏"。于是他继续安排相同的行程，希望能够解决这个问题。他记下了详细的资料，如时间、汽车使用油的种类、汽车离开及返回的时间等。

最后他发现了线索：客户购买香草冰激凌所花的时间比买其他冰激凌要短。因为香草冰激凌很受欢迎，故分箱摆在货架前面，很容易取到。

接下来工程师所要解决的疑问是，为什么这部车会因为从熄火到重新起动的时间较短就会不起动？绝对不是因为香草冰激凌的关系，工程师很快想到，答案应该是"蒸气锁"。因为当这位客户购买其他种类的冰激凌时，由于时间较长，发动机有足够的时间散热，重新起动时就没有太大的问题。但在购买香草冰激凌时，由于所花的时间较短，发动机太热以至于无法让"蒸气锁"有足够的散热时间。

这个故事流传了很久，相信不少朋友都听过。故事中的"蒸汽锁"（Vapour Lock），在汽车故障检修中不是具体的实物，而是一种现象——像汽车上使用的液体，如汽油、制动液等被过度加热后，在密闭管路中液体之间会出现积存一段空气的现象，一般也称为"气阻"。当汽车的供油系统发生气阻时，供油系统的燃油就会断断续续，汽车会因此而起动不了或者在行驶过程中出现发动机熄火。

在这个故事中，购买香草冰激凌与汽车故障存在着逻辑关系。而问题的症结在于"气阻"，这虽是一个很小的细节，却被智慧、细心的工程师发现了。

用脑思考，注重细节，细心分析，最后终于找出故障的原因，汽车维修需要智慧。

三、不爱"加班"的中华轿车

我曾经遇到过一个奇怪的故障：一位客户提到只要他加班，他的中华轿车就会"罢工"。

2009年秋天的一个早上，刚一上班就接到客户打来的电话，反映他的中华轿车不能行驶了。我按照客户说的地址开车赶去，车停在一个石材厂前，客户也刚刚赶到。

"我的车昨晚不肯走了。"刚一见面，客户就抱怨。

这是一辆2004年款中华尊驰轿车，带自动变速器，已经行驶了十七万多千米。我尝试起动发动机，"挂档加油"，车辆顺利起步了，没发现问题。

客户对此感到很奇怪。我怀疑是偶发故障，就用诊断仪检测了发动机和自动变速器系统，结果一切正常。客户见没有故障，就决定等有故障出现时再说。

三天后，我打电话回访客户，客户反映他的车好像得了"怪病"——如果客户下班后按时回家，车辆没有故障；如果客户加班，车辆就不走了。

有这么奇怪的故障？加班和车辆有什么关系？于是我建议客户将车开到修理厂好好检查一下，可能是哪里接触不良。

客户将车开到了修理厂，我仔细检查了一遍，自动变速器油的油量和油质均没有问题，检查线路也没发现问题。只是感觉车辆整天在乡下跑挺脏的，就对变速器的外表进行了简单清洗，并将插接器重新插好，客户将车开走。几天后，客户打电话来反映故障依旧。

我决定见识一下，这辆中华轿车是怎样不爱"加班"的。

某天傍晚我按照预约的时间来到石材厂，中华轿车已经停在门外，我尝试起动发动机、挂档，没有发现任何问题。客户开始加班，大约过了一个小时，我想去看看车，客户则说："现在刚加了一会班，车辆不会犯毛病！"

我上了车，起动发动机、挂档，还是没有发现一点问题。于是我决定再等一会。

又过了一个小时左右，客户准备下班。借着月光，我们来到车前，起动发动机，挂档，车辆果然不走了。对此我也觉得奇怪。

冷静了一会，仔细想想这前后有什么变化，突然想到刚才天还亮，没开前照灯，而现在却开了。关闭前照灯开关，再次试车，发现故障消失了。原来故障就在这里！可是前照灯怎么会影响自动变速器呢？仔细检查发现打开前照灯时，制动灯亮着，而此时并没有踩下制动踏板。再检查发现前后雾灯也亮着，而前后雾灯的开关打开了。关闭前后雾灯开关，前后雾灯关闭了，制动灯也不亮了。

于是怀疑后雾灯和制动灯的搭铁有问题，故障可能是由于线路搭铁不良引起的。

检查行李箱内的后部灯光搭铁线，发现此车以前出过交通事故，行李箱有钣金修复的痕迹。仔细检查，发现行李箱的搭铁线接触不良。将搭铁线重新处理，故障排除。

小结：这个故障发生的时机和客户加班是个巧合。客户不加班或加班时间短，天还没有黑，不需要打开前照灯。而当客户加班时间长了，天也黑了，这时起动发动机后就要打开前照灯，于是就引起了故障。

这个故障的出现比较特别，故障出现的时刻不仅要打开前照灯开关，后雾灯的开关也要打开。

那这个故障是如何影响自动变速器的呢？行李箱内的后部灯光搭铁线有问题，当后雾灯亮起时，电流流到制动灯，引起制动灯亮，而制动灯亮的信号传到自动变速器控制单元，控制单元误认为此时踩下了制动踏板，因此停止了自动变速器工作，导致车辆不能行驶。

四、汽车故障诊断的奇思妙想

1. 微信修车

冬天的一个早上，一位客户打电话反映他的景程轿车起动后不能行驶。具体问题是：发动机能起动，挂档，但是踩加速踏板车辆不前行。我便要求他用手机拍个仪表盘的视频，通过微信发给我，看完视频我发现发动机的转速升高，但车速表不动。发动机转速升高时感觉有负荷，驻车制动灯不亮，分析是驻车制动拉索冻住了。把车辆拖回修理厂，检查发现驻车制动拉索护套有开裂处，分析有水气通过开裂处进入其内部，晚上将驻车制动拉索冻住，早上起动车辆后车辆不能行驶。

车辆早上起动时有异响，热车后就没有了，那么可以把异响录下来，通过微信来诊断故障。

客户在汽车行驶过程中，若发现仪表盘上的某个警告灯点亮，可用手机拍下来发到微信上，问题也可以解决。

曾经汽车系的一位辅导员老师在微信群里发了一个视频和对话，其内容如图 1-1 所示。

图 1-1 微信截图

事后我仔细观察了一下图 1-2 所示的安全气囊警告灯的图案，挺像一个孕妇。

2. 利用塑料袋进行故障诊断

塑料袋有密封作用，能隔水，在故障诊断维修中巧妙利用可以收获好的结果。

一辆桑塔纳轿车阴天下雨时不能正常加速，行驶两三千米后，又恢复正常。

故障只在阴天下雨时出现，分析与电气元器件受潮有关。这个故障出现的机会不多，因为北方的阴雨天气不是很多，所以只能仔细检查。但是检查电气元器件又看不出

图 1-2 安全气囊警告灯

问题。当时感觉是分电器盖的问题,但是更换后,故障依旧存在。分析可能是分电器或点火线圈故障,可客户不愿意随便更换,况且分电器的价格较高。这时,我用一个塑料袋,将分电器仔细包扎起来。之后连续两次阴雨天气故障也没出现,于是更换分电器,故障排除。

3. 废电池也能诊断故障

别小看废电池。手电筒、收音机等很多用电设备的电池用完后,人们总是习惯性地将它们扔进垃圾堆。实际上这些被抛弃的废电池在汽车故障诊断中却有很大作用,尤其是在遇到车速表不动的故障时,一节废电池就能发挥不小的作用。车速表不动的原因有很多,按照常规模式去诊断,不仅要用万用表或示波器,而且要花费很多时间和人力、物力。但如果在这个过程中借助一节废电池,就会省不少事。拔掉车速传感器,将两根导线连接在插头信号线上后,其两端分别接在废电池的正、负极上。将导线一放一按,不停循环,观察车速表指针的状态。如果指针随着导线的一放一按不停摆动,则说明车速传感器损坏或驱动齿轮卡滞,必须拆掉传感器进行检修;如果车速表指针不动,则说明车速表已经损坏或者线路中有短路、断路。

由于废电池一般内部有0.8~1.4V的电压,在其端子与导线接触/松开的循环中,会产生0~1.4V的脉冲电压,相当于磁脉冲式车速传感器在汽车行驶中产生的脉冲电压。这种脉冲电压代替了常规检测中铁心切割磁力线的运动,能很好地发挥替补作用。另外,废电池还可用在很多磁脉冲式传感器的检测上,甚至可以作为故障诊断中的模拟器。

第二节 福尔摩斯与汽车故障诊断的逻辑思维

一、福尔摩斯探案对汽车故障诊断的启示

《福尔摩斯探案集》是英国作家柯南·道尔创作的侦探小说,这部小说情节起伏跌宕,主人公福尔摩斯以细致的观察力和强大的推理能力破获了一个又一个扑朔迷离的案件。

福尔摩斯具有缜密的逻辑思维能力,他利用一切机会研究关于侦探方面的科学与经验,这使他能够熟练地掌握思维的正确道路,拥有无比缜密的逻辑思维。探案时,他总是不放过任何一个细小环节,如地上车轮印的深浅、死者唇上的气味、窗台上的小药丸等,这些微不足道的细节都足以引起福尔摩斯的兴趣,而这些在旁人看来不值一提的小细节正是破案的关键。等到福尔摩斯用他缜密的思维,将细心观察得来的线索串连起来的时候,那些看似毫无头绪的案子便会一目了然。

《吸血鬼》一案中,弗格森亲昵地拥抱婴儿时,福尔摩斯从杰克映在窗户玻璃上的脸,观察他表现出强烈的嫉妒和冷酷的仇恨,福尔摩斯把这一表情与窗户旁的毒箭联系起来,于是推断出杰克便是伤害婴儿的凶手,也因此将可怜而又无辜的弗格森太太从被人误解的深渊中解救出来。还有,在《巴斯克维尔的猎犬》中,福尔摩斯通过斯塔普顿小姐对她哥哥的百依百顺,以及墙上的画像等一系列线索,察觉到这对所谓的兄妹其实是夫妻关系。在查看沼泽地的地形之后,巧妙地利用亨利爵士作为诱饵,使斯塔普顿原形毕露,并掌握了他的罪证,最终成功地破获了这一神秘恐怖的谋财害命案件。

福尔摩斯的推理方法包括以下7种。

1. 逻辑推理法

在福尔摩斯第一次见到华生时，只由别人介绍称华生是医生，便十分肯定地对华生说："你刚从阿富汗回来"。华生还以为是别人向福尔摩斯提过自己，但后来提起此事时福尔摩斯却告诉华生，他之所以知道华生是从阿富汗来的，是因为长久以来养成的习惯，凭借观察就得出了结论，从不用经过中间环节。

但是，这中间还是要经过一定环节的。推理的过程其实是这样的：这位先生虽然从事医务工作，但却有军人的气概，显而易见是位军医。他刚从热带回来，因为脸色黝黑，而那并非是他皮肤的自然色，因为他的手腕皮肤是黄色的。他经受过磨难和疾病的折磨，他憔悴的面容清楚地说明了这一切。他的左臂受过伤，因为左臂的动作僵硬、不自然。想想看，一个英国的军医曾在热带的某个地方经受过苦难，并且手臂还受了伤，这会是什么地方呢？自然是阿富汗了。这一连串的思绪历时不到一秒钟。

其实，福尔摩斯所做的，便是一个推理过程。他由眼前观察到的一些事实，作为论据，由此得到结论。福尔摩斯提到过：逻辑学家从一滴水就能推测出它是来自大西洋还是尼亚加拉瀑布，而无须亲眼见到或听说过大西洋或尼亚加拉瀑布。生命就是一条巨大的链条，只要见到其中的一环，就可以推想出整个链条的特性。

2. 观察细节法

福尔摩斯侦探小说《四签名》中有一个片段：华生拿来一块怀表，让福尔摩斯推断怀表主人的性格和习惯。本想难倒福尔摩斯的华生，最后却被他精确的推断深深折服。因为仅凭一只怀表，福尔摩斯就得出三个结论，一是其旧主人是华生的哥哥，二是华生哥哥生性放荡不羁，三是因好酒而死的结论。下面是他的推断过程：

从怀表的外观可以看出，这只表差不多制造于 50 年前，表上刻的字和制表日期差不多，说明这只表是上一辈的遗物。从刻在表背面的 HW 两个英文字母推断，W 代表华生的姓，按照惯例，凡是珠宝一类的东西，多传给长子，长子又往往袭用父亲的名字。因为知道华生父亲去世多年，所以可以推断怀表的旧主人是华生的哥哥。

接着，福尔摩斯发现怀表上有个钥匙孔的里盖，并且钥匙孔有很多的伤痕，由此推断这是被钥匙摩擦所造成的。因为清醒的人插钥匙，一般很精准，只有醉汉的表上才会留下这些痕迹。

福尔摩斯利用"观察"的方法，就立刻汇总了怀表上刻的字、摩擦痕迹等细节，并由此推断出怀表的年代、旧主人及其性格。可见，运用"观察力"的过程，远不只是让物体进入视野的被动过程，而是要知道观察什么和怎么观察，从而主动运用注意力。在这个过程中，需要明白：应该关注什么细节？又要忽视什么细节？如何吸收和抓住那些应该放大观看的细节？

3. 假设法

假设法可以称得上是福尔摩斯的独门绝技了。在《血字的研究》中福尔摩斯说过"我就是利用这种淘汰一切不合理的假设的办法，终于得到了这个结论，因为其他任何假设都不可能和这些事实吻合。"

4. 排除法

在《四签名》中福尔摩斯说过："你总是不按我的理论去研究。我不是曾经和你说过多少次吗，当你把绝不可能的因素都除去以后，不管剩下的是什么，不管多么难以相信的事，那就是事实。"这就是排除法。

5. 重点分析法

在小说中，福尔摩斯的很多话都是以一名逻辑学家的身份说出的，在《四签名》中他指出："有些事实可以不写，至少要把重点所在显示出来。这案件里唯一值得提出的，只是我怎样从事实的结果找出原因，再经过精密的分析和推断而破案的过程。"

6. 综合分析法

福尔摩斯说过："我已经对你说过，凡是异乎寻常的事物，一般都不是什么阻碍，反而是一种线索。在解决这类问题时，最主要的事情就是能够用推理的方法，一层层的回溯推理。这是一种很有用的本领，而且也是很容易的，不过，人们在实践中却不常应用它。在日常生活中，向前推理的用处大些，因此人们也就往往容易忽略回溯推理这一层。如果说有五十人能够从事物的各个方面加以综合推理的话，那么，能用分析的方法推理的，不过是个把人而已。"

"大多数人都是这样：如果你告诉他们事情的经过，他们就会告诉你接下来的结果。他们默默地对事情的经过进行综合分析，通过取舍，就能得出结论。只有少数人，如果你把结果告诉了他们，他们就能通过他们内在的意识，推断出造成这种结果的每个步骤是什么。这就是在我说到回溯推理或者分析的方法时，所指的那种能力。"

简单来说，福尔摩斯希望能把每一个复杂的情况尽可能地拆分成若干容易处理的情况，进而解决问题。也就是说给出一组事实，通过因果关系和回溯推理找到事情发生的原因。

7. 概率论法

在《四签名》中，福尔摩斯曾说过："温伍德·瑞德对这个问题有很好的解释。他知道虽然每个人都是难解的谜，可是把人类聚合起来，就有定律了。譬如说，你不能预知一个人的个性，可是能够确知人类的共性。个性不同，共性却是永恒的，统计家们也是这样的说法"。细读《福尔摩斯探案集》，类似的语句很多，足见那些统计学家，尤其是科学推理的概率理论对福尔摩斯的影响。

二、汽车故障诊断的逻辑思维

培养细致的观察力和缜密的逻辑思维能力在探案中十分重要，而在汽车故障诊断中同样十分重要。汽车的故障原因有很多，从纷乱的线索里找到诊断头绪，就像福尔摩斯从蛛丝马迹里找到破案的线索一样。

逻辑推理法是利用事物的各种已知条件，根据事物之间内在的相互关系，对未知事物的结果进行推理判断的一种科学分析方法。在汽车的故障诊断中同样可以采用逻辑推理法。有汽车维修经验的人知道，汽车的某些故障现象一定与产生这种故障的原因有着某种必然的联系。虽然这种联系从表面上未必能够一眼看出来，但是通过深入有序的分析，最终一定能够根据故障现象推理出所需结果，即引发故障的原因。

技术高超的汽车维修技师具有不同于一般人的逻辑推断能力，我就遇到过一位上海大众服务站的车间主任，他不到故障现场，依靠逻辑推理，就判断出了车辆突然不能行驶的故障。接下来介绍具体的事情经过。

一辆2009年款上海大众领驭轿车的车主，在外地打电话到修理厂反映车辆在起步时不能前行。业务接待马上通知车间派人和拖车师傅一起去将故障车辆拖回来。车间主任是一位老师傅，他知道这辆车所在地距离他们修理厂近200km，去拖车要花费不少费用，于是就打电话询问车主，得知该车为自动变速器，外出办事，去的时候一点问题也没有，办完事后车就不能行驶了。

车间主任询问发动机加速如何。车主反映发动机加速没问题，发动机的转速能达到4000r/min以上。

车间主任询问发动机工作后，将变速杆从P位换到D位，仪表盘上的档位显示是否正常。车主反映正常。

车间主任询问有无其他异常情况。车主反映挂档后加速时听到有咔嚓、咔嚓的声音。

车间主任询问车辆近期是否拆过半轴。车主反映先前在一家修理厂更换过一个球笼防尘套。

车间主任建议车主在附近地上找找，看是否能找到螺栓。车主一会回电说找到一个。车间主任马上对这个螺栓进行了一番描述，得到车主的确认。车间主任建议车主原地等待，并告知其故障原因可能是该车的半轴法兰螺栓掉了。

车间主任拿了工具和螺栓，开着救援车赶到现场。果然发现左侧半轴法兰从差速器上脱出，连接法兰的螺栓不见了。安装螺栓后试车，车辆行驶正常，故障排除。车主对此表示非常佩服。

实际上，这是一个成功的逻辑分析案例。具体分析如下：

发动机加速没问题，发动机的转速能达到4000r/min以上，说明发动机工作正常。

发动机工作后，将变速杆从P位换到D位，观察仪表盘上的档位显示正常，说明自动变速器电控系统没有进入失效保护模式。

挂档后加速时听到有咔嚓、咔嚓的声音，说明变速器或者传动部件有故障，结合前面自动变速器电控系统没有进入失效保护模式，分析传动部件故障的可能性较大。

询问最近车辆是否拆过半轴，因为这是传动系统维修最常见的拆卸。

通过在一家修理厂更换过一个球笼防尘套的信息，就分析出故障发生在半轴上，故障原因可能是螺栓脱离或球笼损坏，或者法兰与差速器花键损坏。

让车主在附近地上找找，看是否能找到螺栓，因为螺栓脱离是最大的可能。

车主回电说找到一个。车间主任马上对这个螺栓进行一番描述，得到车主的确认。这是因为车间主任对半轴螺栓很熟悉。

本案例通过层层分析，找到了故障原因，为企业和客户节省了救援费用，赢得了客户的尊重和信任。

还有一次，一辆一汽丰田皇冠轿车车主抱怨他的车辆在保养后出现钥匙在车辆外无法感应，打不开车门的现象。这辆车带有智能进入和起动系统，这辆车的此项功能好不好用，接车时服务顾问也没有注意，因此他坚持修理工只做了保养不可能动智能进入和起动系统。而车主说他的车使用了七年，行驶了九万多公里，一直没出现过这个问题。这时我观察到保养该车的是一个很胖的修理工，因此打开左前车门，蹲下用手轻轻一按，再试发现智能进入功能正常。车主询问原因，我告诉他驾驶人左脚上方有一个KEY开关已关闭，此开关是控制智能进入取消模式的开关，把开关按下后故障现象排除了。我为车主分析原因：修理工因身材问题，上车时不小心用脚碰到了KEY开关，而车主身材匀称，开多少年车也不会碰到这个开关。听了我的分析，车主很开心。他一点也没有抱怨我们，反而与我们建立了良好的关系。

三、汽车故障诊断的方法

汽车故障诊断的方法基本上可以归纳为 16 种，分别是问诊法、观察法、听诊法、闻诊法、切诊法、路试法、经验法、模拟法、替换法、仪器设备诊断法、数据法、分段检查法、局部拆装法、增减负荷法、改变工况法和截止法。

所有的故障诊断方法都是相辅相成的，目的就是找到汽车发生的故障。诊断故障时不能单靠一种方法，有时需要两种、三种甚至四种、五种或更多的方法组合在一起，灵活运用这些故障诊断方法，就能找到汽车的故障。下面具体讲解这 16 种汽车故障诊断方法。

1. 问诊法

问诊是汽车故障诊断的第一步，像医生给病人看病一样，第一步是询问，医生不可能不问病人就开药方。其中望和问是快速诊断汽车故障的有效方法。

汽车发生故障需要诊断，维修人员一定要向车辆使用者询问，内容包括车辆使用年限、修理情况、使用情况、故障现象，以及发生故障后做了哪些检查和修理，尽可能深入了解故障，这是一个捷径。

通过问诊，可以了解故障情况；通过深入的询问，基本上可以了解故障所发生的部位。例如，可以询问到故障发生在发动机还是变速器；如果是发动机还能进一步了解到是电气故障还是机械故障，这样可以为进一步诊断奠定基础。

2. 观察法

观察法是快速诊断汽车故障的有效方法。观察法就是汽车维修人员用眼睛观察车辆的状况，例如观察是否有部件变形，导线是否断路、短路，接线器是否脱落，有无漏油、漏水，以及各种真空管的连接状况等。这类观察到的故障，直接修复就可以排除故障了。

还有一类故障，在观察的过程中，要用经验和理论，做出周密的思考和推证，甚至有些现象对于有经验者也不是立即就能看清楚的，那么就要多看几次，仔细地观察，才能由表及里，把故障现象看透。例如对发机排气管冒蓝色烟雾的故障，可以通过冒蓝烟的现象来判断，如在使用过程中长期冒蓝烟，发动机使用里程又很长，一般可以判断是由于气缸或活塞环磨损，致使配合间隙过大，导致油底壳中的机油通过活塞环与气缸壁之间的间隙窜入燃烧室引起的；如果只是在发动机刚一发动时冒出一股蓝烟，以后冒蓝烟又逐渐变得比较轻微，一般可以判断是由于发动机气门杆上的气门油封老化或内孔磨损使挡油功能失效，而有少量机油沿着气门杆漏入气缸引起的。

3. 听诊法

听诊法是用听觉诊断汽车异响常用的方法。

当汽车某一个部位发生故障时就会出现异常响声，有经验者可以根据发出的异常响声，判断故障部位，如发动机曲轴和连杆机构异响、主传动器异响、传动轴异响等。有的异响可以根据经验判断出来；有的则需要借助听诊器和简单的器具进行听诊。例如可用一个长螺钉旋具听诊曲轴和连杆机构的响声，以及配气机构的响声；可用一个胶管插进量油尺孔中，下端在油底壳油面之上可听清曲轴响声，可以听到活塞环对口处窜气的响声。

4. 闻诊法

闻诊法就是用鼻子闻汽车发出异常气味的方法。

例如发动机工作时闻到驾驶室有汽油味，那么就要闻一闻到底哪里汽油味更大，闻一闻汽油味来自哪里，借着闻找到故障点。

如果闻到发动机排气中有汽油不完全燃烧的异味，表示发动机有故障。

有非金属材料烧煳的特殊气味，要闻一下气味来自哪里，看看是由离合器摩擦片烧损、制动片磨损还是电线短路发热引起的。

发动机漏机油，漏到运转的发动机上，发动机温度高，会产生异味；机油滴落在排气管上会产生更强烈的异味；发动机的异味容易从空调风道进入车厢中，可以明显闻到。

汽车用蓄电池泄漏电池水（电解液）会发出难闻的臭味；如果电池水消耗过多，汽车运行时发电机强行向蓄电池充电，会使蓄电池充电过热，冒白烟，产生很大的臭味。

5. 切诊法

切诊就是触摸，人体和人的手脚感觉比较灵敏，可凭感觉来诊断汽车和发动机故障，就像中医切脉一样。例如用手摸制动鼓，试一试四轮制动鼓的温度，如果某一制动器温度过高，说明这个轮带刹车（即制动拖滞）。

当发现发动机过热而冷却系统中有冷却液时，可用手摸一摸散热器的上部和下部，可以判断是节温器损坏还是散热器进水口堵塞；摸一摸水泵出水口胶管可以感到水流压力波动，说明水泵工作正常。

此外，还可以用手指的压力检查传动带的松紧度，以及用手摸检查高压油管的供油情况等。

6. 路试法

路试法是诊断汽车故障的常用方法之一，也是一些故障必不可少的诊断步骤。

对于汽车行驶抖动或异响路试是必不可少的。行驶抖动一般是在某一车速产生的，这时驾驶汽车行驶到某一车速，感觉抖动是怎样产生的，判断是发动机故障产生的抖动还是底盘故障产生的抖动，又或是制动时产生的抖动。如果是底盘故障产生的抖动，则还要观察抖动时，是转向盘抖动还是整个车身抖动。通过这些观察分析故障原因。如果是制动时产生的抖动，则可能是制动盘或制动鼓故障引起的。如果是底盘故障产生的抖动，通过感觉和观察，若抖动在转向盘上，则故障可能是车轮不平衡引起的；若是整个车身抖动，则可能是传动轴故障或悬架故障。

对于转向系统的故障，可在原地转一转转向盘，由转向盘到车轮转动的一套转向动作可以判断转向系统的故障。如果判断不清，可驾驶汽车进行路试，有意识地在弯道上转动转向盘，使转向系统工作，可以根据转向的反应和某处发生的异响判断转向系统的故障。

7. 经验法

经验法诊断故障，是凭维修人员的基本知识和丰富经验，快速准确地对汽车故障做出诊断。

有了汽车维修的经验，再遇到相同的故障和类似的故障就可以快速解决。经验除了有个人经历的、经过总结和积累的经验，还包括从书本上和其他途径学习来的经验。只有将二者结合起来，才能不断积累经验，比较顺利地对汽车故障做出判断。

维修人员不仅要有经验，还要向书本学习，并在实践中提高，从而获得汽车知识和维修经验。现在汽车技术的发展越来越快，新的技术越来越多，因此，不努力通过书本学习，不努力通过实践学习是不行的。只有在理论指导下的实践，才是正确的实践，才能在实践中总结和积累经验。

经验需要不断地积累，需要不断地总结，把经验变成汽车维修的有力武器，不断用新知识和新经验武装自己，用经验解决汽车上各种各样甚至是十分复杂的疑难故障。

8. 模拟法

电控系统的某些故障只在特定条件下才出现，如颠簸、发热、潮湿等，对此可以采取振动、加热、增湿的方法来让故障重现，以找到故障原因。

如果故障在颠簸路面出现，可以先找一颠簸路面，让汽车在上面行驶，使故障重现，观察故障出现时的各种症状，以找到故障。另外，也可以让汽车原地不动，采取摇动线束或轻轻敲击怀疑故障部件的方法，使故障重现。

如果故障在温度高时出现，可以对怀疑部件加热，使故障重现。

如果故障在潮湿环境中出现，可以在怀疑部件表面淋水，使故障重现。

9. 替换法

替换法其实就是汽车维修人员用好的总成或零部件试替换初步判断或怀疑损坏的总成或零部件，这是一种汽车故障诊断过程简化、有效的方法。值得一说的是，替换法进行汽车故障诊断时用的备品件应是测试过的、可正常使用的，或者新件也必须是合格品，如果不慎用坏件替换了怀疑部件，那么不仅找不到故障，反而会使故障发生的部位虚假化，增加汽车故障诊断的难度。

例如，发动机的机油压力指示系统发生故障，当怀疑机油压力感应塞损坏时，可将备用的好的压力感应塞替换原车上的压力感应塞，再试车。如果换件前不好，换后立即解决了问题，那就是这个部件发生了故障，并且很快修好了；如果换上好件后试车时仍然有故障，那么故障可能不在这里，应再查找其他地方。

有的汽车修理人员手中有一些常用的备品替换件，如继电器、火花塞、高压线等，遇到一些故障，一换就灵，不失为一种简单、有效且可靠的故障判断方法。但使用替换法一定要慎重，故障判断应尽量准确，避免盲目乱换和增加工作量。

10. 仪器设备诊断法

仪器设备诊断法是在汽车总成不解体的情况下，用仪器设备获取汽车性能和故障的信息参数，并与正常汽车技术状况相比较，给出技术性能和故障的诊断结论。随着电子信息及计算机技术在汽车上的应用，汽车故障的诊断仪器设备日益完善，越来越多的先进仪器应用在汽车故障诊断中。仪器设备诊断故障速度快、准确性高，且能发现潜伏的故障，同时也能预测出总成部件的使用寿命。

故障诊断仪可以与汽车各个控制单元通讯，获得故障码、数据流等信息；气缸压力表可以测得气缸压力和各气缸的压力差别，以及各气缸的漏气情况等；万用表可以容易地判断汽车电气系统的故障等；前轮定位仪可以测定汽车前轮定位参数等。

11. 数据法

数据法就是用数据说话。

有些维修人员在进行诊断的过程中没有数据，完全凭感觉判断零件的好坏。如果客户问到具体位置和原因，就无言以对。为了避免这种情况就要找到这个零件的标准数据和极限数据，如制动盘和制动鼓就有标准数据和极限数据。汽车数据标准分类：

（1）国家标准　即由国家机关制定和颁布的可用于诊断的技术标准。这类标准主要涉及汽车行驶安全性和对环境的影响。

（2）制造厂推荐标准　即由汽车制造厂通过技术文件对汽车某些参数所规定的标准。一般主要涉及汽车的结构参数，如气门间隙、车轮定位参数及点火提前角等。

（3）企业标准　即汽车运输企业根据不同使用条件对汽车使用情况所制定的标准。这类标准一般与汽车使用经济性和可靠性密切相关，其特点是因使用条件不同而不同。例如在市区与公路或是平原与山区等不同道路条件下，汽车使用油耗相差很大，不能采用统一的油耗标准。

应用量器和仪器仪表按照标准对汽车上各有效部位和各种参数的度量是故障诊断和调试不可缺少的方法。长度的度量要用到米尺，与长度有关的度量包括直径、间隙、位移等的度量要用到千分尺、测微计、塞规、塞尺、卷尺等；力和重力的测量要用到测力计和测重器等；压力和真空度的测量要用到压力表和真空度表等。汽车用各种测量仪表也都有测量单位，如对于声压的测量要用声压级的分贝值；对于电压的测量要用到伏特值等。

例如发动机工作不稳或功率低下时，怀疑供油压力不足，就要用压力表测量系统压力；怀疑电控系统有问题时，就要用数字万用表测量电压和电阻值，用示波器测量波形幅值等。因此各种测量工具是维修人员眼睛和手的延伸，凭感觉只是表面的，只有正确的数据才能准确判断故障。

12. 分段检查法

所谓分段检查法，就是汽车维修人员按照车上的线路、管路等的工作路线检查故障。检查可以按照从动力源开始沿着系统到执行机构的路线查找，也可以按照从后到前的次序查找，还可以从中间查找，从哪里开始主要是看哪里方便检查。

例如对于照明和指示系统的故障，原理上应从电源—开关—熔丝—继电器—电线—电灯泡的线路开始从前向后查找，有经验者可先查熔丝，有的人可能先查电灯泡，有的人可能先查继电器。当由前向后或由后向前查不到时，可能问题发生在中间，可能是组合开关坏了，也有可能是某处电线坏了。

对于制动系统的故障，原理上应从制动踏板—真空助力器—制动主缸—制动管路—感载比例阀—制动管路—车轮制动器的顺序进行检查。对于有经验者也可以从车轮制动器或制动主缸开始检查，之后再检查其他部分。

对于转向传动系统的故障，原理上应从转向盘—转向器—转向传动装置—转向车轮的次序进行检查。为了方便，也可以从转向传动装置的某处拆开，较易判断故障是在转向器部分还是传动机构的后部。利用已有的理论知识，用分段检查法有条不紊地进行检查，最终可找到故障根源。

[案例]　排气系统分段检查。

故障现象：2013年款赛欧轿车，加速不良。

故障诊断与分析：连接诊断仪，读取故障码，无故障码显示，读取数据流也正常。上路试车感觉发闷，分析排气系统堵塞。首先怀疑三元催化转化器堵塞，因为这是常见的一个故障。断开三元催化转化器前部，发动机加速正常。安装好三元催化转化器前部，断开其后部，发动机加速正常，说明三元催化转化器没有堵塞。再断开三元催化转化器与后部消声器，发动机加速正常，分析故障为后部消声器堵塞，如图1-3所示。

故障排除：更换后部消声器，故障排除。

13. 局部拆装法

所谓局部拆装法，就是在汽车维修人员已经判明故障发生在某个总成上以后，一时还不能准确判断具体是哪一部分发生故障时，可以按照总成的工作原理，局部拆掉某一部分使某些功能丧失进行检查，之后再装回去的方法。如果方法运用得当，立即可以判断故障发生的部位，因此，局部拆装法不失为一种简便易行的快速诊断汽车故障的方法。

图 1-3　后部消声器堵塞

例如怀疑发动机的某一气缸不工作时，可用单缸断油拆卸法来检查。局部拆卸是拔下这个气缸的喷油器插接器，若发动机的转速发生变化，则表示这个气缸工作正常；反之即为工作不正常。当发动机动力性不足怀疑空气滤清器堵塞时，可以拆下空气滤清器芯再试发动机，若动力性在无空气滤清器的情况下恢复，则故障就在这里。

[案例]　断开怀疑漏气管路查找故障。

故障现象：2006 年款一汽 – 大众宝来 1.8T 轿车，怠速抖动。

故障诊断与分析：宝来轿车怠速抖动，常见原因是节气门体脏或点火线圈损坏。此车经检验不属于上述两种原因，连接诊断仪检测，读取故障码为 EGR（排气再循环）阀故障。因暂时无此备件，为进一步确诊，将 EGR 阀至节气门体的真空管拔下，将节气门体上的孔堵住，起动车辆，感觉 EGR 阀的真空管漏气，而此时发动机工作正常，无抖动现象。由此可知怠速抖动是由于 EGR 阀漏气造成的。

故障排除：更换 EGR 阀，故障排除。

小结：这种方法可以推广到其他地方。例如怠速抖动，怀疑是哪里漏气了，可以将进气歧管上的各个真空管拔下来，堵住观察是哪里漏气。

14. 增减负荷法

增减负荷法就是通过增加或减少发动机的负荷来判断不同负荷下发动机的性能变化，如开关前照灯、开关空调、转动转向盘、自动变速器从 N 位换到 D 位等。

例如蓄电池亏电，为了检测发电机的发电量，测量发动机怠速时发电机的发电量是否符合要求；再测量有负荷情况下，如打开前照灯开关、打开空调时，发电机的发电量是否符合要求。

15. 改变工况法

改变工况法是通过发动机在冷起动、怠速、小负荷、中等负荷、大负荷、全负荷和加速等不同工况下性能的变化来判断故障的方法。例如发动机怠速工况下抖动，而在小负荷和中等负荷下发动机工作正常，说明发动机怠速控制有问题，应重点检查节气门体、怠速控制阀等部位。

16. 截止法

截止法的核心是先判断故障属于哪一个子系统，再根据系统的原理图观察该子系统都包括哪些元件，最后选择该系统某一中间部位断开，用试验的方法判断故障是在哪半边。之后再在有故障那一半系统的中间位置截断，缩小故障的范围．最后将故障排除。

例如起动机转动，但发动机不能运行的故障原因有很多，从何处着手比较困难。应注意起动机转动，但发动机不能运行还会伴随着一些其他故障现象，如起动机连续运转，发动机无压缩；或发动机有着火迹象，但发动机始终不工作；或发动机起动着火后很快又熄火等。

根据这些附属现象，可将故障原因细分。如果起动机连续运转，发动机无压缩，则故障可能是机械故障（活塞环卡滞、气缸壁磨损、气门漏气等），也可能是喷油量过大或者火花弱，出现汽油"淹缸"了。这时应拆下火花塞观察其上面是否有汽油，如果没有则可能是气缸压力低，须用气缸压力表测量气缸压力，确定故障原因；如果火花塞上有大量的汽油，则可能是喷油量过大或者是火花弱，这时可以观察点火时的火花强弱程度，以此来判断是点火系统的故障还是喷油系统的故障。如果是喷油系统的故障，可以拔下喷油器的插接器，起动发动机，再拆下火花塞，观察其上面是否有汽油，如果有，则可能是喷油器密封不严造成的故障。

通过这种层层截断的方法，最终找到故障原因。

四、宝马售后服务的汽车故障5步诊断法

宝马的售后品牌亮点是高效、透明、关爱。

当维修人员因维修失败而尝试其他的方法维修时，错误的诊断和长时间的等待给客户带来了不便。这有悖于宝马对客户的承诺，即在第一时间维修好故障，每一次都按时完成。那么如何能够尽量一次性解决车辆问题呢？宝马售后服务提出了汽车故障5步诊断法内容如下：

1）确认客户抱怨的故障——"再现故障现象"。
2）分析问题。
3）隔离故障。
4）故障维修。
5）确认故障已解决。

1. 确认客户抱怨的故障——"再现故障现象"

绝大多数的故障诊断是由所收到接车单上描述的客户抱怨开始的。这种抱怨是客户对于他们开车时感受到的故障现象的描述。

需要牢记的是客户可能只会抱怨一个故障现象。作为维修人员需要像侦探一样仔细地观察。可能有其他客户没有直接抱怨的故障点，是造成问题的根源所在。

一个问题点可能造成很多种故障现象。

注意，不要跳过第一步：确认客户抱怨的故障现象。如果不能确认客户的抱怨，就不要盲目更换零件。

2. 分析问题

在明确客户抱怨的故障现象后，分析故障现象，并用所有能利用的资源来辅助故障诊断：

1）读取车辆控制单元的故障码和数据流。
2）利用维修手册以及维修系统。
3）查阅车辆维修历史记录。

4）查询培训资料。

5）汽车生产厂家的技术通报。

6）正常的同级车辆。

通过分析问题可以使维修过程更清晰、明确。

3. 隔离故障

隔离故障就是"将故障和其他问题区分开"。

这样做的目的是缩小故障的范围。仅仅通过资料查询会使问题的故障诊断更加复杂和困难。宝马诊断系统提供了自动的检测计划（见表1-1）来帮助确定故障的准确部位或原因。

通过诊断排除无关的部件，缩短故障查找路径。第一个问题应该是，故障是在液压系统、机械系统还是电子系统。通过只检测故障可能存在的部件来节省维修时间。

表1-1 检测计划

车间提示	
如果没有检测计划： 1. 思考整个系统 2. 确认基本的功能是否已经了解 3. 制订计划 4. 使用现有所有的资源 5. 不要一次性诊断整个系统，而是把系统分成几部分 6. 先检查简单的系统	如果有检测计划： 1. 不要跳过任何步骤 2. 在诊断之前千万不要猜测故障 3. 确认所做的工作是否到位

4. 故障维修

用宝马认可的技术和零件来维修故障。通过证明，隔离和分析故障，最后一步就是维修或者更换零件。在安装新的零件前，需要确认一些问题：

1）有没有可能是其他零件导致这个故障？

2）检测计划或者诊断流程中的说明是否全部完成了？

3）是否有问题遗漏了？再次确认是否进行了合适的诊断。

以上问题确认后再完成维修。

5. 确认故障已解决

通常要确认以前发生故障的情况是否还会发生。目的是确认维修后故障不会再发生。

1）清除故障码。

2）试车。

3）检查是否再次产生了故障码。

4）如果有需要可删除适应值。

5）再次确认新安装在车上的零件（包装是否良好，螺栓是否缺失）。

第三节 汽车故障诊断的思路

初学者在进行汽车故障诊断时，常感觉无从下手。而盲目的汽车故障诊断，既费时又费力，就像老虎吃天无处下口。那么故障诊断到底应从哪里开始？又如何进行呢？

其实汽车故障诊断就是要快速、准确地找到故障。

汽车维修领域里，由于种种原因，很多维修人员在判断故障时失误较多。这并不是因为他们技术欠缺，而是在故障诊断过程中过于急躁，遇到问题时不能冷静思考，然后找到解决问题的方法。在确定维修思路前，千万不要急于动手，首先应排除杂念，然后再遵循一定的诊断程序进行作业。

一、汽车故障诊断的步骤

汽车故障诊断的思路根据不同的故障有所不同。对于机械方面的故障，基本思路是先询问，再试车，然后进行直观检查，可能就能直接发现问题。例如行驶车轮异响，通过试车并直观检查，就可能分析出是轮胎磨损或是车轮轴承松旷了。一些较复杂的机械故障要借助仪器。例如车辆跑偏，基本思路是先询问，再试车，然后进行直观检查，发现问题就经过逻辑推理、维修或更换零部件、验证这些步骤来排除故障；如果直接检查发现不了问题，则要借助四轮定位仪检测，然后经过逻辑推理、维修或更换零部件、验证这些步骤来排除故障。

对于电控系统的故障诊断，现在已经离不开故障诊断仪了，电控系统有没有故障码成为诊断故障时必须要考虑的问题。很多人喜欢从故障码开始诊断，这也是很好的。如果有故障码，可以按照询问、读取故障码、直观检查故障码所指示的相关部件、阅读数据流、检测、逻辑推理、维修或更换零部件、验证的思路来进行，试车步骤有时可以省去；如果没有故障码，可以按照询问、读取故障码、无故障码继续阅读数据流、直观检查、检测、逻辑推理、维修或更换零部件、验证的思路进行，试车这一步视具体情况而定。

汽车故障诊断的思路不是一成不变的，应根据具体情况，灵活机动地进行。

下面按照询问、试车、直观检查、读取故障码、分析数据流、检测（执行元件动作测试、万用表或示波器测试）、逻辑推理、维修或更换零部件、验证的步骤顺序具体说明汽车故障诊断的思路。

1. 询问

询问是为了弄清车况。应向客户调查故障产生的时间、地点、条件、频率，以及如何产生、是否已检修过什么部位等。具体内容如下：

1）车辆年份，车辆行驶里程。

2）车辆配置情况，车辆发动机型号（或是发动机排量），车辆变速器型号（手动或自动）。

3）保养情况，车辆是否曾出过事故或进水。

4）详细描述故障现象、故障持续时间及是否有规律。

5）详细描述维修记录，如做过几次维修，或是在其他修理厂修理过什么等。

6）详细描述维修替换情况，如做过哪些维修，替换过哪些部件（是否为原厂配件），换过部件后故障现象是否有变化等。

通过询问分析可能的故障原因，给出汽车故障诊断的思路。例如客户提到他的车驶过一段水路后，发动机开始抖动。那下一步的思路是空气滤芯，应马上检查空气滤清器是否有进水的痕迹，不需要路试，不需要故障码。若有水，则应检查火花塞、气缸内的情况；若没有，可能是电器元件被水浸湿了。

[案例] 一句话理清了故障诊断思路。

故障现象：一辆1998年款的奔驰SL320汽车，行程为23万km。驾驶人报修故障是有

第一章　汽车故障诊断的思路

时怠速不稳、有时加速无力。

故障诊断与分析：因为此故障为偶然性，感到此车故障现象不明显，看上去比较正常，而且该做的检查基本也都做了。在与驾驶人交流时，当我问到在出现急加速不良或怠速不稳的同时还有什么其他故障现象时，驾驶人轻描淡写地告诉我当出现这一故障时，制动踏板变硬。

驾驶人的一句话，让我找到了故障诊断思路：检查真空管路。制动助力系统真空不足，可能是真空管路有时进入空气。

故障排除：检查真空管路，发现管路漏气，更换后故障排除。

询问的要点：边问边思考，发现疑问点。

2. 试车

试车包括路试和原地试车。这里要指出的是原地试车，有些客户反映的症状其实不是故障，一定要弄清。客户说的有些症状很可能与车辆特性有关，并不是其所说的所有症状都是故障，当客户提出车辆的故障时，这种故障可能是由另外的原因造成的。如果维修人员花费大量时间去修理一辆实际上并无故障的车辆，不仅浪费了宝贵的时间，而且会失去客户的信任。例如开低速转矩小的手动档车型的女性驾驶人，报修起步时容易熄火。首先应让其在驾车时，将离合器踏板踩到底，挂档。再快速把离合器踏板松到约中间的位置（分离、接合的结合点），然后放慢抬脚的速度，在半离合状态稍作停顿，同时加油，接着完全松开离合器踏板，车辆行驶。这是驾驶技术的问题，非车辆故障。试车时，如果观察发动机转速正常，离合器高度正常，驾驶感觉离合器正常，这时就要和客户解释清楚。

路试是通过对不同工况的模拟试验，模拟再现并确认故障现象，以便进一步判断故障部位及原因。对于有些故障现象，试车是个必要的步骤。因为有些故障客户难以描述清楚，甚至有些描述是错误的。

[案例]　新车加速无力。

故障现象：客户开着新车来报修车辆加速无力。

故障诊断与分析：经试车发现加速踏板踩不到底，迅速获得诊断思路：加速踏板踩不到底，肯定加速无力。那加速踏板为何踩不到底？

故障排除：检查地板发现铺了两层地毯，其中一层很厚，把加速踏板下面的两层地毯拿走一层，问题就解决了。

试车的要点：边试边验证，确认故障现象和判断故障部位。

3. 直观检查

直观检查可以概括为四个字，即"望、闻、听、摸"。直观检查哪里出现了问题，故障诊断的思路就从这里开始。

望：目视检查是否有部件变形，导线是否断路、短路，插接器是否脱落，有无漏油、漏水，以及各种真空管的连接状况等。

闻：有些故障出现后，会产生比较特殊的气味，据此可较准确地判断故障部位。例如发动机混合气过浓，排气中会有燃油味；传动带打滑后会产生焦煳味；导线过热会有胶皮味；橡胶及塑料过热后会发出焦煳味；自动变速器打滑，自动变速器油也可以闻是否有煳味等。

听：听车辆是否有异响、管路是否漏气、部件是否工作，如汽油泵、喷油器是否工作等。

摸：通过触摸检查某些部件是否正常工作，接线是否牢固，以及软管是否断裂等。

直观检查到的一些现象，有时直接排除故障就可以了。但有时直观检查到的现象却不一定是故障的真正原因，这时需要提出故障诊断的思路。

[案例] 发动机冷却液温度高。如果发现有管路与水箱连接处漏水，则冷却液温度高可能是由于此处漏水引起的，也可能是由于冷却系统内压力高导致连接处漏水。解决了管路漏水问题，故障可能也排除不了。因此诊断思路应是先处理好管路与水箱连接处漏水的问题，然后查找冷却系统内压力是否高。这是通过"望"的方式，由外表现象思考到了可能的深层原因。

直观检查的要点：不放过蛛丝马迹。

4. 读取故障码

按照车辆所要求的操作程序进入自诊断状态，调取故障码，作为故障判断的依据。但不是有了故障码就有了故障诊断的思路，故障码分析要考虑到历史故障码和当前故障码，考虑与故障相关的故障码和与故障无关的故障码，考虑间歇性和持续性的故障码，还要考虑元件性和功能性的故障码。因此有了故障码，更要认真分析，从故障码找到诊断的思路。

读取故障码的要点：考虑故障码的历史性和当前性、相关性和无关性、间歇性和持续性、元件性和功能性。

5. 分析数据流

分析数据流时要考虑数据流标准值的范围，数据流随时间的变化，数据流之间的关联性，以及数据流之间的因果关系，并把不同工况下的数据流进行比较，找到故障点或有疑问的地方，以此作为故障诊断的起点。

分析数据流的要点：找出错误的数据，重点分析。

6. 执行元件动作测试

利用故障诊断仪给控制单元发送执行元件自诊断的信号，让控制单元命令执行元件动作测试，观察执行元件是否动作。通过执行元件动作测试，分析执行元件能动作，故障原因在哪里；执行元件不能动作，故障原因又在哪里。

执行元件动作测试的要点：执行元件动与不动，可以作为故障诊断的切入点。

7. 万用表或示波器检测

只有在进行检测后才能最终判定故障的位置和找到产生故障的原因。万用表或示波器检测的内容包括信号检测和数据检测。

万用表或示波器检测的要点：测量方法准确，标准值准确。

8. 逻辑推理

对已确认的故障现象，结合故障部位零部件的工作原理、工作条件，进行认真思考，根据不同故障的特点和规律进行综合分析，得出准确的故障原因。

[案例] 关于机油有水或水中有机油的两个问题。

第一个问题：机油里有很多水是哪里出故障了？大多数入行不久的人会说气缸垫烧蚀了。那换了气缸垫还不好是怎么回事？那可能是气缸体或者气缸盖有问题吧？

第二个问题：问题引申一下，机油里有很多水，水里有很多机油是哪里出故障了？有人说可能是气缸垫不好，也可能是气缸盖或者气缸体接合面不平。如果拆下检查气缸垫完好、气缸盖或者气缸体接合面没问题，那是怎么回事？那也可能是气缸体或气缸盖腐蚀或破

第一章 汽车故障诊断的思路

碎了。

分析：对于第一个问题，即机油里有很多水，其原因可能是气缸垫冲坏了、气缸体或者气缸盖有损坏，但也可能有别的故障原因。对于第二个问题，即机油里有很多水，水里有很多机油，排除气缸垫、气缸盖和气缸体平面的故障原因后，气缸体或气缸盖腐蚀或破碎的可能性极低。如果诊断思路仅放在气缸体或气缸盖腐蚀或破碎的检查上，那就走了弯路。

那具体原因是什么？答案是检查机油散热器。机油散热器坏了能否引起机油里有很多水，水里有很多机油？回答是能！当发动机工作时机油压力高于冷却液压力，机油进入水中；当发动机熄火后，机油压力迅速降低，此时冷却液压力高于机油压力，水进入机油。因此，当出现机油里有很多水，水里有很多机油时，一定要检查机油散热器。

这两个问题的分析判断就是逻辑推理的过程。

逻辑推理的要点：推理要符合逻辑。

9. 维修或更换零部件

维修是边拆边分析的过程，将拆下的部件与故障现象和检测诊断过程的数据对比，思考拆下的部件与故障分析是否相符。另外，拆装过程中还要看是否有新情况发生。故障点如果是线路短路、断路、接触不良等，可修复。如果是调整或安装不当，那么可以重新调整或安装。如果是零部件损坏，则需要更换零部件。更换时注意零部件的型号、规格要相符。

[案例] 自动变速器打滑，观察自动变速器油变黑了，闻有焦味，拆卸解体自动变速器是必然的。但不能盲目拆卸，在拆卸解体前要思考自动变速器为什么会打滑？是因为自动变速器油不足？油压过低？油温高？还是……因此拆卸解体前一定要检查自动变速器油是否充足，用油压表测量油压是否正常，测量油温是否正常。找到不正常的地方再思考，然后再拆卸解体自动变速器，结合解体的情况，反过来验证前面的检查和分析。例如解体后发现有一组离合器片烧蚀了，而这组离合器鼓的活塞油封损坏了，这一情况与解体前检查的油压低相吻合，这就证明找到了故障的真正原因。

维修或更换零部件的要点：边维修边分析，找到故障的真正原因。

10. 验证

维修之后检验故障是否已经排除。如果不能排除，要思考诊断过程还有什么漏洞？还有哪些没有检查到的？理清思路，以便进一步检查。

验证的要点：在满足故障发生的条件下进行。

二、别把自己"搞晕"

汽车故障诊断时会遇到一些使人发晕的事情，如这里刚修好，别的地方又坏了；明明修的是这里，别的地方又有问题；开始没问题，修了一会又有问题了。有的修理人员会说他的思路乱了！

这些晕头转向的事情，是怎么发生的？先从一个案例说起。

[案例] 长安福特福克斯轿车点烟器不好用。

一辆长安福特福克斯轿车因点烟器不好用，送到修理厂检查，客户反映点烟器插到点烟器座后，点烟器不好用，而用力将点烟器向里推，点烟器就好用了。维修人员将点烟器插到其他车上检查，点烟器好用，说明点烟器正常。检查点烟器的熔丝也正常，那就要检查点烟器座了。用万用表测量点烟器座的电压也正常，分析是点烟器座的触点变形导致与点烟器接触不良造成故障,用螺钉旋具挑触点,仍是不好。维修人员建议更换点烟器座,客户表示同意。可更换新件后,点烟器仍不好用。维修人员一头雾水。回过头来再检查发现点烟器的熔丝断了。可是开始检查时熔丝没断,现在却又断了,对此维修人员更茫然了。

小结:本案例真正的原因是,维修人员用螺钉旋具挑点烟器座的触点时,将点烟器座的正、负极碰到了一起,将熔丝熔断。而此时维修人员没有发现,以为是点烟器座故障,更换后点烟器肯定不好用。

这是一个简单的案例,实践中比这复杂的故障更多,如果不注意检查方法,就会经常出现思路混乱把自己搞晕的情况。

三、合理、简捷的思路是很好的思路

(一)从一个熔丝收取200元说起

对于一个坏了的熔丝,即便花费很大的力气检查,也不会收费200元!

如果有人说更换一个熔丝会收取200元,可能大家会觉得这是天方夜谭,没人能做到,但有人却做到了。

[案例] 2012年款迈腾1.8T轿车起动机不转动。

故障现象:2012年款迈腾1.8T轿车,打开点火开关,转向盘解锁,EPC灯不亮。起动发动机,起动机不转动。

故障诊断与分析:

第一步,读取故障码,发现发动机控制单元无法进入。

第二步,发动机控制单元电源供给检查。起动系统的电路图如图1-4所示。这里只测量了J623的T94/5和T94/6的对地电压,而不像常规的做法那样将发动机控制单元所有的电源和搭铁一起检查。经检查T94/5和T94/6的对地电压为0,分析故障原因可能是:①SB14熔丝与T94/5和T94/6之间电路故障;②SB14熔丝及其上游电路故障。

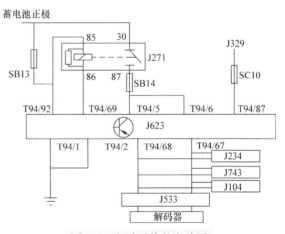

图1-4 起动系统的电路图

第三步,检查SB14熔丝两端的对地电压。经检查电压为0,分析故障原因可能是:①SB14熔丝与J271的87端子之间的电路故障;②J271及其相关电路故障。

第四步,检查J271的87端子的输出。经检查J271的87端子的输出电压为0。分析故障原因可能是:①J271自身故障;②J271电源电路故障;③J271控制电路故障。

第五步,检查J271的开关电源、控制信号。经检查J271的30端子对地电压为蓄电池电压,正常。检查J271的86端子对地电压为蓄电池电压不正常。分析故障原因可能是:①J271的86端子与J623的T94/69之间的电路断路;②J623未发出继电器控制信号。

第六步,检查J623的继电器J271的控制信号输出。经检查J623的T94/69对地电压为蓄电池电压,分析故障原因可能是:①J623自身故障;②J623搭铁及15号信号电路故障。

第七步,检查J623的点火开关信号(15号)。这时返回J623,检查J623的T94/87的

对地电压，正常应为蓄电池电压，结果测试为0，不正常。分析故障原因可能是：①J623的T94/87与SC10之间的电路断路；②SC10本身及供电电路故障。

第八步，检查SC10熔丝。经检查该熔丝虚接，更换后，故障排除。

绕了一大圈，才找到一个熔丝的故障。

我和一个老修理工师傅说起这个故障，他摆摆手说熔丝是检查电路最应该先检查的地方。我和一个修理厂的厂长说起这个故障，他笑了，表示给客户换个熔丝也就收几块钱，像这样修理得一上午的时间，收200元也不多。最后他说了一句：像这样修，耽误了客户的时间，而且把不该检查的地方，如发动机控制单元的线束弄得乱七八糟，也会影响客户的心情和信任。

（二）熔丝的作用和工作原理

熔丝是一个小部件，但很多故障诊断要从这里下手，因而有必要把熔丝的作用和工作原理简单介绍一下。

1. 熔丝的作用

1）正常情况下，熔丝在电路中起连接电路的作用。

2）非正常（超负载）情况下，熔丝作为电路中的安全保护元件，通过自身熔断安全切断并保护电路。

2. 熔丝的工作原理

熔丝通电时，由电能转换的热量使可熔体的温度上升。正常工作电流或允许的过载电流通过时，产生的热量通过可熔体、外壳体，通过对流、传导、辐射等方式散发热量，与产生的热量逐渐达到平衡。如果产生的热量大于散发的热量，多余的热量就逐渐积聚在可熔体上，使可熔体温度上升。当温度达到和超过可熔体的熔点时，就会使可熔体熔化、熔断从而切断电流，起到保护电路的作用。

电气设备大多在电路中设置熔丝、易熔线等保护装置，防止电路短路或搭铁，烧坏线束及用电设备。

（三）从合理、简捷处入手

检查线路是因为有故障存在，如发动机不工作、灯光不亮等。有故障就要围绕有故障的系统检查线路，读电路图时应从用电器开始读，实际检查时，应先从简单处入手。

所谓简单处就是易于上手的部位或部件，如熔丝、继电器、暴露在外面的插接器以及部件等。

从简单的地方入手，快速判断故障。谁能快速判断故障，谁就是高手。当然，判断故障不是靠猜的。

下面就从简单的熔丝处入手进行故障诊断作说明。

熔丝在熔丝盒里，在车上也就两三处，容易找到。熔丝的检查方法有以下三种：

1）直观检查法。拔出熔丝，检查其是否熔断。

2）用万用表导通档测量两个外露点是否导通，不导通为熔断。

3）选择万用表电压档，将一个表笔搭铁，另一个表笔分别接触熔丝的两个外露点，检测两个点的电压，两个点电压差大，熔断或接触不良，如图1-5所示。

图1-5 熔丝的检测

记得多年前我曾参加了一次汽车维修技术竞赛,竞赛内容为北京切诺基吉普车故障排除,其中一个题目是发动机不能起动,故障为点火熔丝损坏。有的维修人员在排除故障时,首先连接故障诊断仪读取故障码,再拔下高压线检查火花塞无高压火,然后用万用表检查点火线圈及分电器无低压电,最后检查熔丝。而我选择先拔下熔丝进行检查,结果故障一下就排除了。考官问我为何一开始就拔熔丝,我告诉他,在维修实践中就应先检查熔丝,故障排除应从最简单处开始。考官给了我高分,后来我才知道考官是维修企业的专家。

汽车故障诊断从合理、简捷处入手历来为企业所推崇。

我一直提倡合理、简捷的故障诊断思路,如上海通用别克君威轿车起动机不工作的故障,可以分为几个部分开始。这里只谈谈我自己关于诊断故障、排除故障的思路,不做过多的阐述。图1-6所示为上海通用别克君威轿车起动机电路图。

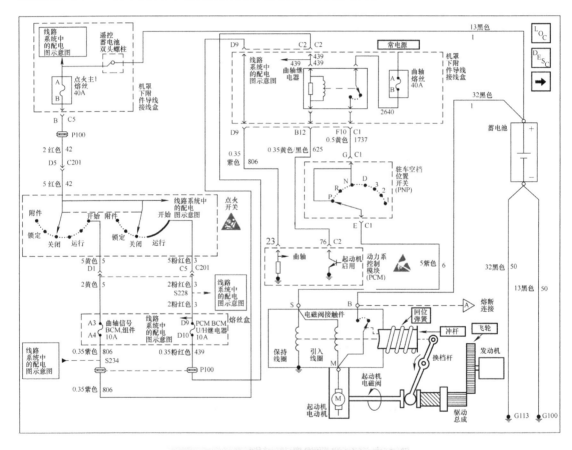

图1-6 上海通用别克君威轿车起动机电路图

1) 首先检查蓄电池正常,根据继电器盒上的熔丝和继电器位置图(见图1-7),找到起动熔丝的位置(见图1-8)。检查熔丝正常。

2) 检查继电器盒上的供电电源线是否松动。图1-9所示为君威轿车继电器盒的供电电源线,图中指出的螺栓有时会松动。另外这个螺栓的紧固力矩应符合规定,还应该检查其是否氧化。经检查,正常。

3) 检查蓄电池极桩和蓄电池电缆。如图1-10所示的正极极桩,有时氧化了会产生接触不良。经检查正常。

4) 继电器检查。上述检查是基本检查，没有什么原因。下面就要从合理、简单处入手分析故障了。可以从起动机上的控制线（S端子）开始，也可以从起动继电器开始。这里我选择从起动继电器开始。起动继电器的位置如图1-11所示，起动继电器示意图如图1-12所示，经检查继电器触点输出电压正常。

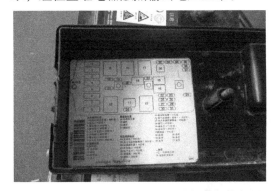

图1-7　熔丝和继电器位置图

图1-8　起动熔丝的位置

图1-9　君威轿车继电器盒的供电电源线

图1-10　检查蓄电池正极极桩

图1-11　起动继电器的位置

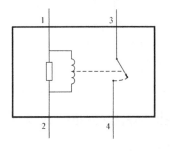

图1-12　起动继电器示意图

5) 检查档位开关。确认起动继电器有电压输出，下一步就可以检查起动机上的控制线（S端子），然后再检查档位开关。也可以先检查档位开关，再检查起动机上的控制线（S端子)。我选择先检查档位开关(见图1-13)。经检查档位开关对起动机的输出电压正常。

6)检查起动机上的控制线(S端子)。在点火开关处于"START"位置时,起动机上的控制线(S端子)电压为蓄电池电压,正常。分析故障在起动机。

7)拆下起动机,做起动机的空载、吸引、保持、回位试验(见图1-14)。目视检查起动机的实际工作状况,结果发现起动机损坏。

更换起动机后,故障排除。

图1-13 档位开关

图1-14 起动机的试验

通过一步步的检查,最终确定了故障。这个故障也可以在检查熔丝正常、检查熔丝和继电器盒上的供电电源线不松动,检查蓄电池极桩和蓄电池电缆正常后,不检查继电器,直接检查起动机上的控制线(S端子),正常,从而确定故障在起动机本身。本故障之所以从继电器开始,是因为检查起动机上的控制线(S端子)测量不方便,要举升车辆后才能测量。对一些起动机上的控制线(S端子)容易测量的车辆,完全可以不检查继电器而先检查起动机上的控制线(S端子)。

总之,检查的原则应是合理、简捷。

四、德国人的故障诊断思路

德国人的故障诊断思路言简意赅,直达故障要害。以下是德国的一份故障诊断试卷,分别由三个选手回答,如图1-15~图1-17所示。

由图可知第三个选手思路清晰,步步指向故障点,没有多余的检查,这才是故障诊断的高级境界。

第一章　汽车故障诊断的思路

姓名:选手1		日期:2010.12.30
公司地址:		准考证号:×××

车辆参数

车型年款:2009	型号:Golf 5K1
发动机:CBAB	变速箱:KNS

客户投诉:收音机无法打开

故障诊断步骤和评分(%)

1.	证实客户投诉	✓
2.	读取故障存储器中的收音机故障信息,收音机不可用	✓ } 5%
3.	检查熔丝 SB 8 电流通路11,正常	✓
4.	在T16b/15和16处检查收音机的电源正极,正常	✓ } 30%
5.	检查收音机的搭铁端 T16b/12,正常	✓ } 10%
6.	断开蓄电池并再次连接,收音机仍然无法打开	
7.	到此为止,回答正确! ↑	
8.	错误,不合逻辑 ✓	0%

诊断资质考试

故障原因:天线R11故障　　　　　　　　　　必要时可写在背面!

电路图编号:257　　　　　　　　　　　　　评卷人: _(signature)_

电流通路编号:77　　　　　　　　　　　　评分(%):45%

　　　　　　　　　　　　　　　　　　　　日期:2010.12.31

图 1-15　故障诊断样例一(故障原因错误,不合逻辑)

· 25 ·

姓名：选手2		日期：2010.12.30
公司地址：		准考证号：××

车辆参数		
车型年款：2009	型号：Golf 5K1	
发动机：CBAB	变速箱：KNS	
客户投诉：收音机无法打开		

故障诊断步骤和评分（%）

1.	证实客户投诉	5%
2.	读取故障存储器中的收音机故障信息，未存储故障	
3.	断开蓄电池并再次连接，收音机仍然无法打开	10%
4.	检查蓄电池电压，正常	
5.	通过DSO在T16b/9和10处检查收音机CAN参数 诊断依据原因考试不合逻辑	
6.	证实了客户投诉，读取了故障存储器，使用了考试仪器和ELSA系统，但没有确凿的判断依据！22不合逻辑	
7.	正确，但纯属猜测！	
8.		

故障原因：收音机失灵	0%	必要时可写在背面！
电路图编号：25		评卷人：
电流通路编号：		评分（%）：15%
		日期：2010.12.31

图1-16 故障诊断样例二（故障原因正确，但纯属猜测）

第一章 汽车故障诊断的思路

姓名:选手3				日期:2010.12.30	
公司地址:				准考证号:×××	
车辆参数					
车型车款:2009		型号:Golf 5K1			
发动机:CBAB		变速箱:KNS			
客户投诉:收音机无法打开					
故障诊断步骤和评分(%)					
			5%		
			30%		
			10%		
1.	证实客户投诉	√			
2.	读取故障存储器中的收音机故障信息,收音机不可用	√			
3.	检查熔丝 SB 8 电流通路 11,正常	√			
4.	在 T16b/15 和 16 处检查收音机的电源正极,正常	√			
5.	检查收音机的搭铁端 T16b/12,正常	√			
6.	断开蓄电池并再次连接,收音机仍然无法打开	√			
7.					
8.					
故障原因: 收音机故障			55%	必要时可写在背面!	
电路图编号:25				评卷人: ~~~	
电流通路编号:				评分(%): 100%	
				日期:2010.12.31	

图 1-17 故障诊断样例三(正确的诊断思路)

第二章 认清爱捉弄人的故障码

第一节 故障码概述

一位在奔驰 4S 店工作的修理工维修了一辆奔驰 E20 轿车,该车装配了 271 发动机,出现发动机故障灯亮的故障,诊断仪报出的是燃油压力传感器信号不可靠故障。他首先按照厂家的维修指导 TIPS 要求,焊接了两个 Z 接点,即 Z7/41 和 Z7/44 后,故障依旧。清除故障码后,试车故障灯又亮了。接着对发动机控制单元升级、清洗节气门、调换进气歧管压力传感器等,故障依旧。查看发动机的实际值又没有什么异常。最后在无奈的情况下尝试清洗了喷油器,没想到故障排除了。估计这辆车是因为加了劣质汽油导致喷油器轻微堵塞造成故障的。但不知道为什么一直报燃油压力传感器的故障码,而没有报混合气方面的故障码。像这种情况在维修过程中,经常会遇到。那么为什么会出现这种情况?遇到这种情况,该如何处理呢?

一、故障码与故障现象和部件故障的关系

说到故障码,就会想到故障现象,而最终还要找到故障原因,也就是故障部件,而故障部件却不一定是故障码指示的部件。那么故障码、故障现象和故障码指示的部件,这三者之间存在什么样的关系?按照排列组合,可以分为以下八种形式:

无故障码,无故障现象,故障码指示部件无故障。
无故障码,无故障现象,故障码指示部件有故障。
无故障码,有故障现象,故障码指示部件无故障。
无故障码,有故障现象,故障码指示部件有故障。
有故障码,无故障现象,故障码指示部件无故障。
有故障码,无故障现象,故障码指示部件有故障。
有故障码,有故障现象,故障码指示部件无故障。
有故障码,有故障现象,故障码指示部件有故障。

实际上,"无故障码,无故障现象,故障码指示部件无故障"是正常情况,不需要研究。"无故障码,无故障现象,故障码指示部件有故障""无故障码,有故障现象,故障码指示部件有故障""无故障码,有故障现象,故障码指示部件无故障"这三种情况不存在,

下面只对存在的四种故障情况进行分析：

有故障码，有故障现象，故障码指示部件有故障。

有故障码，有故障现象，故障码指示部件无故障。

有故障码，无故障现象，故障码指示部件有故障。

有故障码，无故障现象，故障码指示部件无故障。

其中，"有故障码，无故障现象，故障码指示部件有故障"，指的是有故障码，故障码指示部件有故障，而故障现象不明显，客户甚至维修人员都不能感觉到故障现象的存在，这种情况可以并入"有故障码，有故障现象，故障码指示部件有故障"。

先介绍"有故障码，有故障现象，故障码指示部件有故障"，这种情况最简单。

[案例1] 皇冠轿车发动机故障警告灯亮。

故障现象：皇冠轿车的发动机故障警告灯亮。

故障诊断与分析：用诊断仪检测故障码为P0051：空燃比传感器（AF）加热器控制电路电压低（组2传感器1）。检查氧传感器加热线路正常，检查传感器加热器断路。

故障排除：更换氧传感器，故障排除。

[案例2] 奥迪A6L 2.4L轿车发动机故障指示灯亮。

故障现象：奥迪A6L 2.4L轿车的发动机故障指示灯亮。

故障诊断与分析：读取故障码，有故障码，显示二次空气喷射系统流量不正确。检查二次空气泵正常，检查二次空气泵线路正常。检查二次空气泵管路时，发现靠近排气管附近的隔热层波纹管严重变形。原来是此处变形，引起空气气流受阻。更换二次空气泵波纹管，故障排除。

小结：本故障码指示的是某一方面的问题（二次空气喷射系统流量不正确），不直接指示故障元件，但根据故障范围查找可以找到故障原因。

[案例3] 上海别克君越2.4L轿车，自动变速器换档冲击。

故障现象：2007年款上海别克君越2.4L轿车，客户反映自动变速器换档冲击，行驶里程为21万km。

故障诊断与分析：起动发动机，检查发动机故障指示灯和牵引力控制故障指示灯亮，询问客户，客户反映发动机故障指示灯以前也亮过，不要紧，只是换档冲击让自己感觉不舒服，要求修理。

原地将自动变速器的档位置于N位，然后挂入D位，自动变速器有冲击。上路试车，发现自动变速器换档时有冲击。

连接诊断仪读取故障码，有一个故障码显示，内容为P0014：排气凸轮轴位置系统性能。经检查是排气凸轮轴电磁阀损坏。

故障排除：更换排气凸轮轴电磁阀，故障排除。

对于剩余的两种情况，下面将进行分析。

二、故障码指示部件不一定有故障

使用诊断仪读取故障码，故障码指示出了故障部件，可按照故障码的指示更换了故障部件后故障并没有排除，故障码仍然存在，这就是前面提到的"有故障码，有故障现象，故障码指示部件无故障。"那么出现这种情况的原因是什么？

首先介绍几个案例。

[案例1] 上海雪佛兰景程2.0L轿车发动机故障灯亮。

故障现象：上海雪佛兰景程2.0L轿车的发动机故障灯亮。

故障诊断与分析：连接诊断仪，读取故障码，有一个故障码，内容为P0328：爆燃传感器电路高频率。于是忙着查找爆燃传感器的故障，又检查线路，又更换爆燃传感器，之后突然想起要做基本检查，一看机油液面低于机油尺底部，拆下油底壳螺栓放了不到2L机油出来，并且很脏。

故障排除：注入新机油，起动发动机，故障码自动清除。

小结：该车发动机机油不足，并且机油过脏，导致发动机润滑不良，活塞在气缸套内运动阻力加大，引起发动机振动，爆燃传感器感应到这种振动，将振动信号发给发动机控制单元，发动机控制单元就记忆了故障码，即P0328：爆燃传感器电路高频率。

[案例2] 上海通用新赛欧轿车发动机故障警告灯亮。

故障现象：2012年款上海通用新赛欧轿车的发动机故障警告灯亮。

故障诊断与分析：连接诊断仪，读取故障码，有一个故障码，内容为P0401：EGR阀低电压。拆下EGR阀，发现内部积炭过多，就进行了清洗，清除故障码后，试车检查，发动机故障警告灯没有亮。客户接车离开后的第三天又出现了发动机故障警告灯亮的情况，经检查还是故障码P0401：EGR阀低电压。这次更换了EGR阀，清除故障码后，试车检查，发动机故障警告灯没有亮。客户接车离开，过了三天又将车送回，依旧是发动机故障警告灯亮，经检查仍是故障码P0401：EGR阀低电压。于是怀疑是线路接触不良，可查来查去，也没发现问题。最后，观察数据流，发现节气门的开度过大，于是检查节气门，发现很脏。

故障排除：清洗节气门，清除故障码后，客户将车接走，连续跟踪三次，故障再没出现。

小结：这个故障在其他新赛欧上也出现过，错误的故障码引导错误的方向。所以说，故障码不是万能的，在维修实践中要结合数据流。

三、有故障码不一定有故障现象

有故障码还会没有故障？答案是肯定的。有故障码存在，在大多数情况下确实是存在故障，也会有不同程度的故障症状。例如空气流量计（MAF）的故障码表明空气流量计有故障，而作为重要传感器的空气流量计的信号出现故障，会出现比较明显的故障现象，如发动机加速不良、动力下降、排放超标等。但有些故障的故障症状不明显，如出现空气温度传感器的故障码，表示空气温度传感器信号电路可能有短路或断路故障发生，但这个故障所带来的影响往往单凭驾驶感觉不一定能发现。而在某些情况下，有故障码不一定有故障，这就是"有故障码，无故障现象，故障码指示部件无故障"。主要原因如下：①外界各种干扰源的干扰；②检测人员的误操作；③相关故障的影响；④虚假的故障码等。

这里以丰田卡罗拉轿车的空调系统为例，其常见故障码见表2-1。当出现故障码B1421/21或B1424/24（日照传感器电路故障）时，如果检查在暗处进行，即使系统正常也可能输出上述故障码。

另外，如果车内温度约为-18.6℃或更低，即使系统正常也可能输出故障码B1411/11（车内温度传感器电路故障）。如果环境温度约为-52.9℃或更低，即使系统正常也可能输

第二章 认清爱捉弄人的故障码

出故障码 B1412/12（环境温度传感器电路故障）。

表 2-1 丰田卡罗拉轿车空调系统的常见故障码

故障码	故障码内容	可能的故障因素	存储器①
B1411/11	车内温度传感器电路故障	车内温度传感器 车内温度传感器和空调放大器之间的线束或插接器 空调放大器	存储（8.5min 或更长时间）
B1412/12	环境温度传感器电路故障	环境温度传感器 环境温度传感器和组合仪表之间的线束或插接器 组合仪表 CAN 通信系统 空调放大器	存储（8.5min 或更长时间）
B1413/13	蒸发器温度传感器电路故障	空调线束 蒸发器温度传感器 空调放大器	存储（8.5min 或更长时间）
B1421/21	日照传感器电路故障	日照传感器 日照传感器和空调放大器之间的线束或插接器 空调放大器	存储（8.5min 或更长时间）（只在电路短路时）

① 如果在括号中给出的时间内出现故障，空调放大器存储各故障的故障码。

第二节 故障码分析

一、无故障码却有故障现象

为什么汽车运行时故障明显，传感器有故障而自诊断系统没有监测到呢？汽车控制单元（ECU，俗称电脑）对传感器信号进行检测时，只能接受其设定范围之内的传感器非正常信号，从而判别传感器的好坏，记录故障码。有了故障码，只要对相应的传感器、导线插接器、导线进行检查，找到并排除短路、断路的故障即可。但是，若因某种原因致使传感器出现灵敏度下降、反应迟钝、输出特性偏移等问题，则自诊断系统就测不出来了。所以经常讲有故障码不一定有故障，没有故障码不一定没有故障。

如果发动机确有故障现象，但是故障指示灯不显示或自诊断系统无故障码输出，这时应该怎么办？

同一部件发生故障，有时有故障码，有时没有。有故障码，对判断故障很有帮助。若无故障码，又该如何找到故障元件呢？

对此应该根据发动机的故障征兆，依靠数据流等其他手段进行分析判断，继而对传感器单体进行针对性检测，以便找到并排除传感器故障。

[案例 1] 2004 年款上海通用别克君威轿车怠速不稳。

故障现象：2004 年款上海通用别克君威 3.0L 轿车的发动机怠速不稳。

故障诊断与分析：连接诊断仪读取故障码，发动机控制单元无故障码显示。检查空气流量计和节气门之间的进气管正常，检查真空管正常，这时怀疑有部件损坏了。首先怀疑的是空气流量计或进气压力传感器出现故障，因为这两种传感器性能的好坏，直接影响 ECU 所控制的发动机基本的燃油喷射量。尽管此时没有显示相应的故障码，也应该对它们进行检查。但检查结果是这两种传感器正常。最后发现进气歧管垫漏气。

故障排除：更换进气歧管垫，故障排除。

小结：进气歧管垫漏气，导致空气流量计计量不准，使发动机怠速不稳，而控制单元的自诊断系统并不能检测到这种故障现象。因此，无故障码输出。在这些情况下，当有故障症状出现时，一定有故障，但不一定有故障码，因为故障码是由控制单元的自诊断系统定义的，凡不受控制单元约束的故障点，均无法定义故障码。

[案例2] 丰田佳美轿车排气冒黑烟。

故障现象：丰田佳美（CAMRY）2200 型轿车，已行驶 11 万 km。出现排气管冒黑烟严重，发动机加速无力的故障。

故障诊断与分析：这种老车型现在很少了，但在修理厂有时也能遇到。起动发动机，观察仪表板上的发动机故障警告灯不亮。将诊断插座中的 TE_1 与 E_1 端子短接，打开点火开关，从仪表板上的发动机警告灯读取故障码。结果，无故障码输出。

经询问驾驶人得知，车辆是近几天突然出现故障，因此排除发动机发生机械故障的可能。点火系统的故障不可能引起发动机冒如此严重的黑烟，个别气缸喷油器滴漏会引起发动机冒如此严重的黑烟，也会引起发动机工作不稳、抖动，而该车发动机虽加速无力，但工作相对还算稳定、无抖动。分析是由于燃油喷射系统传感器给发动机控制单元的信号不对，导致其指示喷油器喷出过多的燃油造成的。考虑无故障码输出，注意需对能引起燃油喷射过多的传感器，如真空传感器、冷却液温度传感器、节气门位置传感器等进行检查。

图 2-1 真空传感器

当检查真空传感器（见图 2-1）时，发现传感器上与真空软管相连的硬塑料管断了，用手按紧该管，观察排气管冒黑烟明显减小，但仍冒黑烟。

用 502 胶将硬塑料管粘到真空传感器上装复，然后起动发动机，观察排气管仍在冒黑烟，同时发动机警告灯也亮了，这是怎么回事？将诊断插座中的 TE1 与 E1 端子短接，读取故障码为 31，其含义是：在真空传感器电路中，检测到端子 PIM 连续交替开路或短路 500ms 以上。故障的可能部位是真空传感器电路、真空传感器或发动机控制单元。因曾用胶粘过真空传感器上的硬塑料管，怀疑胶顺着与硬管相连的小孔进入了传感器。真空传感器的线路图如图 2-2

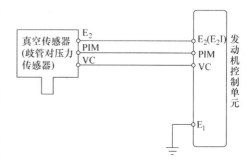

图 2-2 真空传感器的线路图

所示。将点火开关转至"ON"位置，断开真空软管，测量 VC 与 E_2 之间的电压，如图 2-3 所示。检测结果符合标准值 4.5～5.5V。

再在真空传感器的管接头上施加负压，测量 PIM 和 E_2 间的电压降，标准数据见表 2-2。

经检测发现该车电压只在 0.3V 左右变化,说明真空传感器损坏。将其解体发现传感器内感应真空度的感应片上有少量胶。更换传感器后,故障排除。

小结:该车真空传感器上的硬塑料管断裂,使传感器感应的真空度变小,PIM 与 E_2 间的电压也较小,发动机控制单元据此信号指示喷油器喷出过多的燃油,引起排气管冒黑烟。由于 PIM 与 E_2 间的电压尚可在一定范围内变化,发动机控制单元检测不到存在的故障,发动机故障警告灯也就不亮了。当用胶粘后,胶进入传感器内损坏了传感器,使其不能感知真空度变化,发动机故障警告灯也就亮了。

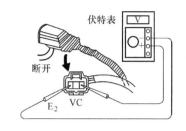

图 2-3 测量 VC 与 E_2 之间的电压

表 2-2 PIM 与 E_2 之间的电压

施加负压/kPa	13.3	26.7	40.0	53.3	66.7
电压/V	0.3~0.5	0.7~0.9	1.1~1.3	1.5~1.7	1.9~2.1

[**案例 3**] 奥迪 2.0T 轿车燃油泵泄压。

故障现象:奥迪 2.0T 轿车的发动机起动时间过长,连接诊断仪读取故障码,发动机系统无故障码显示。检测燃油系统压力,打开点火开关,压力上升到 500kPa,起动发动机后关闭点火开关,观察燃油系统的压力一会就降到 0,分析是燃油泵泄压造成了故障。更换燃油泵,故障排除。

小结:燃油泵内部泄压,因为不影响怠速和车辆行驶,发动机控制单元没有故障码。如果故障是由燃油泵电气故障引起的,发动机控制单元会有"燃油压力过低"的故障码。

[**案例 4**] 奥迪 A6L 轿车在行驶车速保持 60~80km/h 时,车辆有明显耸动。

故障现象:奥迪 A6L 轿车搭载 BPJ 发动机和 01J 变速器。该车在行驶车速保持 60~80km/h 时,车辆有明显耸动。

故障诊断与分析:连接诊断仪读取故障码,没有故障码显示。按照常规检查,检查更换火花塞、点火线圈,故障没有排除。检查清洗喷油器,故障没有排除。连接诊断仪上路试车,发现车辆耸动时进气量有明显变化,故对车辆所有的真空管及曲轴箱通风阀进行检查,没有发现问题。更换空气流量计,故障也没有变化。与进气有关的还有涡轮增压器,拆卸断路阀进行检查时发现断路阀内部全是机油。

故障排除:更换涡轮增压器断路阀后,故障消失。

二、有些故障码制造了故障,其实动动手指就可以解决

有些故障码制造了故障,系统因为有这些故障码的存在,而不能正常工作,这时动动手指清除故障码就可以排除故障了。但清除故障码前一定要记录故障码,如果故障码反复出现,就要查找导致故障码频繁出现的原因。

[**案例 1**] 奥迪 A6L 2.8L 轿车驾驶人侧玻璃升降器无一键功能。

故障现象:奥迪 A6L 2.8L 轿车驾驶人侧玻璃升降器无一键功能。

故障诊断与分析:用手工进行设定,即将轿车驾驶人侧玻璃升到顶,按住驾驶人侧玻璃升降器按键停留 5s,然后将驾驶人侧玻璃降到底,按住驾驶人侧玻璃升降器按键停留 5s,

正常情况下可以完成设定。但这辆车却无法完成。连接诊断仪,读取驾驶人侧车门的故障码,有舒适系统中央控制单元J393开路的故障码。舒适系统中央控制单元J393控制着车辆尾灯、制动灯、倒车灯及玻璃升降器等,检查车辆尾灯、制动灯、倒车灯等正常,应该不存在舒适系统中央控制单元J393开路的情况。询问客户得知,该车曾检修过车辆尾灯、制动灯、倒车灯的故障。分析在上次检修过程中,曾断开过舒适系统中央控制单元J393,修理完毕后而没有清除驾驶人侧车门的故障码。

故障排除:用仪器清除驾驶人侧车门的故障码,进行一键功能设定,驾驶人侧玻璃升降器一键功能恢复正常。

[**案例2**] 奥迪轿车驾驶人侧玻璃升降器不动作。

故障现象:奥迪A6L 2.8L轿车驾驶人侧玻璃升降器不动作,玻璃停在下部。

故障诊断与分析:连接诊断仪,读取驾驶人侧车门的故障码,有车窗过热保护激活-电阻过大的故障码。分析该故障码可能为偶发故障。

故障排除:用仪器清除故障码,驾驶人侧玻璃升降器动作正常。

[**案例3**] 2010年款福特福克斯轿车,在清洗节气门、喷油器和三元催化转化器后,发动机故障警告灯亮。连接诊断仪读取故障码,有三个故障,如图2-4所示。分析燃油位置传感器的故障码可能是因为清洗时断开汽油泵的插接器,忘记清除故障码所致。混合气稀或浓是由于清洗时,清洗剂供应不均造成的。因此清洗后,应让发动机运转一段时间,然后清除故障码,车辆才可以出厂。

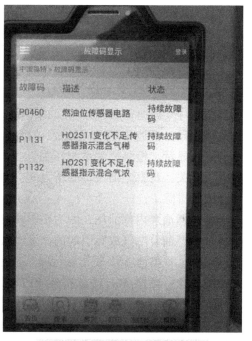

图2-4 连接诊断仪读取故障码

三、模糊故障码的分析方法

模糊故障码是指故障码没有明确指出故障部位,更有些故障码没有指出故障范围。例如故障码P1142:负荷探测数值低于极限值。这个故障码反映发动机控制单元通过传感器检测到的发动机负荷,与此状态下的理论值存在大的差别。

那针对这个故障码应从哪里开始检查?这里首先要明白负荷,发动机的负荷是通过进气量、节气门开度、转速等计算得到的。一般情况下,怠速工况负荷在25%左右,中负荷为25%~85%,大负荷是85%以上。如果怠速时负荷低于25%很多,就会设定故障码。

由上文可知故障可能的原因如下:
① 进气系统漏气;
② 进气歧管绝对压力传感器故障;
③ 进气量调节翻板卡滞;
④ 节气门体故障;

⑤ 线路故障。

有了思路，就可以按此查找，最终找到故障原因。另外还有混合气过稀、混合气过浓等故障码，这些都没有指出故障原因，需要认真分析，详见下面的案例。

[案例1] 奥迪Q7发动机抖动。

故障现象：奥迪Q7汽车搭配BAR发动机和09D变速器。该车怠速时发动机抖动，排气管有"突突"声。

故障诊断与分析：观察该车怠速时发动机抖动，排气管有"突突"声，还有缺缸的感觉。连接VAS5052诊断仪检测，发动机有故障码：气缸列1和气缸列2混合气过稀。查看数据流，发现混合气调整达到10%~20%，两端的空气流量计数值为2.2~2.4g/s（正常值应为3.0~5.0g/s）。于是怀疑发动机有地方漏气，导致部分空气没有经过空气流量计，直接进入发动机气缸燃烧。经检查发动机外部没有漏气的地方。

用两块布团堵住两侧的进气道，此时VAS5052显示两边的空气流量计数据已接近0g/s，而发动机照常运转，几乎没有影响，这说明发动机确实存在漏气。

拔下气门室盖连接机油分离器的软管，感觉真空度很大，机油分离器发出"丝丝"的吸气声，用手堵住分离器进气口发动机停止抖动。这时发现发动机下部漏机油。经检查是曲轴后油封损坏了。分析机油分离器已经损坏，机油分离器损坏后所有的真空压力作用到曲轴箱连接机油分离器的通道内，发动机通过活塞下行吸气，一直从曲轴箱内抽气，使曲轴箱内出现很高的真空度，将曲轴后油封吸瘪变形，导致从油封处漏气漏油。泄漏的气体不经过空气流量计，使混合气变稀，导致发动机抖动。

故障排除：更换曲轴后油封及机油分离器，故障消除。

[案例2] 奥迪C6/A6L轿车的2.0T发动机怠速不稳，加速无力。

故障现象：奥迪C6/A6L轿车的2.0T发动机怠速不稳，加速无力。

故障诊断与分析：连接VAS505X诊断仪检测，显示节气门前压力下降。分析造成压力下降的可能原因包括：管路破损、压力传感器损坏、增压压力不足及控制单元故障等。仔细检查增压管路并没有发现有破损漏气的地方。这款2.0T发动机的系统中设计了一个增压压力再循环阀用于防止增压压力过大或节气门瞬间关闭时给管路和两侧的零部件带来的冲击。这个阀在不工作的时候应是伸出状态，拆卸检查发现此阀长期处于缩回状态。

故障排除：更换涡轮增压器的增压压力再循环阀（N249），故障消除。

小结：增压压力再循环阀N249是为了控制增压压力而设计的，本故障是由于增压压力再循环阀N249的阀门长期处于缩回状态产生"节气门前压力下降"的故障码的。在维修实践中，还发现过增压压力再循环阀N249的阀门持续伸出，导致增压软管爆裂的故障。

四、故障码和故障现象相差很远的分析方法

有时故障码显示的故障内容与实际的故障现象相差很远，为什么会出现这种问题？下面通过案例进行分析。

[案例1] 上海通用别克GL8商务车发动机熄火，不能起动着车。

故障现象：2009年款上海通用别克GL8商务车发动机熄火，不能起动着车。

故障诊断与分析：连接诊断仪，读取故障码，显示有两个故障码，分别是P0463：燃油液面传感器高电压；P1106：进气歧管绝对压力传感器电路间断高电压。

检查燃油液面正常，排除燃油液面传感器引起发动机熄火的可能。进气歧管绝对压力传感器也不会引起发动机熄火，导致发动机不工作。那么出现发动机熄火故障肯定另有原因，检查起动发动机时汽油泵不工作，分析主要原因包括：汽油泵损坏、汽油泵控制电路故障。上海通用别克GL8商务车汽油泵电路在车辆底盘下面有一个插接器，这个插接器的线束从底盘经过驾驶室中排左侧的座椅底部到达车辆前部。由于插接器在车辆底盘下面，时间长了易被水污腐蚀，拔下插接器，发现插接器端子已经腐蚀。

故障排除：修理汽油泵线路，将插接器进行处理，重新连接，故障消除。

[案例2] 北京现代索纳塔V6发动机熄火停车一段时间后不能起动。

故障现象：北京现代索纳塔V6发动机熄火停车一段时间后不能起动，需等一段时间后才可正常起动。

故障诊断与分析：连接诊断仪，读取故障码，发动机控制系统有一个故障码：空气流量计电压值低；再读取防抱死制动系统（ABS）也有一个故障码：TCS（牵引力控制系统）输出转矩异常。两个故障码均为偶发故障。更换空气流量计，故障仍然存在。故障码清除后，再读取故障码，发动机系统和ABS均无故障码显示。再起动发动机，起动一两次无故障码显示，但连续起动多次，故障码又出现了。

此故障初步判断为ABS泵总成搭铁不良（见图2-5），或者ABS控制单元故障。

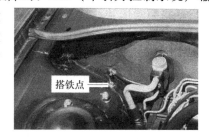

图2-5 ABS泵总成搭铁不良

故障排除：处理ABS泵搭铁，故障消除。

五、有故障码和故障现象，但故障码指示部件无故障的分析方法

车辆有故障现象，用诊断仪能读取故障码，本以为故障很简单，但故障码指示的部件，尽管已经检查或更换了，故障现象却仍然存在，这是怎么回事？对此不少维修人员都一筹莫展。其实造成这种现象的原因，主要包括以下4方面。

1. 电源不良

[案例] 上海大众帕萨特1.8T轿车，发动机起动困难，起动后发动机抖动。

故障现象：2002年款上海大众帕萨特1.8T轿车，发动机起动困难，起动后发动机抖动，用故障诊断仪诊断有故障码具体是17935：进气凸轮调节阀N205断路和17953：节气门控制功能故障。用诊断仪清除故障码，只剩下一个故障码17953：节气门控制功能故障，不能清除。

故障诊断与分析：检查线路正常，更换节气门体，故障依然存在。再一次起动发动机后，又出现了原来的两个故障码，即17935：进气凸轮调节阀N205断路和17953：节气门控制功能故障。用诊断仪清除故障码，还是只剩下一个故障码17953：节气门控制功能故障，不能清除。怀疑故障与电源有关，经检查是主继电器的一个端子松动。

故障排除：将主继电器松动的端子重新焊接后，故障消除。

小结：以前也遇到过主继电器损坏或端子松动引起的故障，但这种故障能引起发动机不能起动，或偶尔不能起动，一般无故障码存在。而本故障却有故障码，这就很容易让人走弯路。

第二章 认清爱捉弄人的故障码

2. 搭铁不良

[案例] 奥迪 A6L 2.4L 轿车起动机有时不工作。

故障现象：奥迪 A6L 2.4L 轿车起动机有时不工作。

故障诊断与分析：用 VAS5052 诊断仪读取故障码，有一个故障码：供电控制单元 J519 有电气故障。检查供电控制单元线路正常，判断故障应在供电控制单元。但是更换供电控制单元后，故障还存在。分析有线路接触不良或搭铁不良的地方，检查发现蓄电池后边的蓄电池管理控制单元搭铁线螺栓松动。

故障排除：紧固搭铁线螺栓后，故障消除。

3. 插接器不良

[案例] 奥迪 A6L 轿车发生交通事故后，安全气囊指示灯常亮。

故障现象：奥迪 A6L 轿车发生交通事故后更换了安全气囊和安全气囊控制单元，但安全气囊指示灯仍常亮

故障诊断与分析：用 VAS5052 诊断仪读取安全气囊系统故障码，显示 01590：蓄电池切断开关 N253 最低值未达到（线路短路）。此故障应是 N253 故障，结果更换了 N253，安全气囊指示灯仍亮，又更换了一个 N253，安全气囊指示灯还是亮，检查故障码仍为 01590。经检查发现 N253 设置了一个短路销，断开插接器时短路销短路，插上插接器后短路销断开。而该车由于碰撞短路销变形，连接插接器时，短路销也没断开，始终保持短路状态。安全气囊控制单元也就记忆了故障码 01590：蓄电池切断开关 N253 最低值未达到（线路短路）。

故障排除：处理 N253，使短路销在连接插接器时断开，故障消除。

4. 混合气过稀或过浓引起的错误故障码

[案例] 上海通用别克轿车间歇混合气过稀故障。

故障现象：一辆上海通用别克新世纪轿车，行驶里程为 16 万 km。行驶中有时出现发动机严重抖动，甚至熄火的现象。

故障诊断与分析：连接诊断仪，读取有两个故障码，分别为氧传感器断路和进气温度传感器电压过高。

拆下进气温度传感器，检测各温度下的电阻值，与标准数值相符。发动机工作时，测量氧传感器信号，其电压变化也符合标准。

分析故障与上述两传感器无关。不过，通过上述检测，分析这两个故障内容与混合气稀或浓有关，可能是供油量太小所致。

在燃油管路上接上燃油压力表，测量燃油系统压力，发动机怠速时正常。进行路试，发现发生故障时油压约为 0.18MPa，而标准值为 0.25MPa。

故障排除：更换汽油泵，故障消除。

小结：这个故障是因汽油泵压力过低，引起混合气过稀造成的。而汽油泵的故障，控制单元无法检测其故障情况，只能根据发动机工况和传感器信号，确定为氧传感器和进气温度传感器故障，很容易造成误诊，这就要求不能盲目相信故障码，而应进行全面检查。

六、更换零部件后还会出现故障码

更换零部件后出现故障码主要有两种情况，一种是更换的零部件型号不对或质量有问题；另一种是有些车型的控制单元需要编码。下面通过案例进行说明。

[案例1] 奥迪 A6L 1.8T 轿车更换控制单元后有故障信息。

故障现象：一辆奥迪 A6L 1.8T 轿车发生事故后，发动机控制单元损坏，更换发动机控制单元后，读取发动机电控系统的故障信息，发现系统有两个故障码。故障信息如下：

1）排气控制单元编码错误。

2）ABS 控制单元传输来的驱动数据信息丢失。

这两个故障码不能清除。

故障诊断与分析：发动机控制单元编码错误，系统默认值与实际不符，实际操作中未进行编码，发动机电控系统的默认值为 04502（带 ASR（驱动防滑系统），自动变速器）。

故障排除：需要对发动机控制单元进行重新编码。目前奥迪 A6L 1.8T 轿车只有两种配置，其编码如下：①04002（无 ASR，手动变速器）；②04052（带 ASR，自动变速器）。

编码过程：

1）连接 VAG1551 或 VAS5051 诊断仪，打开点火开关。

2）输入 01 地址码进入发动机电控系统，须先查询系统是否有故障，若有则要排除存在的故障。

3）若无故障，按"→"键。

4）输入 07 功能，根据提示输入相应的编码。

5）输入 06 功能，结束编码。

经过上述操作，故障排除。

[案例2] 奥迪 A6L 2.0T 轿车安全气囊灯和侧滑灯报警。

故障现象：奥迪 A6L 2.0T 轿车，因碰撞事故更换过安全气囊及其控制单元等部件，但更换后安全气囊灯和侧滑灯报警。

故障诊断与分析：连接 VAS505 诊断仪进入 15 安全气囊系统，发现有副气囊开关对地短路故障；进入 ABS 检测有控制单元版本等故障码且无法清除。检测 15 和 03 两个控制单元的编码正常。

故障排除：该车须匹配安全气囊控制单元。方法是，更改安全气囊系统里部分通道的匹配值。安全气囊：15 – 10 – 20 – 0（把 0 改为 1）即可清除副气囊开关故障。ESP：15 – 10 – 50 – 0（把 0 改为 1）；15 – 10 – 51 – 8（2.4L）、12（2.0T、3.0L、3.2L）即可清除故障码。

七、同时出现多个故障码的分析方法

有时在读取故障码时会出现多个故障码，出现这种情况怎么办？这时应该根据故障现象，分析故障与故障现象的关系，然后有针对性地进行检查。主要有以下情况：

1）根据故障现象，抓主要的。

2）检查共用的部件，如电源、线路、搭铁点、继电器等。

3）可以记录下第一次读取的故障码，然后清除故障码。再读一次，看留下的故障码。有些故障可能是由于有故障的部件长时间不正常的工作引起的。

4）车辆可能有多个故障码同时存在，这时可以按照从简单到复杂的故障码逐个排除。

[案例1] 奥迪 A6L 3.0L 轿车驻车辅助有时不好用，同时尾灯故障指示有时显示。

故障现象：奥迪 A6L 3.0L 轿车驻车辅助有时不好用，同时尾灯故障指示有时显示。

故障诊断与分析：连接 VAS5052 诊断仪，进入驻车辅助系统，有四个故障码，分别是

01548：右后（G206）驻车辅助传感器开路或对地短路（间歇）；01546：左后中部（G204）驻车辅助传感器开路或对地短路（间歇）；01547：右后中部（G205）驻车辅助传感器开路或对地短路（间歇）；02070：后驻车辅助传感器开路（间歇）。

用 VAS5052 诊断仪进入中央便利系统，有五个故障码，分别是 02736：左尾灯雾灯开路或对地短路（间歇）；02738：左尾灯制动灯开路或对地短路（间歇）；02740：左尾灯 2 开路或对地短路（间歇）；01501：左后转向指示灯开路或对地短路（间歇）；01518：左倒车灯开路或对地短路（间歇）。

通过以上故障码分析可知，线路不良或搭铁不良的可能性较大，检查行李箱中，位于左后尾灯下部的搭铁线紧固螺栓松动。

故障排除：紧固左后尾灯下部的搭铁线紧固螺栓，故障消除。

[案例 2]　发动机间歇性加速无力，同时 ABS、EPC、安全气囊等故障指示灯闪亮。

故障现象：奥迪 A6L 2.4L 轿车发动机间歇性加速无力，最多一天出现两三次，有时两三天出现一次，故障能持续十分钟左右。故障出现时 ABS、EPC、安全气囊等故障灯同时闪亮，MMI 及收音机不工作。

故障诊断与分析：车辆进厂时一切正常，只能读取记忆故障码。用诊断仪读取共有七个故障码。发动机系统故障码为 18061：阅读 ABS 控制单元故障记忆。ABS 故障码为 01826：转向角度传感器 G85，电源端子 30。前部显示控制单元故障码为 01964：带记忆功能座椅调节控制单元 J316 没有信号/不通信。蓄电池管理器故障码有四个：02273、02274、02276 和 02277，分别为电流阶段 2.3.5.6，均为偶发故障。通过以上故障可以看出蓄电池管理器切断级别到 6 级。怀疑电源系统不正常，而结合故障现象，分析有电源或者搭铁不良。检查发现蓄电池负极电缆到 J644 处松动。

故障排除：紧固蓄电池负极电缆线，清除故障码，试车故障消除。

[案例 3]　上海大众帕萨特 B5 轿车自动变速器不升档。

故障现象：帕萨特 B5 轿车自动变速器不升档，自动变速器型号是 01N。

故障诊断与分析：连接诊断仪，读取故障码，显示有两个故障码，分别是 00281：车速传感器 G68 无信号和 00652：档位监控故障（偶发故障）。测量车速传感器 G68 的电阻，为∞。分析车速传感器 G68 损坏。

故障排除：更换车速传感器 G68，故障消除。

小结：自动变速器控制单元为什么会出现档位监控的故障码？仔细测量车速传感器 G68 的电阻，发现有时为∞，有时正常。分析是车速传感器 G68 内部故障，使得传递到自动变速器控制单元的信号不准确，导致故障码 00652：档位监控故障的出现。

[案例 4]　标致 206 轿车加速不良，抖动。

故障现象：标致 206 轿车加速不良，抖动。

故障诊断与分析：连接诊断仪，读取故障码，显示有两个故障码，分别是点火集成相位检测故障（永久故障）和气缸 1 过度失火（偶发故障）。清除故障码后，只剩下一个故障码：点火集成相位检测故障（永久故障）。分析点火集成相位可能与凸轮轴位置传感器有关，但查询资料的结果是凸轮轴位置传感器与点火线圈总成集成在一起。结合 1 缸曾经有过缺火的故障，分析点火线圈损坏的可能性较大。

故障排除：更换点火线圈总成，故障消除。

[案例5] 冷车时发动机无怠速。

故障现象：奥迪 A6L 2.0T FSI 发动机冷车无怠速。

故障诊断与分析：用诊断仪读取发动机电控系统的故障码为 04767（P129F）：低压燃油系统压力和 12408（P3078）：怠速控制节气门位置性能。

检查节气门体较脏，于是清洗节气门体，并用仪器进行节气门体的基本设定（060 通道号），然后起动发动机，怠速运转正常。但 04767 的故障码不能清除。更换汽油滤清器，故障码仍存在。读取数据流，观察数据流组号 103 中的第一行低压燃油压力值，其数值始终为 1.2MPa，且不变化，这说明显示的低压燃油压力偏高。起动发动机后，观察组号 106 的数据流，怠速时的高压燃油压力值为 5MPa 左右，急加速可达 9~11MPa，说明高压燃油压力正常。分析低压燃油压力传感器存在故障。

故障排除：更换低压燃油压力传感器，清除故障码，检查数据流显示正常，再检查故障码，无故障码输出。

小结：故障码诊断和数据流结合对确定故障有很大的帮助。在奥迪 A6L 2.0T FSI 发动机的诊断系统中，为燃油系统提供了较好的数据流分析测试项。通过数据流组号 103 中的第一行，可观察出低压燃油的压力值，该数值是由低压燃油压力传感器监测出来的，如图 2-6 所示。通过数据流组号 106 中的第一行，可观察出高压燃油的压力值，该压力值在怠速时约为 5MPa，急加速时最高可达 11MPa，是由分配油轨上的高压燃油压力传感器监测出来的，如图 2-7 所示。若车辆不能起动，怀疑燃油系统有故障，就能在不接入油压表的情况下，快速判断燃油压力的数值是否正常，从而大大提高了判断故障的效率。

```
1）发动机燃油实际压力（mbar）3000~6000
2）控制器燃油压力（%mbar）
3）电动燃油泵匹配值（%mbar）
4）燃油泵匹配（测试切断/正在匹配/匹配正常/错误）
```

图 2-6　数据流组号 103

($1bar = 10^5 Pa$)

```
1）燃油管道压力（bar）
2）电动燃油泵 1/2（切断/接通或 PWM）
3）空
4）切断时间（s）
```

图 2-7　数据流组号 106

八、偶发性故障码的分析方法

偶发性故障码有三种情况：①在故障现象出现时产生，故障现象消失后故障码就不存在了；②有故障现象有故障码，一旦清除故障码，故障现象存在，但故障码不存在；③只有故障警告灯亮，其他故障现象不明显，一旦清除故障码，故障警告灯熄灭，故障码也没有了，但行驶一段时间后，故障警告灯又亮。

[案例1] 发动机加速不良。

故障现象：奥迪 A6L 2.0L FSI 发动机加速不良。

故障诊断与分析：用 VAS5052 诊断仪读取故障码，有两个故障码，分别是 08851：燃油压力电磁阀 N276 机械故障（偶发故障）和 12555：燃油低压调节超过允许范围（偶发故障）。清除故障码，再试车，发动机仍加速不良。再次读取故障码，无故障码显示。用 VAS5052 诊断仪检查燃油压力数据，怠速工况下燃油低压为 500kPa，燃油高压为 5000kPa，两个数据均在标准范围内。加速时，燃油低压有所下降。询问驾驶人得知故障是在一次加油时出现的。经检查发现燃油箱内有很多杂质，燃油泵滤网被杂质堵塞。

故障排除：清洗燃油箱，故障消除。

小结：燃油箱内的杂质堵塞燃油泵滤网，引起燃油供应压力不足，出现了发动机加速不良的现象。

[案例 2] 奥迪车系 ACC 系统存储故障码 00234 的说明。

涉及车型：奥迪 A6L、A8、Q7。

故障现象：多功能显示屏提示"ACC 功能失效"。

故障原因：自适应巡航控制（ACC）驾驶辅助系统能够自动识别前方的安全距离，并提醒驾驶人采取合理的制动措施。常见的 ACC 功能失效原因是 ACC 雷达传感器已被调节，使用故障诊断仪可以查询到故障码 0234，含义是"用于自动距离监测的雷达传感器已被调节"。在对一些故障车辆检查后发现，ACC 雷达传感器被调节的原因是前保险杠受到轻微碰撞。有些轻微碰撞从保险杠外观无法看出，通常只有拆开保险杠时才能发现 ACC 雷达传感器支架已经变形。为什么碰撞时没有故障码，而在行驶一段时间后才有故障码出现？下面简要分析 ACC 雷达传感器受到碰撞后出现故障的原因。

1）ACC 雷达传感器必须能够最佳地获取车辆前方有效距离之内的信息，因此传感器要求安装在车身最前方的位置。这使得 ACC 雷达传感器处于前碰撞的直接撞击范围内，传感器有 150m 的有效距离，当因为碰撞事故使 ACC 雷达传感器偏转 0.7°时，将会导致雷达射线存在约 1.8m 的误差，这样就限制了 ACC 功能。若 ACC 雷达传感器偏转 1.3°，则会有更大的雷达射线误差导致 ACC 系统关闭，并存储故障码 0234。

2）ACC 控制单元从 EPS 控制单元中获取车辆直行或弯道行驶的信息，并利用雷达传感器信号不断进行比较。若由于碰撞突然导致 ACC 雷达传感器调节，此时通过监控并不能马上被识别出来，而是需要一个较长的识别阶段。随着时间的推移，在行驶了一定的里程后，当 ACC 控制单元识别到 ACC 雷达传感器的误差时才会断开。也就是说，当发生这样的碰撞时，ACC 控制单元会在 ACC 一直工作的状态下，首先继续计算已经存储的提前调节的角度，尽管功能受到了一些限制。ACC 控制单元在一次轻微碰撞之后不会直接断开，而是经过一段的时间才断开 ACC，因此用户很难识别出碰撞和 ACC 功能失效之间的关联。

九、同一故障现象却有不同的故障码出现

同一故障现象为什么会有不同的故障码出现？这种情况多是由于故障部件损坏程度不一样造成的。当故障部件损坏轻时，对发动机造成影响，发动机控制单元会记录一种故障码；当故障部件损坏重时，对发动机造成影响，发动机控制单元会记录另一种故障码。

[案例] 2008 年款上海帕萨特领驭轿车怠速不稳，忽高忽低，加速正常，故障码换来换去。

故障现象：2008 年款上海帕萨特领驭轿车怠速不稳，忽高忽低，加速正常。

故障诊断与分析：连接诊断仪，读取故障码，有一个故障码为 17705（P1297）：废气涡

轮增压器到节气门之间有压降。清除故障码后，试车出现另一个故障码，即 16891（P0507）：怠速空气控制系统转速高于期待值。再次清除故障码后，试车又出现一个故障码，即 17939（P1531）：进气凸轮轴控制电路，断路。

读取数据流，发动机怠速不稳时，数据流 001 组中，氧传感器调节值为 25%；002 组中，发动机转速 800r/min，负荷 21.5%，喷射时间 3.12s，空气流量 5.83g/s。发动机怠速稳定时，数据流 001 组中，氧传感器调节器 3%；002 组中，发动机转速 760r/min，负荷 19.5%，喷射时间 2.6s，空气流量 2.97g/s。

从数据流来看，特别是空气流量的变化，该故障是由漏气引起的。因此故障码 17705（P1297）：废气涡轮增压器到节气门之间有压力降，应为主要故障码。故障检查应先从这里入手。

废气涡轮增压器到节气门之间有压力降，故障码的排除提示的是检查涡轮增压器的增压空气部分。可能的故障原因包括：涡轮增压器和增压空气冷却器之间的软管漏气；增压空气冷却器和进气歧管之间的软管漏气；增压空气冷却器漏气；增压压力传感器 G31 的密封圈损坏；节气门控制单元和进气歧管之间的密封垫损坏；进气歧管和气缸盖之间的密封垫损坏。

检查以上部位均没有发现故障。那么泄漏是否是由于与涡轮增压器至进气歧管之间主管路相连的分管路引起的呢？

于是逐段检查分管路，当拔下增压稳压阀的管路，用手堵住增压稳压阀至曲轴箱的管路时，发动机怠速不抖动了。反复试验，发动机一直工作平稳，于是怀疑增压稳压阀（见图 2-8）损坏了。但更换增压稳压阀后，故障仍然存在。为什么用手堵住增压稳压阀至曲轴箱的管路时，发动机怠速就不抖动了？分析故障可能为增压稳压阀至曲轴箱的管路漏气。

拆下曲轴箱到进气歧管的管路，如图 2-9 所示。其中铁管到曲轴箱，橡胶管到进气歧管。将管路分解，发现曲轴箱到进气歧管的单向阀（见图 2-10）损坏。

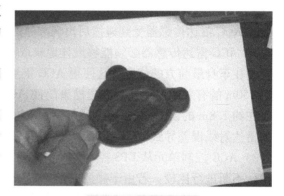

图 2-8　增压稳压阀

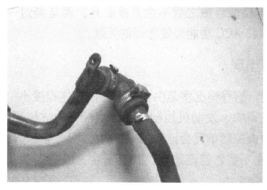

图 2-9　铁管到曲轴箱，橡胶管到进气歧管

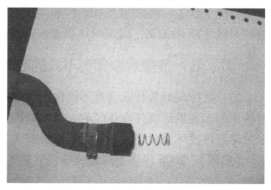

图 2-10　曲轴箱到进气歧管的单向阀损坏

第二章 认清爱捉弄人的故障码

故障排除：更换单向阀，故障消除。

十、出现故障的部件与故障码指示的部件不同

故障码指示的部件没有故障，故障却是另一部件引起的，在维修实践中有时会遇到这样的问题。

例如大众车常有实际故障是因氧传感器不良，而发动机控制单元却记下空气流量计故障码。此时拔下氧传感器插头，若故障消除，则更换氧传感器；若故障依旧，则须检查空气流量计。

[案例1] 奥迪 A6L 2.0T 轿车发动机有时起动困难。

发动机冷却液温度传感器有问题一般会有故障码出现，但在某些情况下，也可能没有故障码出现。例如某辆奥迪 A6L 2.0T 轿车，其发动机有时起动困难，连接诊断仪读取故障码，显示有两个故障码，分别是 08851：燃油压力电磁阀 N276 机械故障和 12555：燃油低压调节超过允许范围，均为偶发故障。更换燃油压力电磁阀 N276，故障仍存在。检查燃油系统压力正常。读取数据流，在急速工况下，发动机冷却液温度在 10~95℃之间变化，更换发动机冷却液温度传感器，发动机起动正常。分析发动机冷却液温度传感器偏差大，在冷车时，发动机冷却液温度传感器给发动机控制单元的信号是温度高的信号，喷油器的喷油量会不足，引起起动困难；在热车时，发动机冷却液温度传感器给发动机控制单元的信号是温度低的信号，喷油器的喷油量会过多，同样引起起动困难。因为冷却液温度传感器能向发动机控制单元发送信号，发动机控制单元不能据此判断冷却液温度传感器有故障，但却根据混合气浓这一事实判定是燃油压力电磁阀的故障，结果出现故障的部件与故障码指示的部件不同。

[案例2] 奥迪 A4L 无级变速器故障灯亮。

故障现象：奥迪 A4L 2.0T 轿车，搭载 0AW 无级变速器，该车无级变速器故障灯亮。

故障诊断与分析：以 15km/h 以上的速度持续行驶几分钟后，仪表中央显示屏显示变速器故障灯报警。用 VAS5052 诊断仪检测发现地址码 01-发动机控制单元里存有故障"变速器控制单元读取故障记忆"，地址码 02-1-变速器控制单元里有故障"变速器输出转速传感器 G195 无信号"，这两个故障均是偶发故障。进行故障引导，引导结果是检查变速器控制单元和输出转速传感器识别磁圈（靶轮），开始怀疑应该是由变速器控制单元造成的故障现象。随后将控制单元拆下检查，控制单元包括传感器及靶轮都正常，然后尝试更换一个相同配置的变速器控制单元，试车，故障依旧。控制单元里还是存有相同的故障码，随后测量变速器控制单元的输入、输出数据，并与同配置车型对比，均正常。测量四轮转速也正常。尝试更换变速器试车，故障依旧。

经过多种尝试故障原因仍无法查找，于是重新整理思路，将故障码清除后，带着 VAS5052 诊断仪试车，想观察此车在故障点出现时发动机与变速器的数据是否有问题。在出现故障之前一切数据均正常，故障出现时无意中发现发动机的转速突然偏差很大，能达到 7800r/min，其余数据都正常，随后停车将发动机转速传感器 G28 的插头拔掉，进行试车，故障依旧，回修理厂后更换一个新的 G28，故障消失，反复测试都正常。

发动机转速传感器 G28 故障码却引起无级变速器故障灯亮，这是很多人不容易想到的。

故障排除：更换发动机转速传感器 G28。

[案例3] 奥迪 A6L 行驶时熄火不能再起动。

故障现象：奥迪 A6L 2.0T 轿车，行驶时熄火不能再起动。

故障诊断与分析：用 VAS5052 诊断仪读取发动机控制单元的故障码，有一个故障码：空气流量计不可靠。

检查空气流量计无供电电压，检查熔丝正常，检查 15 号供电继电器不工作。检查继电器本身正常，15 号供电继电器控制电源正常。问题在于继电器无控制搭铁信号。此信号由进入和起动授权控制单元 J518 控制，检查进入和起动授权控制单元 J518 与 15 号供电继电器之间的线路正常，分析故障在于进入和起动授权控制单元 J518。

故障排除：更换进入和起动授权控制单元 J518，故障消除。

小结：本故障虽然出现故障的部件与故障码指示的部件，但却有紧密的联系。空气流量计无供电电压，而进入和起动授权控制单元却控制着其供电继电器的控制信号，故出现空气流量计不可靠的故障码。

十一、外界因素引起的故障码

外界因素也能引起故障码，而且这些故障码有时比较奇怪。

[案例1]　奥迪 A6L 4.2L 轿车倒车影像有时不显示。

故障现象：奥迪 A6L 4.2L 轿车倒车影像有时不显示。

故障诊断与分析：故障发生时用 VAS5052 诊断仪读取驻车辅助系统控制单元的故障码，故障码显示左前侧传感器断路。首先检查传感器正常，检查传感器处的线路正常。拔下驻车辅助系统控制单元的插接器发现控制单元插接器有水痕。经了解该车后风窗玻璃贴过膜，经分析认为风窗玻璃贴膜时有水渗入驻车辅助系统控制单元的插接器。

故障排除：用电吹风吹干驻车辅助系统控制单元的插接器，倒车影像恢复正常。

[案例2]　一汽丰田锐志轿车无法起动。

故障现象：锐志轿车，行驶仅 510km。起动机工作，但发动机无法起动。

故障诊断与分析：用故障诊断仪读取故障码 B2799：发动机停机系统锁止，故障码无法清除。用故障诊断仪检查起动机工作，而发动机无法起动时，无点火喷油信号。检测发动机停机系统熔断装置、发动机右侧下接线与 ECM 之间的线束连接均正常。忙了许久故障也没有排除，因已是晚上十点多，只好等到第二天再修理。第二天，发动机正常起动，故障码也清除了。客户将车接走，不一会故障又出现了。经检查还是相同的故障现象、相同的故障码。从客户处得知，该车前风窗玻璃贴了膜，从贴膜后故障就出现了。分析贴膜时用了大量的水，水顺着仪表板的缝隙进入发动机停机系统控制单元，导致发动机无法起动。

故障排除：将车停在太阳底下晾晒了一天，故障消除。

[案例3]　音响无声音。

故障现象：奥迪 A6L 3.0 轿车打开音响，MMI 显示正常，但无声音。

故障诊断与分析：用故障诊断仪读取音响系统的故障码，有故障码存在，故障码的内容是数字音响包控制单元 J525 存有控制单元故障，并且故障码清除不掉。断开蓄电池负极电缆，故障仍存在。打开行李箱盖，检查数字音响包控制单元 J525，发现上面潮湿，询问驾驶人得知，该车前不久行李箱盖发生事故曾经过维修，分析维修时水进入了数字音响包控制单元 J525 导致音响无声音。

故障排除：拆下数字音响包控制单元 J525，将水分吹干，装车，故障消除。

第三节 故障码的诊断流程

一、故障码的诊断

故障码是汽车控制单元的自诊断系统对检测出的故障点所记录下的相应编码（数字或字母）。故障码分析是在读取故障码的基础上，结合其他检测结果如数据流、动作测试等，对所读取的故障码进行比较分析，从而做出故障判断的一种方法。它是汽车控制系统故障诊断中最基本也是最简单的方法之一。故障码分析的过程是对汽车控制单元自诊断系统所记录的故障码进行读取、清除和鉴别分类的过程。故障码分析是诊断汽车电控系统故障的第一步。

在进行故障码分析时，建议按照以下步骤进行：

1）首先读取并记录所有故障码。
2）使用［清除故障码］功能清除所有故障码。
3）确认故障码已被清除（再次读取故障码时应显示无故障码）。
4）模拟故障产生的条件进行路试以使故障重现。
5）再读取并记录此时的故障码。
6）区分间歇性故障码和当前故障码。
7）区分与故障症状相关的故障码和无关的故障码。
8）区分诸多故障码或相关故障码中的主要故障码（它可能是导致其他故障码产生的原因）。
9）按照上述分析，进一步精确地检查故障码所代表的传感器、执行器或控制单元及相关的电路状态，以确定故障点发生的准确位置。

以上的7）、8）、9）项是故障码分析的重点。

这里，以一汽丰田卡罗拉2ZR – FE 发动机P0118 故障码的诊断为例进行说明。

对于故障码 P0118：发动机冷却液温度电路输入电压过高，可能的原因如下：

1）发动机冷却液温度传感器电路（断路）。
2）发动机冷却液温度传感器故障。
3）ECM 故障。

1. 与故障码 P0118 相关的电路图

先给出与故障码相关的电路图，如图 2-11 所示。

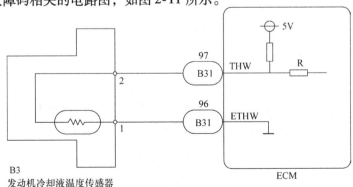

图 2-11 与故障码 P0118 相关的电路图

2. 检测流程

按照检测步骤进行检测,见表2-3。

表2-3 检测步骤

步骤	项目	检测条件	检测内容	端子及规定值			正常	不正常
1	使用故障诊断仪读取数值(发动机冷却液温度)	连接故障诊断仪,将点火开关置于ON(IG)位置,接通故障诊断仪	读取数值	80~100℃(发动机暖机时)				若显示温度为-40℃,则进行步骤2;若显示温度为140℃或更高,则进行步骤4;若显示温度为80~100℃,则故障为间歇性故障
2	使用故障诊断仪读取数值(检测线束是否断路)	确认发动机冷却液温度传感器连接良好,断开发动机冷却液温度传感器插接器见图2-12。如图2-13所示,用跨接线连接线束侧发动机冷却液温度传感器插接器的端子1和2,连接故障诊断仪,将点火开关置于ON(IG)位置,接通故障诊断仪(测量完毕,重新连接发动机冷却液温度传感器插接器)	读取数值	140℃或更高			更换发动机冷却液温度传感器	进行步骤3
3	检测发动机冷却液温度传感器与ECM之间的线束和插接器	断开发动机冷却液温度传感器插接器,断开ECM插接器	如图2-14所示,测量电阻。测量完毕,重新连接发动机冷却液温度传感器插接器,重新连接ECM插接器	任何工况	B3-2—B31-97(THW)	小于1Ω	更换ECM	维修或更换发动机冷却液温度传感器与ECM之间的线束或插接器
				任何工况	B3-1—B31-96(ETHW)			
4	使用故障诊断仪读取数值(检测线束是否短路)	断开发动机冷却液温度传感器插接器,如图2-15所示,连接故障诊断仪,将点火开关置于ON(IG)位置,接通故障诊断仪	读取数值。测量完毕,重新连接发动机冷却液温度传感器插接器	-40℃			更换发动机冷却液温度传感器	进行步骤5
5	检测发动机冷却液温度传感器与ECM之间的线束和插接器	断开发动机冷却液温度传感器插接器,断开ECM插接器	如图2-16所示,测量电阻。测量完毕,重新连接发动机冷却液温度传感器插接器,重新连接ECM插接器	任何工况	B3-2或B31-97(THW)搭铁	10kΩ或更高	更换ECM	维修或更换发动机冷却液温度传感器与ECM之间的线束或插接器

第二章　认清爱捉弄人的故障码

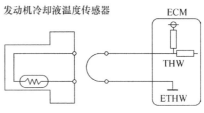

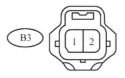

图 2-12　发动机冷却液温度传感器插接器

图 2-13　检测发动机冷却液温度传感器线束是否断路

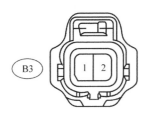

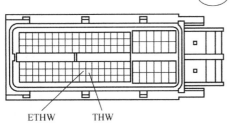

图 2-14　发动机冷却液温度传感器和
ECM（ETHW 和 THW）线束侧插接器

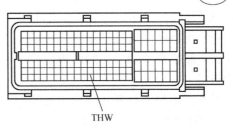

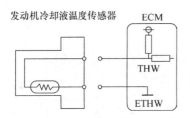

图 2-15　检测发动机冷却液温度传感器线束是否短路

图 2-16　发动机冷却液温度传感器和
ECM 线束插接器前视图（THW）

· 47 ·

二、故障码不是万能的

在整个分析和检查的过程中，应该明确非常重要的一点：整个控制系统是由多个子系统如传感器、执行器、电源及控制单元中的各部分电路等组成的，而每个子系统电路是由传感器（或执行器）、插接头、线路和控制单元内部的子系统电路组成的。因此反映某个子系统故障的故障码所包含的内容不单是指该传感器（或执行器）出现故障，而是表示该子系统的信号出现了不正常的现象。至于不正常的原因可能出现在组成该子系统的任何一个零部件、插接器、线路或控制单元上。故障码只是为维修人员提供了进一步检测的大方向，并不能反馈到底是什么位置和什么部件出现故障。为了真正确定是什么位置和什么部件出现问题，还要根据数据流借助相应的技术资料（包括电路图、电控元件位置图、标准值等），利用可能的检测手段，如燃油压力表、万用表、二极管指示灯等仪器设备等进一步测量。故障码不是万能的，不要以为读到故障码就可以修好车，应该仔细分析。

[案例] 上海大众帕萨特领驭轿车行驶到 40~50km/h 时，车辆抖动。

故障现象：2011 年款上海大众帕萨特领驭轿车，搭载 1.8T 发动机和 01V 自动变速器，该车行驶到 40~50km/h 时，车辆抖动。

故障诊断与分析：连接故障诊断仪，读取故障码，有一个故障码 P0741：变矩器离合器电路性能或卡在关位置，如图 2-17 所示。读取数据流，车辆行驶到 40~50km/h，出现抖动时，变矩器滑差在 65r/min。分析变矩器离合器打滑了，导致该故障的原因有很多，包括：变矩器离合器阀卡滞、变矩器离合器电磁阀故障、线路故障、变矩器离合器故障及自动变速器控制单元故障等。

因此单靠故障码不能知道到底哪里出现了故障，于是决定先检查油质，经检查发现自动变速器油里有黑色的杂质，类似摩擦片烧蚀，因而决定检查变矩器。

拆下变矩器，打开后发现，变矩器离合器摩擦片脱落了，如图 2-18 所示。

故障排除：重新粘贴变矩器离合器摩擦片后，故障消除。

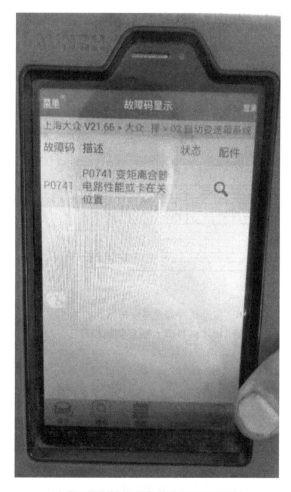

图 2-17 连接诊断仪，读取故障码

图 2-18 变矩器离合器摩擦片脱落

三、机械故障也会有故障码出现

手动空调不能读取故障码，那么手动空调工作不正常是否会引起其他系统工作不正常？能否通过其他系统控制单元诊断来判断故障？

[案例] 2007 年款一汽 – 大众速腾 1.6L 轿车，空调时好时坏。

故障现象：2007 年款一汽 – 大众速腾 1.6L 轿车，空调时好时坏。该车装备的是手动空调。

故障诊断与分析：检查空调系统的压力正常，怀疑制冷系统有"冰堵"，但清洗制冷系统管路，更换膨胀阀后，故障仍然存在。又怀疑线路有故障。可查了半天也没发现什么问题。主要是由于故障不是经常发生，而客户又很忙，故障检查工作一时陷入了僵局。该车是手动空调，空调系统无诊断功能，也就是读不出故障码。那其他系统有无故障码呢？连接故障诊断仪进入发动机电控系统，有两个故障码，分别是 18358（P1950）：散热器风扇 V7 难以移动/卡滞输出无效；16864（P0480）：风扇 1 控制电路锁死或无电压。风扇与空调系统有关，风扇不转，制冷系统的散热能力肯定下降，从而引起制冷系统不制冷。那么风扇不转冷却液温度不会升高吗？观察散热器和冷凝器散热有两个风扇，左侧是脉宽调制 PWM 散热器风扇，右侧是普通电动风扇。这两个风扇右侧的一直转动正常，而左侧的有时转动不正常，转速时高时低，长时间观察左侧的脉宽调制 PWM 散热器风扇有时竟然停下来。分析故障在左侧的脉宽调制 PWM 散热器风扇及其线路上。

故障排除：检查左侧的脉宽调制 PWM 散热器风扇线路正常。更换脉宽调制 PWM 散热器风扇，故障消除。

四、故障码时有时无的诊断方法

故障码时有时无，就要依靠数据流进行分析。

[案例] 奥迪 A6L 轿车，发动机怠速转速忽高忽低。

故障现象：奥迪 A6L 轿车搭载 2.4L 发动机，起动后发动机正常工作五六分钟，怠速转速开始忽高忽低。

故障诊断与分析：用 VAS5052 诊断仪读取发动机电控系统的故障码，有关于前氧传感器的偶发故障记录，清除后，故障码暂不出现，但车辆行驶一段时间后，故障码又出现。

读取数据流，观察左右两侧氧传感器的空燃比值，在31组数据流中，气缸列1，氧传感器1的实际空燃比为1.1815（空燃比规定值为0.9990）；气缸列2，氧传感器1的实际空燃比为1.0151（空燃比规定值为0.9990）。观测4、5、6缸的空燃比值，当实际空燃比大于1.5时，发动机怠速转速开始忽高忽低。观测1、2、3缸的实际空燃比始终在1.2以下。将4、5、6缸的氧传感器拔掉，故障立即消失。

故障排除：更换4、5、6缸的前氧传感器，故障消除。

五、失火故障码诊断

失火的故障码为P0300、P0301、P0302、P0303和P0304等。

如果是单缸失火，则1~4缸失火的故障码分别为P0301、P0302、P0303、P0304；多缸失火的故障码是P0300。失火的原因很复杂，如火花塞、高压线、点火线圈等都可能引起失火，甚至喷油器工作不良，燃油中有水分，也可能产生多缸失火的故障码。也就是说，失火不一定是点火系统的问题。

[案例1] 2011年款北京现代伊兰特轿车加速抖动。

2011年款北京现代伊兰特轿车加速抖动，故障码为三缸失火。该车为一缸一个点火线圈，将一缸的点火线圈和三缸的互换，出现一缸失火的故障码，于是判断是原来三缸的点火线圈损坏，更换点火线圈，故障排除。

[案例2] 2008年款雪佛兰景程轿车加速抖动。

2008年款雪佛兰景程轿车加速抖动，故障码为三缸失火。拔下三缸高压线发现高压线前端全是机油，再看发现火花塞孔内也全是机油，查看其他气缸的火花塞孔内也有机油，原来气门室盖垫漏油，机油漏进了火花塞孔。更换气门室盖垫，清除漏进火花塞孔的机油，擦干净高压线上的机油，起动发动机，仍有三缸失火的故障码。分析高压线已被击穿，更换高压线，故障排除。

[案例3] 2010年款开瑞优优车加速无力。

2010年款开瑞优优车加速无力，故障码有两个，分别为多缸失火和三缸失火。检查三缸高压线上有个小孔，更换三缸高压线后，故障排除。

[案例4] 2009年款上海大众帕萨特领驭轿车怠速不稳，加速抖动严重。

故障现象：2009年款上海大众帕萨特领驭轿车怠速不稳，加速抖动严重。

故障诊断与分析：连接故障诊断仪，读取故障码，有两个故障码，分别是16684（P0300）：发动机断火检测和16685（P0301）：气缸1缺火。观察数据流，氧传感器调整值为-6.25%。做断缸试验，发现1缸不工作。将1、2缸的点火线圈对换，出现故障码16686（P0302）：气缸2缺火，再做断缸试验，发现2缸不工作。因而判断是原来1缸的点火线圈损坏了。

故障排除：更换1缸的点火线圈，故障排除。

小结：一个气缸的点火线圈不工作，只有喷油器喷油，因此使氧传感器调整值为混合气浓的状态。

[案例5] 雪佛兰赛欧轿车加速耸车。

故障现象：雪佛兰赛欧轿车加速耸车，发动机有失火现象。

故障诊断与分析：试车感觉轿车加速耸车，连接故障诊断仪，读取故障码，有故障码

P0300：发动机多缸失火。清除故障码后，试车故障码又出现。再连接故障诊断仪读取故障码，仍有发动机多缸失火的故障码。拆下火花塞，观察1缸火花塞工作状态不良，用万用表测量其电极到接线端子之间的电阻，超过40MΩ，而其他3个气缸只有60多千欧。

故障排除：更换1缸火花塞，故障消除。原来火花塞是客户在一个修理厂更换的，而这个火花塞与其他的不一样，因而导致故障出现。

[案例6] 奥迪A6L轿车车速超过30km/h时加速感觉连续耸车，但车速能达到120km/h以上。

故障现象：奥迪A6L轿车，搭载BDW发动机。该车车速超过30km/h时加速感觉连续耸车，在连续耸车的情况下车速也能达到120km/h以上。

故障诊断与分析：连接故障诊断仪，读取故障码，各系统均无故障码。读取数据流：发动机各缸无失火计数，观察变速器数据看不出异常，观察ABS四轮车速信号，显示四轮速度同步。路试感觉该车耸车与一般耸车不同。询问客户得知不久前在其他修理厂更换过两前轮轴承，拆下两前轮轴承与原厂件对比，外观无区别，无意间发现故障件带磁性。

故障排除：更换两前轮轴承，故障消除。

小结：客户先前更换的故障件内圈有磁性，在车辆行驶中会干扰两前轮车速信号，因而发动机（变速器）会不断进行功率及转矩调节、ESP进行驱动防滑调节，导致耸车。此次两前轮轴承故障导致耸车是特例。

[案例7] 喷油器雾化不好引起的失火。

故障现象：一辆2011年款一汽丰田卡罗拉轿车，搭载1.8L发动机，发动机怠速抖动。

故障诊断与分析：读取故障码，有关于三缸失火的故障码。如图2-19所示，检查失火率，3缸失火率为67，说明3缸工作不良。更换火花塞后，故障仍存在；互换点火线圈后，故障仍存在，说明故障不在点火系统。免拆清洗喷油器，检查3缸失火率为21，说明喷油器不良。

故障排除：拆下喷油器，发现3缸喷油器雾化不良，清洗后雾化良好。装车试验，故障消除。

图2-19 检查失火率

六、三元催化转化器效率低于极限值故障码的诊断

故障码P0420：三元催化转化器效率低于极限值，在只有前氧传感器的汽车上是见不到的，现在由于不少车上的三元催化转化器有了前后两个氧传感器，P0420这个故障码就出现了。出现这个故障码有以下三个原因：

1) 后氧传感器失效。
2) 排气系统漏气。
3) 三元催化转化器性能失效。

[案例] 奥迪 A6L 轿车故障灯报警。

故障现象：奥迪 A6L 轿车，搭载 BPJ 发动机和 01J 变速器，车辆每行驶几百公里后发动机故障灯报警。

故障诊断与分析：用 VAS5052 诊断仪检测有三元催化转化器效率低的故障，将故障码清除后行驶几百公里故障再次出现。针对此故障检测氧传感器，读取数据流没有发现异常。将三元催化转化器拆卸，没有发现堵塞。

故障排除：尝试更换三元催化转化器，行驶一段时间故障灯没有报警。

七、最大适配长换档故障码的诊断

故障码 P1811 在上海通用别克轿车 2000~2005 年款装备 4T65E 自动变速器的车型上很容易出现。该故障码的含义是最大适配长换档，意思是从一个档位升入另一个档位的传动比变化时间过长。处理方法主要有两个：一是更换 PC 阀及 1-2 档、3-4 档和 2-1-3 档电磁阀；二是更换蓄压器弹簧，改变蓄压器背压弹簧的硬度，让经过换档阀的油液多分流到离合器活塞侧，使离合器接合更快。

经常维修别克轿车的修理工都知道 P1811 这个故障码，问题是出现这个故障码，一定要换电磁阀或蓄压器弹簧吗？

[案例] 2007 年款上海通用别克君威 2.5L 轿车，自动变速器出现换档冲击。

故障现象：2007 年款上海通用别克君威 2.5L 轿车，自动变速器型号为 4T65E，存在换档冲击。

故障诊断与分析：连接故障诊断仪，读取故障码，有两个故障码，分别是 P0502：车速传感器电路低输入和 P1811：最大适配长换档。车速传感器与换档冲击有无关系？是直接更换电磁阀和蓄压器弹簧，还是先试车？综合各项考虑，还是决定先试车。试车发现，在车辆行驶过程中，车速表指针有时摆动。可能客户驾车时没注意到这个问题，所以没有反映。检查车速传感器发现车速传感器从发动机下部经过，因为受到泥水、油污的腐蚀，线束已经破损、裸露。

故障排除：处理、包扎线束，清除故障码，故障消除。

小结：经常维修别克轿车的修理工都知道 P1811 这个故障码不代表有这个的就要凭经验去修，而是要仔细分析。

八、无故障码要多考虑机械方面的故障

遇到无故障码的情况要细心检查并结合数据流来判断，有些电器元件的故障可能也是内部机械机构的故障。

[案例1] 奥迪 A6 轿车行驶后放置一段时间左前轮自动下降到极限位置。

故障现象：奥迪 A6L 2.4L 轿车行驶后放置一段时间左前轮自动下降到极限位置。

故障诊断与分析：用 VAS5052 诊断仪读取故障码，无故障码显示。经分析认为故障是由于漏气引起的，而在系统内，分配阀和空气悬挂漏气的可能性较少。拆检左前空气管，发现其与左前纵架处摩擦，已将空气管磨破。

故障排除：更换左前空气管，故障消除。

第二章 认清爱捉弄人的故障码

[案例 2] 座椅调节系统故障。

故障现象：奥迪 A6L 轿车搭载 2.0T 发动机，驾驶人座椅高度调节失灵。

故障诊断与分析：用 VAS5052 诊断仪进 36 系统读取故障码，结果无故障码显示。再读取数据流，也正常。仔细听，电动机有动作的声音，分析应是电动机内部故障。拆检时发现电动机齿轮已磨损，经分析认为是由于电动机在动作时打滑造成故障。

故障排除：更换驾驶人座椅高度调节电动机，故障消除。

九、发动机混合气变浓和混合气变稀的故障码分析

在维修中经常遇到关于发动机混合气变浓和混合气变稀的故障码，这样的故障码如何分析呢？在上汽通用别克车系中发动机混合气变浓设置 DTC（故障码）P0172，发动机混合气变稀设置 DTC P0171。发动机混合气变浓和混合气变稀的故障码分析须借助数据流进行。

1. 检查导致发动机混合气变浓的项目（长期燃油修正主要在负数范围）

为了实现驱动性能、燃油经济性和排放控制的最佳可能组合，采用闭环空/燃计量系统。在闭环中，动力系统控制模块（PCM）监控加热氧传感器 1 信号并基于加热氧传感器信号电压调节供油量。供油量变化可以利用故障诊断仪查看长期和短期燃油微调值来了解。理想的燃油微调值接近 0。如果加热氧传感器信号指示过稀状况，动力系统控制模块将添加燃油使燃油微调值高于 0。如果检测到过浓状况，燃油微调将低于 0，指示动力系统控制模块减少供油量。如果检测到严重过浓状况，动力系统控制模块将设置 DTC P0172。动力系统控制模块控制长期燃油调节值的最大权限允许 -25%～+20% 的范围；动力系统控制模块控制短期燃油调节值的最大权限允许 -27%～+27% 的范围。

如果发动机混合气变浓，可能与以下原因有关：

1）燃油压力高。如果压力过高，系统将变得很浓。

2）喷油器故障。

3）检查蒸发排放炭罐燃油饱和。如果蒸发排放炭罐装满了燃油，检查炭罐控制和软管。

4）断开空气流量计并查看过浓的情况是否校正。若是，更换空气流量计。

5）检查燃油压力调节器真空管路是否出现燃油，检查燃油压力调节器膜片是否泄漏。

6）节气门位置传感器输出间歇将导致错误指示发动机加速，使系统变浓。

如果确定诊断故障码属于间断性故障，则查阅故障记录，可以确定诊断故障码上次是何时设置的。

2. 检查导致发动机混合气变稀的项目（长期燃油修正主要在正数范围）

如果发动机混合气变稀，可能与以下原因有关：

1）加热氧传感器导线故障，例如传感器引出导线布线不当可能接触排气系统。

2）动力系统控制模块与发动机机体搭铁不良。

3）燃油压力低。如果压力太低，系统将变得稀薄。动力系统控制模块能够补偿一定程度的压降。但若燃油压力太低，DTC P0171 将被设置。

4）喷油器故障。

5）真空泄漏。检查真空软管是否断开或损坏，以及进气歧管、节气门体、排气再循环

· 53 ·

系统和曲轴箱通风系统是否真空泄漏，认真进行外观检查。

6）排气泄漏。排气泄漏可能引起外部空气被吸入通过加热氧传感器的排气流，使得系统表现稀薄。检查是否存在导致虚假过稀状况指示的排气泄漏。

7）断开空气流量计并查看过稀状况是否得到校正。若是，更换空气流量计。

8）燃油污染。即使是很少量的水，可能会传送到喷油器。水能引起稀排气指示。燃油中有过量酒精也会出现上述情况。

第三章 让数据流说话

第一节 数据流分析方法

要想了解数据流,先从一个简单的故障说起,一辆 2006 年款的长安之星面包车,发动机型号是 JL465,该车冷车起动正常,发动机怠速正常。而当发动机温度升高后,该车怠速能达到 1200~1500r/min。此时熄火发动机起动困难,等待二三十分钟后,发动机又起动正常。这么一个故障在五六个修理厂轮流修了半年也没修好。大家都是靠经验来判断故障。有的认为怠速不稳是怠速电动机不好,可更换了还是有故障。有人认为是节气门体不好,更换了依旧有故障。有人认为是喷油器不好,拆卸清洗,甚至更换了也不能解决问题。那为什么不用故障诊断仪呢?原来该车没有 OBD 接头,只有三孔的专用仪器接口。找来长安车型专用仪器接口,读取数据流发现,车辆故障时,冷却液温度传感器的数据为负值(-20~-16℃),更换冷却液温度传感器,故障排除。一个修理了半年的故障,在半个小时就修好了。其关键就在于让数据流说话了。

一、数据流会说话

前面讲到了故障码,如果没有故障码指示,怎么办?故障码指示的部件没有故障,怎么办?故障码没有指示的部件却有故障,那又怎么办?

汽车就像一个婴儿,病了不会说。医生要通过测量温度、听脉搏、化验血液等手段判断婴儿的病症。而汽车呢,也不会说话,那又如何与它沟通?数据流是一个很好的途径,通过数据流可以知道汽车哪里正常,哪里不正常。汽车有故障码,要通过数据流进一步确诊故障。没有故障码更要通过数据流诊断故障。正确读取和分析数据流,就可以和汽车沟通了,就像和汽车说话一样。

数据流中的参数可以按汽车和发动机的各个系统进行分类,不同类型或不同系统的参数的分析方法各不相同。在进行电控装置故障诊断时,还应将几种不同类型或不同系统的参数进行综合对照分析。不同品牌及不同车型的汽车,其电控装置的数据流参数的名称和内容都不完全相同。

读取数据流应注意以下事项:

数据流有一定直观性,响应速度较快。但数据流和真实状况相比有一定时间滞后。也就是说，数据流不能及时反映车辆的技术状况。例如发动机怠速抖动，不能把发动机抖动瞬间数据流的变化不经分析就理解为是这些变动的数据引起了发动机抖动，而应考虑到时间滞后这一因素。

二、标准数据流的比较

数据流分析常用的方法是标准数据比较，即将故障车辆的数据流与标准数据流比较，找出故障原因到底在哪里。

要比较就要有标准数据流，掌握数据流标准值是利用数据流进行故障诊断的前提，有了标准值才能分析故障。下面以在一台工作正常的上汽通用别克凯越1.6L发动机上实际测得的燃油系统的数据流（表3-1）进行分析。

表3-1 凯越1.6L发动机正常运行时的数据

项　目	正常冷却液温度、怠速	45℃冷却液温度、怠速	正常冷却液温度、转速2000r/min
发动机转速/(r/min)	816	927	1920
喷油器PWM脉宽平均值/ms	3.6	5.8	2.6
空燃比	14.6:1	13.2:1	14.6:1
前氧传感器	100~900mV	100~900mV	100~900mV
后氧传感器	433mV	716mV	833mV
短期燃油修正	-1%	0	-5%
长期燃油修正	-4%	0	0
燃油调整学习	启用	中止	启用
燃油蒸发控制系统（EVAP）排污电磁阀指令	7%	0	5%
EVAP通风电磁阀指令（如装备）	未通风	未通风	未通风
燃油箱压力传感器	0V	0V	0V
燃油箱压力/kPa	1.85	1.85	1.85
燃油液面传感器	0.8V	0.8V	0.8V
故障指示灯命令	关闭	关闭	关闭
燃油泵继电器指令	接通	接通	接通

说明：

1）当发动机负荷增加时，喷油器PWM脉冲宽度增加。

2）短期燃油修正是发动机控制单元根据氧传感器电压高于或低于450mV阈值的时间量，对供油进行的短期校正。如果氧传感器的电压大部分时间低于450mV，表明空燃混合气过稀，短期燃油修正将通知发动机控制模块增加供油。如果氧传感器的电压大部分时间高于此值，发动机控制单元将减少供油，补偿过浓条件。

3）长期燃油修正由短期燃油修正值推断而来。长期燃油修正用于长期供油校正。128计数值（0）表明不需要补偿供油即可保持14.7:1的空燃比；低于128的计数值表明供油过浓，需要减少供油量，发动机控制单元减少喷油器PWM脉冲宽度；高于128的计数值表明供油过稀，发动机控制单元需要补偿。

4) 前加热氧传感器（HO2S1）读数表示排气的氧传感器输出电压。当系统在"闭环"中工作时，电压在100mV（排气稀）~900mV（排气浓）之间持续波动。

5) 后加热氧传感器（HO2S2）读数表示通过催化转化器的排气的氧传感器输出电压。当系统在"闭环"中工作时，电压不波动或在100mV（排气稀）~900mV（排气浓）之间波动很少。

[案例] 上海通用别克凯越轿车有时出现加速不良的现象。

故障现象：一辆2009年款上海通用别克凯越轿车，有时出现加速不良的现象。

故障诊断与分析：连接故障诊断仪，检查无故障码，读取数据流，发现"长期燃油修正"为13%，明显过大，说明混合气过稀，发动机控制单元加大了喷油量。混合气过稀的原因有很多，主要是进气系统漏气和喷油量过少。检查进气系统无漏气，喷油量过少可能的原因有喷油器堵塞或燃油系统压力低等。本着由简单到复杂的原则，检查燃油压力过低，分析是由于汽油泵损坏了。

故障排除：更换汽油泵，故障消除。

三、状态参数变化比较

状态参数是指只有2种工作状态的参数，如开或关、闭合或断开、高或低、是或否等，它通常表示电控装置中的开关和电磁阀等部件的工作状态。这些开关包括空调开关、转向开关、离合器开关及制动开关等。

状态参数变化比较是指检查开关的实际状态与数据流显示的状态，并进行比较。

[案例] 北京现代伊兰特轿车冷却风扇常转。

故障现象：北京现代伊兰特1.6L轿车冷却风扇常转，即使在冷却液温度很低时，或空调不工作的状态下冷却风扇一直工作。

故障诊断与分析：连接故障诊断仪，检查发动机系统无故障码。读取数据流，发现空调不工作时显示空调开关ON。检查发动机室的接线盒，发现接线盒内有水，原来进行发动机室清洗时，由于不小心，导致接线盒进水短路。发动机室接线盒内进水短路导致空调信号错误输出使冷却风扇一直工作。

故障排除：将发动机室接线盒用电吹风吹干，故障消除。

四、无标准数据流对比的分析方法

没有标准数据流时，可以与同款车比较，优点是数据准确。有时要找到同款车比较困难，尤其是在综合性修理厂。

对于偶发性故障，可以对比同一部件在故障时和正常时的数据流，找出不同处，从此入手可以查找到故障。

[案例1] 东南乘用车起动困难。

故障现象：东南DN6492乘用车，发动机型号为4G64。发动机起动困难，有时起动后，无法着车。

故障诊断与分析：连接故障诊断仪检查，发动机系统故障码显示空气流量计、大气压力传感器、进气温度传感器故障，将故障码清除后重新起动发动机，发动机依然起动困难，再连接故障诊断仪检查，发动机系统故障码显示空气流量计故障。在发动机工作时观察空气流量计的数据流，当发动机工作正常时，空气流量计的数据为50~60Hz；当发动机工作不正常时，空气流量计的数据为30~40Hz。从以上检查可以看出，空气流量计数据的变化影响了发动机的工作，引起空气流量计数据变化的原因包括：进气系统堵塞、空气流量计线路故障及空气流量计故障。检查进气系统正常、空气流量计线路无故障。

故障排除：更换空气流量计，故障消除。

[案例2] 奥迪A8轿车空气悬架无法调节。

故障现象：奥迪A8轿车，搭载3.0L BBJ发动机和01J无级变速器，空气悬架黄色警告灯亮，空气悬架锁定在最低位置，无法调节。

故障诊断与分析：检查空气悬架控制单元有故障存储"由于温度过高而断开"。阅读数据流06显示当前压缩机温度为130℃，但检查压缩机实际温度只有40℃，显然是由于温度过高而导致压缩机切断。分析温度传感器故障或线路故障。

故障排除：检查温度传感器线路正常，将压缩机上的温度传感器进行更换后，显示当前压缩机温度为38℃，空气悬架系统开始正常工作。

五、不同工况数据流的对比

不同工况是指冷车、热车及发动机怠速、加速等工况，通过不同工况比较，可以发现问题。

[案例] 桑塔纳2000GSi轿车急加速时回火。

故障现象：桑塔纳2000GSi轿车，已行驶9万km。该车慢加速时发动机工作正常，急加速时发动机回火。

故障诊断与分析：用V.A.G1551诊断仪读取故障码，显示发动机系统无故障存在。观察各传感器，如冷却液温度传感器、节流阀位置传感器、氧传感器、空气流量计等的数据与维修手册上的数据均一致。在这种情况下，判断电控系统无故障存在。

检测汽油泵的压力正常。检查高压线、火花塞也正常。将喷油器拆下，发现喷油器有少量积炭结焦，将喷油器清洗，故障仍然存在。最后又检测了气缸压力，也正常。

能引起回火的因素都检查了，故障没有排除，回过头来，再对故障仔细分析一下：该车机械部分正常，发动机回火说明混合气稀。故障诊断仪读取的数据中，氧传感器信号和空气流量计信号可以反映混合气的稀浓程度，而仪器上显示的这两个信号值正常。但仔细考虑一下，它们反映的是怠速时混合气的情况，而急加速时氧传感器的信号无法观察，只能观察空气流量计的信号。检测该车怠速时空气流量计的信号为2.8g/s，慢加速可升至12g/s左右，急加速时只能达到15~17g/s，松开加速踏板时却能达到40g/s左右。加速时的数据，维修手册上没有，找一辆工作正常的桑塔纳2000Gsi轿车，检测发现怠速时空气流量计的信号为2.8g/s，慢加速时为14g/s左右，急加速时能达到40g/s，说明故障发生在空气流量计。

故障排除：更换空气流量计后，故障消除。

小结：该车是由于空气流量计而造成的故障，急加速时空气流量计传给发动机控制单元的信号显示发动机进气量少，发动机控制单元控制喷油器喷出的油量减少，引起混合气过稀，发动机回火。发动机控制单元检测的是怠速时空气流量计的数据，而该车此数据正常，因此用故障诊断仪检测发动机电控系统无故障码。维修手册中只有空气流量计怠速时的数据，而无急加速时的数据。本实例中的数据可以作为判断空气流量计好坏的经验数据。

六、不同负荷状态数据流的比较

不同负荷状态的比较是指车辆在开关前照灯、开空调、转向、制动、自动变速器不同档位转换引起的负荷变化。如大众、奥迪轿车数据流中的发动机负荷。数据流的002组第二区显示的是发动机负荷。计算负荷值是当前空气流量除以最大空气流量（如适用，对最大空气流量进行海拔修正）的指示值。在发动机到达正常工作稳定，怠速无负荷的情况下，发动机负荷的标准值，四缸车为18%~20%，六缸车为16%~18%。此值偏小，通常是进气系统漏气导致节气门只需很少开度即可满足怠速需要；此值偏大，通常是空气流量计自身故障或者有了额外负荷（如转向、空调压缩机工作等）。

[案例] 北京现代途胜越野车发动机故障灯亮。

故障现象：2008年款北京现代途胜越野车，使用自动变速器，出现发动机故障灯亮的情况。

故障诊断与分析：连接故障诊断仪，读取故障码，有故障码P0077：进气凸轮轴相位调整电磁阀故障。为进一步确定故障，读取数据流，观察怠速时进气凸轮轴的相位为124°，数值正常。为模拟发动机有负荷的状态，拉紧驻车制动手柄，左脚踩住制动踏板，将自动变速器的变速杆换到D位，然后踩下加速踏板加速，利用自动变速器给发动机施加一定的负荷，这时进气凸轮轴的相位实际值仍为124°，而目标值为99°，实际值应与目标值不同。可见，进气凸轮轴相位调整执行机构出现了故障。分析引起故障的原因包括：①进气凸轮轴相位调整电磁阀故障；②线路故障；③机油压力不正常；④进气凸轮轴链轮故障。

用示波器测量进气凸轮轴相位调整电磁阀控制信号的波形，发现其占空比不随相位调整的变化而变化。可见，故障在于进气凸轮轴相位调整电磁阀及其线路，检查线路正常，分析故障在进气凸轮轴相位调整电磁阀。

故障排除：更换进气凸轮轴相位调整电磁阀，故障消除。

七、不同系统的数据流可相互参考

不同系统的数据流可相互参考，发动机可参考自动变速器的数据流，空调可参考发动机的数据流。通过不同系统数据流的比较，达到解决问题的目的。

[案例1] 前排乘员座椅加热功能不正常。

故障现象：奥迪A6L 2.4L轿车前排乘员座椅，在打开座椅加热开关10min内能正常加热，但10min后开关自动关闭。重新打开开关后又能持续10min，然后关闭，如此反复。

故障诊断与分析：用故障诊断仪读取各系统的故障码，结果各系统均无故障存储。座椅加热功能受空调控制单元J255控制，因而读取空调系统的数据流，在读取数据流时读取左右座椅加热器的数据块27和28，每个数据块中分别显示：加热器档位、未占用、温度传感器读数（实际温度）和规定达到温度。观察实际的数据流正常，具体显示如下：

    显示组28 读取数据块
  3 未占用 32.0° 31.0°

当前排乘员座椅加热开关自动关闭后，第一、四位数据变为0。

为快速检测前排乘员座椅加热器或其线路故障，将两侧座椅的电源线和温度信号线互换，由右侧开关控制左侧座椅加热，左侧开关控制右侧座椅加热。结果，在打开座椅加热开关10min内能正常加热，但10min后右侧加热开关再次自动关闭，相应的左侧座椅加热器停止工作，由此可知故障与座椅加热器无关。

空调系统控制座椅加热器动作的是空调控制单元J255，但更换空调控制单元J255，故障仍未排除。

那什么元件还能控制座椅加热器动作呢？

这时想到了前排乘员座椅占用传感器G218，前排乘员座椅占用传感器G218应在安全气囊控制系统诊断。进入安全气囊控制系统，读取故障码，果然有前排乘员座椅占用传感器G128的故障码。读取数据流，测试状态为坐在前排乘员座椅上并系好安全带，结果显示如下：

    供电电压   正确
    前排乘员座椅占用传感器 未占用
    驾驶人侧安全带开关   安全带：否
    前排乘员侧安全带开关   安全带：是

检查前排乘员座椅占用传感器G218，发现插接器连接不到位。分析前排乘员座椅占用传感器G218插接器接触不良，安全气囊控制单元J234未接收前排乘员座椅占用传感器G218的信号，识别为前排乘员座椅处于无人状态，同时将该信号通过CAN总线传到了空调控制单元J255中，空调控制单元J255也识别为前排乘员座椅处于无人状态。因此在打开座椅加热开关10min内能正常加热，但10min后执行正常操作，将前排乘员座椅加热开关自动关闭。

故障排除：将前排乘员座椅占用传感器连接好，故障消除。

小结：座椅加热功能受空调控制单元J255控制，而造成故障的前排乘员座椅占用传感器G218应在安全气囊控制系统诊断，数据流也在安全气囊控制系统读取。因此此故障排除的关键是进入安全气囊控制系统而非空调系统，根据安全气囊控制系统的故障码和数据流确认故障部位。

[案例2] 奥迪A4L黄色机油液位指示灯报警，补充机油后MMI中的机油油位不变。

故障现象：奥迪A4L轿车，搭载2.0T发动机和0AW变速器。该车黄色机油液位指示灯报警，补充机油后MMI中的机油油位不变。

故障诊断与分析：用专用工具检查机油液位正常，但MMI上显示机油油位在下限处。

观察在发动机机盖打开的状态下，组合仪表上不显示机盖打开。用VAS5052诊断仪检查车辆系统无故障，读取供电控制单元J519数据流，发动机盖状态为"关闭"不变化。分析由于没有路试，机油液位采用静态测量方式，机油液位传感器需要机盖开关信号触发，触发时MMI显示上次打开发动机盖后动态测量和静态测量相结合的结果。调整发动机机盖开关，按静态测量方式条件操作MMI，机油液位显示正常。

故障排除：调整润滑发动机机盖锁。

小结：黄色机油液位指示灯报警，通过读取供电控制单元J519数据流，得知发动机盖状态为"关闭"不变化，这是该故障排除的关键。

八、多个数据流不正常的分析方法

在实际维修中经常会遇到多个数据流不正常的情况。这时就要抓住关键，分析造成故障的主要原因。下面以大众汽车怠速不稳为例介绍如何分析多个不正常的数据流。

（1）怠速自稳定功能　怠速的稳定可通过对进气量、喷油脉宽及点火提前角的综合控制实现。例如因空气流量计失准造成信号与实际进气量不符而向上段偏差，即趋向于4.0g/s或更高，为了稳定怠速，J220会增大喷油脉宽以匹配进气量，同时节气门开度相应增大，点火提前角延后。怠速虽然稳定下来了，随之而来的结果是，氧传感器信号长时间滞留在某个区段，混合气变浓，急加速反应迟钝，缓加速则较正常。

（2）自适应功能　由于车辆使用时间的增加、发动机本身机械性能的改变、电气元件老化以及粉尘、颗粒的吸附等原因，J220会做出相应的自适应调整。最明显的例子是，节气门的脏污会令其开度增大，喷油器脏污会令喷油脉宽延长。但是自适应功能不是无限度的调整，当超出设定范围时，J220即设置相关故障码，这是与上一功能不同的地方。

（3）各传感器信号作用程度不同　发动机控制单元对各传感器信号并不是"一视同仁"的，至少划分为重要信号（决定性的信号）、主要信号及辅助信号。例如对于固定在气缸体上的转速传感器G28来说，它是对发动机运转起决定性作用的信号，它的丧失会使发动机立即停止且无替代值。而空气流量信号主要用于计算喷油量和点火提前角度，当它丧失后，J220将用转速传感器G28、节气门电位计G69及进气温度传感器G72做替代值。因此，在拔下空气流量计电源插头进行自诊断时，会发现一个有趣的现象，即诊断仪显示"00533 空气流量计G70对地断路或短路"的内容，而它的数据流却依然存在，做加、减速时，信号也能随之变化。另外，两个传感器之间也会形成作用程度不同的现象，如氧传感器失效则优先设置空气流量计的故障码内容。但是对于采用了双氧传感器的发动机，当上游氧传感器失效或老化时，发动机控制单元会储存氧传感器的故障码。总而言之，控制单元内部程序的设计要求在对不同车型进行检修时，应采取不同的分析思路和诊断方法。

[案例]　上海大众帕萨特B5轿车，1.8L发动机怠速不稳、加速冒黑烟。

故障现象：2004年款上海大众帕萨特B5轿车，1.8L发动机怠速不稳、加速冒黑烟。

故障诊断与分析：连接故障诊断仪，读取发动机系统故障码为00561：混合气调整超过调整极限值。读取数据流，混合气λ控制-25%（正常是-10%~10%），氧传感器电压为0.6~0.8V（正常是0.1~1V）；空气流量为4.2g/s（正常是2.0~4.0g/s）；喷油脉宽为2.9ms（正常是0~2.5ms）；节气门开度角为5°（正常是0~5°）。这几个数值除了节气门开度在正常范围，但处于偏大位置外，其他数据流数据均超过极限值，氧传感器是变化频率和幅度太小。观察数据流，喷油器、氧传感器和空气流量计均可能有故障存在。

分析喷油脉宽增大能引起混合气λ控制-25%和λ传感器电压增大，但不会引起空气流量的增加。λ传感器电压增大，喷油脉宽不会增加。而进气流量过大，发动机控制单元认为是发动机负荷大，就会增加喷油量，导致λ传感器电压增大，混合气λ控制要减少喷油量，使混合气λ控制达到极限位置也不能减少喷油量。由于喷油量大，导致排气管冒黑烟。

根据以上分析，判断故障在空气流量计。

故障排除：更换空气流量计，故障消除。

九、数据流的经验值

有些数据流有标准值，有些没有，没有的可根据常年的实践得到经验值。

（1）节气门开度　观察数据流的003组第三区。这一区显示的是节气门开度，在发动机到达正常工作稳定，怠速无负荷的情况下，节气门开度应为0.8%~1.2%，如果超过

3%，节气门就需要清洗了。清洗后，通过01-04-60进行基本设定，节气门开度应在规定范围内，否则应进一步检查节气门体是否存在故障。

奥迪4S店的修理工的经验是，节气门开度超过2.4%，就要清洗节气门，否则ESP故障灯会报警。ESP是电子稳定程序的英文缩写，该系统会根据车辆偏转情况调节四轮转速和发动机输出转矩，控制单元计算转矩的重要参数之一就是节气门开度信号，当节气门开度信号因其他原因如脏污、损坏等不准确时，ESP故障灯会报警。此时查看ABS会有负荷信号不可靠的故障码输出。

（2）空气流量　观察数据流的002组第四区。这一区显示的是空气流量信号，在发动机到达正常工作稳定，怠速无负荷的情况下，空气流量标准值：四缸车为2~4g/s，六缸车为3~5g/s。加速时空气流量应该增加，加速过程没有标准值，但车辆急加速时，空气流量应能到达约70g/s。

（3）失火数据观察

1）加速过程中读数据流，发动机各气缸应无失火计数。失火计数大于10就能感觉耸车，失火计数大于30就会断缸，此时能感觉明显耸车。

2）若失火计数总在一两缸，主要检查此一两缸或按点火顺序检查前缸的缸压、点火及喷油。

3）若多缸有失火计数，且计数大于10的不固定在某一缸，主要检查油压、油气分离器及缸内积炭。

4）若失火计数总在左或右单边三缸，主要检查对边三元催化转化器是否堵塞。

第二节　发动机常用数据流分析

一、进气歧管压力传感器数据流分析

怠速时，进气歧管压力传感器的数值一般为29~31kPa。

造成进气歧管压力异常的原因，有进气歧管垫密封不良、进气门密封不良、排气管堵塞、EGR阀关闭不严、真空管漏气以及单缸喷油器或单缸点火不良导致的发动机某气缸工作不良等。

进气歧管垫密封不良所导致的进气歧管压力值低的情况，对于发动机的影响一般表现为冷车怠速抖动，热车后减轻甚至表现正常，除非有大的漏气点，小的漏气对动力基本没有影响，松开加速踏板后，发动机转速高于怠速转速不降。

对于三元催化转化器或排气管堵塞的情况，由于排气背压较高，使得部分废气回流到进气歧管，除了使气缸充气系数降低外，还使得进气歧管真空度严重下降，进气歧管压力传感器的数值升高，这将使喷油量进一步加大，造成混合气严重过浓，燃烧不完全。除电控汽油车外，柴油车也同样会表现为排气冒黑烟。

[案例]　长安之星微型客车SC6350，发动机起动困难，着车后，发动机加速无力。

故障现象：2007年款长安之星微型客车SC6350，发动机起动困难，着车后，发动机加速无力。

故障诊断与分析：检查怠速时，进气歧管压力传感器的数值为80kPa左右。检查三元催

化转化器堵塞。

故障排除：更换三元催化转化器，故障消除。

小结：三元催化转化器堵塞，排气背压较高，使得部分废气回流到进气歧管，除了使气缸充气系数降低外，还使得进气歧管真空度严重下降。

二、节气门位置传感器数据流分析

节气门位置是一个数值参数，其数值的单位根据车型不同分为以下3种：①若单位为伏（V），则数值范围为 0~5.1V；②若单位为度（°），则数值范围为 0~90°；③若单位为百分数（%），则数值范围为 0~100%。

该参数的数值表示发动机控制单元接收到的节气门位置传感器的信号值，或根据该信号计算出的节气门开度的大小。其绝对值小，则表示节气门开度小；其绝对值大，则表示节气门开度大。在进行数值分析时，应检查在节气门全关时参数的数值大小。以 V 为单位的，节气门全关时参数的数值应低于 0.5V；以°为单位的，节气门全关时参数的数值应为 0；以%为单位的，节气门全关时参数的数值应为 0。此外，还应检查节气门全开时参数的数值。对应不同单位的节气门全开时参数的数值应分别为 4.5V 左右、82°以上、95%以上。若有异常，则可能是节气门位置传感器有故障或调整不当，也可能是线路或控制单元内部有故障。

线性节气门位置传感器要输出与节气门开度成比例的电压信号，控制系统根据其输入电压信号来判断节气门的位置，即负荷的大小，从而决定喷油量等控制。如果传感器的特性发生了变化，即由线性输出变成了非线性输出，传感器输出的电压信号虽然在规定的范围内，但并不与节气门的开度成规定的比例变化，就会出现发动机工作不良。

大众、奥迪车系的节气门开度在数据流中显示。在发动机到达正常工作稳定，怠速无负荷的情况下，节气门开度应为 0.8%~1.2%，如果超过 3%，节气门就需要清洗了。清洗后，通过 01-04-60 进行基本设定，节气门开度应在规定范围内，否则应进一步检查节气门体是否存在故障。

大众、奥迪汽车电子节气门的动态数据流有规律。在使用电子节气门的大众汽车上，节气门的开度由两个节气门电位计来指示，两个节气门电位计的数值相加应为 100%（见图3-1）。

[**案例**] 上海大众桑塔纳轿车，使用自动变速器，行驶车速在 50~60km/h 时，车辆有轻微的抖动。

故障现象：2010 年款上海大众桑塔纳轿车，使用自动变速器，行驶车速在 50~60km/h 时，车辆有轻微的抖动。

故障诊断与分析：连接故障诊断仪，读取故障码，无故障码。按照以往的经验，清洗了喷油器和进气系统，故障没有排除。

图3-1 两个节气门电位计的数值

又更换了火花塞,故障也没排除。测量燃油系统压力没有问题,怀疑是自动变速器的故障,但也没有确凿的证据。只能利用故障诊断仪,观察车辆动态下的数据流,当观察数据块062组时,发现在车辆抖动的时候,节气门电位计G187与节气门电位计G188的数值相加不是100%。正常情况下节气门电位计G187的数值在0~100%之间变化,而节气门电位计G188的数值在100%~0之间变化。两个节气门电位计的数值相加应为100%。该车出现故障时,当节气门电位计G187的数值为14.6%时,节气门电位计G188的数值为80.2%。当节气门电位计G187的数值为15.5%时,节气门电位计G188的数值为79.2%。明显不正常。分析电子节气门控制器有故障存在。

故障排除:更换电子节气门控制器,故障消除。

节气门位置传感器反映的是节气门的位置状态。常见的故障是节气门由于脏污引起发动机故障警告灯亮,发动机怠速不稳、怠速过高等。例如奥迪A6L轿车节气门开度大于2.4%时,发动机故障警告灯就会亮。

一辆汽车进行节气门清洗前后数据流的对比见表3-2。

表3-2 节气门清洗前后数据流的对比

数据流	发动机转速/(r/min)	节气门开度(%)	喷油量/ms	长期燃油修正值(%)	短期燃油修正值(%)
节气门清洗前	650	18	3.1	-24	-10~+10
节气门清洗后	750	14	2.4	2	-10~+10

由第一行数据可以看到,发动机转速只有650r/min,偏低,而节气门的开度却达到了18%,喷油量为3.1ms,此时的长期燃油修正值达到了-24%。这说明系统长期处于偏浓的状态,但是究竟是什么原因导致混合气偏浓呢?一般来说,像空气流量计信号偏大、冷却液温度及进气传感器偏离特性均可能造成发动机控制单元做出加大喷油量的决定。但在这里,造成喷油量大的原因则是节气门体过脏。在做出分析之前,先观察第二行数据,该数据是在清洗完节气门,并拆下蓄电池负极线后得到的。可以看到发动机的转速是750r/min,节气门的开度恢复到了14%,喷油量是2.4ms,长期燃油修正值为2%。由数据可知,发动机的转速恢复正常,而且喷油量下降了。而在清洗完节气门后,未对控制单元进行重新学习之前,节气门的开度仍是18%时,发动机的转速达到了1800r/min。

这些数据说明,采用电子节气门的发动机,当节气门由于积炭导致发动机进气量减少时,控制单元会使节气门打开较大的开度,以补偿进气量的不足,但这样做的结果是,虽然使发动机勉强可以维持怠速转速运转,但是过大的节气门开度信号,破坏了发动机控制单元的控制平衡,在进气量没有增加的前提下,控制单元根据节气门开度信号加大了喷油量,使得整个系统偏浓,因而发动机控制单元依据氧传感器信号始终在减少喷油量,以求达到反馈平衡,表现在长期燃油修正值时,就是始终为负值。由于控制单元一直处于减少喷油的过程,随之而来的另一个问题是,当发动机加速时,加速加浓量不足,瞬间混合气偏稀,使发动机出现加速迟缓的故障。

三、空气流量计数据流分析

大众、奥迪车系的空气流量计数据流见表3-3。观察数据流的003组第二区。这一区显示的是空气流量信号,在发动机到达正常工作稳定,怠速无负荷的情况下,空气流量标准值:四缸车为2~4g/s,六缸车为3~5g/s。加速时空气流量应该增加,加速过程没有标准值,但车辆急加速时,空气流量应能到达70g/s左右。

表3-3 空气流量计数据流

003	怠速		
发动机转速	进气量	节气门开度(G187)	点火提前角
700~860r/min	2.0~4.5g/s	0.2%~4.0%	3~6°BTDC(上止点前)

[案例1] 2004年款一汽-大众捷达春天轿车怠速不稳、急加速有动力不足现象,有时伴有回火。

故障现象:2004年款一汽-大众捷达春天轿车怠速不稳、急加速有动力不足现象,有时伴有回火。

故障诊断与分析:连接故障诊断仪,读取故障码,无故障码显示。读取数据流,首先读氧传感器数据流,怠速时电压为0.2~0.3V,急加/减速时电压会变化,拆下氧传感器线束插头,现象依旧,说明故障原因不在氧传感器。读数据流,发现进气流量仅为1.4g/s,正常是2.0~4.0g/s。进气流量过小的原因主要有两个:一是进气系统有泄漏;二是发动机控制单元收到的空气流量信号低于实际进气流量。经检查,进气系统无泄漏。拔下空气流量计线束接头,此时发动机控制单元用节气门位置传感器和发动机转速传感器的信号计算进气量,发动机进入故障保护模式运转,故障现象消失。初步断定空气流量计有故障。检查空气流量计输出信号电压,端子5的电压,怠速时:测量值仅为0.3~0.4V,正常值是0.8~1.4V;急加速时:测量值仅为1.8~2.0V,正常值是3.0V以上。拆下空气流量计,发现热膜处较脏。

故障排除:用化油器清洗剂清洗热膜后装车,故障消除。再读数据流,发现怠速时空气流量计输出的信号电压达0.9V,空气流量达2.5g/s,信号正常。分析引起故障的原因是空气流量计脏污,使输出的空气流量信号低于实际进气量。

[案例2] 奥迪A6L轿车仪表显示预热灯报警,加速无力。

故障现象:奥迪A6L轿车,搭载2.7TDI发动机和0AW变速器。该车仪表显示预热灯报警,加速无力。

故障诊断与分析:连接故障诊断仪,检测发动机控制单元里有故障码:空气流量计信号不可靠,偶发。检测空气流量计的线路及插头接触良好,尝试更换空气流量计。几天后故障重现,诊断仪检测故障码仍然显示空气流量计故障。读取空气流量计的值,对比同车型在怠速时数值正常,用引导性故障查询生成测试计划,在有负荷的情况下测试空气流量,显示值偏低,分析是增压器有问题或者管道有漏气的地方。检查进气管路,发现中冷器的插头处存在松动的情况。

故障排除:紧固中冷器插头卡箍,再试车测试空气流量值正常,故障消除。

小结:增压压力不足导致发动机控制单元监测空气流量的值存在偏差。

四、氧传感器数据流分析

氧传感器在理论空燃比14.7:1的狭窄范围内发生电压突变,正常工作的氧传感器的电压在 0.1~0.9V 之间变化。氧传感器电压始终低于 0.45V 时，系统混合气偏稀；氧传感器电压始终高于 0.45V 时，系统混合气偏浓。

1. 用氧传感器判断发动机状况

氧传感器损坏会引起混合气过浓或过稀以及怠速不稳等。用氧传感器判断发动机状况：当氧传感器信号基准电压为 0.45~0.50V 时，发动机控制单元就认为 λ=1。低于 0.45V 时，发动机控制单元就加浓混合气；高于 0.5V 时，发动机控制单元就减稀混合气。那么以 0.5V 为界，信号电压可分为两个区域，即 0.1~0.5V 和 0.5~1.0V。如果怠速时信号电压在两个区域的停留时间相同，而且 0.1~1.0V 的变化频率为 30 次/min（若低于 10 次/min，应更换氧传感器），则发动机配制的混合气是正常的。急加速时，信号电压应突升至 0.8V 及以上；突然松开加速踏板时，信号电压应降至 0.1V 及以下，并在此停留 1~2s，则可以判断发动机性能良好。

2. 混合气浓度正常时氧传感器的数据分析

混合气浓度在正常范围内时，气缸内的 HC 与 O_2 燃烧比较充分，排气中的 O_2 含量在 1%~2% 范围内，CO_2 在 13.8%~14.8% 范围内，λ 值为 0.97~1.04。正常工作的氧传感器的电压在 0.1~0.9V 之间变化，且 10s 内应变化 8 次以上。

经三元催化转化器转换后，O_2 原子浓度很低，后氧传感器的电压大于 0.7V。

3. 浓混合气对氧传感器数据的影响

当混合气偏浓时，由于燃烧所用的氧气量不足，排气中含有大量的 HC 及 CO，O_2 含量小于 1%，λ 值小于 1。此时氧传感器的输出电压大于 0.45V，电控单元据此判断出现混合气过浓的故障，从而做出减少喷油量的指令。而混合比 λ 控制值或短期燃油修正值将为负数。

4. 稀混合气对氧传感器数据的影响

1）当混合气稀时，排气中的 CO 及 CO_2 含量较低，HC 及 O_2 含量高。O_2 含量大于 2%，λ 值大于 1。此时氧传感器的输出电压小于 0.45V。电控单元据此判断出现混合气稀的故障，从而做出增加喷油量的指令。混合比 λ 控制值或短期燃油修正值为正值。部分车辆会存储混合气稀的故障码。

混合气过稀时的情况与上述有所不同。

2）当混合气过稀时，燃烧迟缓，由于燃烧延续至进排气重叠角，发生回火现象（使进入气缸中的 O_2 减少），或进入排气管中的 HC 发生二次燃烧，使排气中的 O_2 含量极低，造成排气管烧红或进气涡轮增压器烧红。排气中 O_2 的含量小于 1%，氧传感器的输出电压大于 0.45V，电控单元据此判断混合气过浓，从而减少喷油量，使实际混合气稀的状况更加严重。

5. 发动机缺火对氧传感器数据的影响

发动机缺火会造成气缸内的混合气燃烧不完全，使排气中 HC 及 O_2 的含量上升，氧传感器的输出电压低于 0.45V，电控单元据此判断混合气偏稀，从而做出增加喷油量的指令。这样导致的结果是其余工作正常的气缸，可能会由于混合气浓，使燃烧减缓，CO 及 HC 的排放量增加，排气中 O_2 的含量略有降低，但发动机会出现严重工作不稳定的情况。

[案例] 利用两个氧传感器信号电压波形分析法。

早期的汽车安装一个氧传感器，而现在的汽车在三元催化转化器的前后两端分别装有一个氧传感器。安装在三元催化转化器后段的氧传感器的电压波动要比安装在前段的氧传感器的电压波动小得多，这是由于三元催化转化器在转化 CO 和 HC 时消耗了氧气。当三元催化转化器损坏时，其转化能力基本丧失，使前后端的氧气值接近，如果用故障诊断仪测得前后氧传感器信号的电压波形和波动范围趋于一致，说明三元催化转化器已损坏。

五、空燃比传感器数据流分析

空燃比传感器也称为宽带氧传感器、宽域氧传感器或宽量程氧传感器，其电压变化范围为 0~5V。空燃比传感器的电压在急速时在 3.23~3.31V 之间变化。

采用空燃比传感器后，发动机控制单元可以监控的混合气浓度范围大幅度提高（从 11:1 升到 19:1），空燃比传感器电压在 2.2~4.2V 之间变化。

[案例] 韩国现代 Santafe 急加速回火，动力不足故障排除。

故障现象：2004 年款韩国现代 Santafe，偶尔急加速回火，动力不足。

故障诊断与分析：该车在不同修理厂维修过多次，更换过汽油泵、火花塞、高压线等部件，故障未排除。接车后，首先测试系统油压，急速时为 0.24MPa，急加速时为 0.27MPa，油压正常。用现代扫描仪进入发动机电控系统诊断故障码为 P0130：氧传感器（B1/S1）电路异常。该车型配备的是 5V 变化范围的宽量程高分辨率的新型氧传感器，也就是空燃比传感器。该传感器是电阻型氧化钛式氧传感器，与以往的 1V 变化范围的电池型氧化锆式氧传感器不同，可以更加准确地反映排气中氧的含量，同时，数据特征也发生了变化。

进入数据流检测，急速时，空气流量计数据为 18.1kg/h，急加速时空气流量计数据为 290~378kg/h，数据变化量符合正常变化范围。氧传感器数据如下：B1 氧传感器（前右）的数据，加速时，氧传感器的电压值为 2.6~2.7V，稳住油门（即踩下加速踏板，使发动机转速稳定在某一转速）为 3.7~3.9V，热线占空比在此期间为 29.3%~55.9%，热线系数为 1.0~1.4；全负荷时，氧传感器的电压值为 3.3V，热线占空比在此期间为 0.2%~3.9%，热线系数为 1.0~1.1。在感觉加速良好的情况下，氧传感器的电压值为 4.0V，热线占空比在此期间 28.9%，热线系数为 1.2~1.3；在感觉无法正常加速，出现故障时，氧传感器的电压值为 3.1~3.2V，热线占空比在此期间为 24.2~26.9%，热线系数为 1.4。

对以上数据进行分析，热线占空比和热线系素是表示氧传感器加热线圈在一个周期内通电时间长短的数据，在发动机暖机过程中，其数据较大，在发动机达到正常工作温度后期工作频率降低，同时对氧传感器的影响降低。

氧传感器的数据基本在 2.6~4.0V 间变化，这种变化幅度和频率都相对较低，达不到正常数据变化要求。

图 3-2 所示为氧化钛式氧传感器和发动机控制单元连接的线路图。由图可以看出，氧传感器的加热器一端是控制经过继电器的正极电源，该电源是在发动机工作时由主继电器提供的，另一端受发动机控制单元的加热器控制搭铁，该信号是占空比控制，作用是

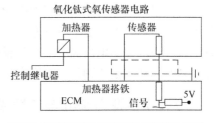

图 3-2 氧化钛式氧传感器和发动机控制单元连接的线路图

保持氧传感器尽快并始终处于正常工作温度，使氧传感器反应处于活跃状态。

氧化钛式氧传感器，在混合气稀的状态下，其数据在 4.3~4.7V 之间波动，如图 3-3 所示。

氧化钛式氧传感器，在混合气浓的状态下，其数据在 0.3~0.8V 之间波动，如图 3-4 所示。

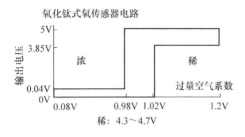
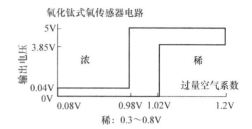

图 3-3 氧化钛式氧传感器的数据波动（稀混合气）　　图 3-4 氧化钛式氧传感器的数据波动（浓混合气）

由 Hi-scan 电脑测试仪的数据可以看到，一个正常的氧化钛式氧传感器在怠速状态下，其数据在 0.5~4.5V 之间波动，如图 3-5 所示。

图 3-5 正常的氧化钛式氧传感器的数据波动（怠速）

通过总结发现各个工况氧化钛式氧传感器的数据在 0.3~4.9V 范围内波动，因为在急加速、全负荷和突然放松加速踏板等极端情况下，氧化钛式氧传感器的数据变化更趋于有利于符合工况状态的浓、稀混合气，因而数据范围比怠速状态更大。

根据以上分析，氧传感器电压的变化幅度和频率是影响喷油脉宽的重要因素，该车氧传感器信号数据达不到正常范围，必须更换。更换该传感器后，数据达到正常范围，试车动力恢复。

小结：空燃比传感器（氧化钛式氧传感器）的数据变化规律与以前常用的氧化锆式氧传感器有很大不同，该传感器对汽车的动力影响更大。总而言之，在发动机工作温度达到正常后，宽量程高分辨率的电阻型氧化钛式传感器具有更好的动态控制功能，其电压数据变化范围为 0.3~4.9V，变化频率为 1Hz。对于 1V 变化范围的氧化锆式氧传感器，其基本特征是混合气浓则输出电压高，混合气稀则输出电压低；而对于 5V 变化范围的氧化钛式氧传感器，其基本特征是浓则低、稀则高，二者正好相反。

六、短期燃油修正与长期燃油修正

1. 定义

短期燃油修正是指由发动机控制单元立即制定的用于克服发动机运行工况的策略，这时的修改是暂时的。

长期燃油修正是基于短期燃油修正的反馈给出的，这时的修改更长久些。

2. 短期燃油修正值

1）短期燃油修正值并不存储在 PCM 的存储器中。对燃油系统进行的所有修正都是在对氧传感器和/或其他传感器做出直接的响应之后就立即发生了。设计这些修正的目的是保持氧传感器在合适的范围内工作。

2）开环控制时，PCM 控制脉冲宽度的变化但不需要以氧传感器的信号作为反馈，并且短期自适应内存值是 1。1 代表没有变化。一旦发动机暖机后，PCM 进入闭环控制，并开始接收氧传感器的信号。直到发动机熄火前，系统将一直保持闭环控制，除非节气门全开或者发动机冷却液温度降低超出规定的温度。在这两种情况中，系统将进入开环控制。

3）PCM 根据排气中氧含量的变化控制喷油器的喷油脉宽。系统处于开环控制时，喷油器有一个固定的基本喷油脉宽，并根据空气流量计测得的空气量或进气歧管绝对压力传感器测得的负荷调整喷油脉宽。系统处于闭环控制时，喷油脉宽可能加长也可能缩短，这样通过正负调整可以确保在各种工况下都有合适的混合气浓度。混合气浓时，氧传感器的输出电压增加，短期燃油修正减少，这意味着喷油脉宽将缩短。短期燃油修正的减少意味着在诊断仪上读出的数值要小于 1。例如，短期自适应值为 0.75 表示喷油脉宽减少了 25%，在诊断仪上显示为 -25。短期自适应值为 1.25 表示喷油脉宽加长了 25%，在诊断仪上显示为 +25。

4）如果汽车的排气表明混合气过浓，则氧传感器信号将提示 PCM 减少燃油。反之则 PCM 将增加燃油。通用车型上的 PCM 通过向检测仪发送一串由 0 和 1 组成的二进制数据来传输控制策略的信息。由于 0 占据一个位置，因此 PCM 可以计数到 255，其半数是 128。当 PCM 处于闭环控制时，技术人员可以用参考值 128 来作为燃油控制反馈的中心点。通用车型的短期燃油修正控制包括：大于 128 表示燃油正在增加；小于 128 表示燃油正在减少；围绕 128 上下不断变化表示系统工作正常。

5）在装备 OBD-Ⅱ 的汽车上，当 PCM 处于闭环控制时，0 是燃油控制的中点。福特汽车的燃油单元用一个百分数来表示，没有负号的数字表示燃油正在增加；有负号的数字表示燃油正在减少；数字在 0 线上下不断变化表示系统工作正常。如果短期燃油修正的读数在 0 线的任何一侧不变，则表示发动机没有正常有效的工作。

3. 长期燃油修正值

1）长期及短期燃油修正的工作机理：

喷油量 = 基本喷油量 × 喷射校正 × (长期燃油修正系数 + 短期燃油修正系数) + 电压校正

长期燃油修正系数的改变是在持续的 PCM 对短期燃油修正正确反馈结果的量变基础上形成的质的改变。

2）长期修正值被存储在 PCM 的存储器中，存储的这些数据将在发动机再次工作于类似的环境和工况下使用。触发长期修正是为了将所有短期修正的数值都维持在特定的参数范围内。这些参数并不是基于氧传感器的反馈，而是基于从氧传感器获取的持续正确读数的基础上得到的修正。

3）一旦发动机达到了规定的温度，PCM 开始调节长期燃油修正。自适应的设置是以发动机转速短期燃油修正为基础的。如果短期燃油修正改变了 3% 并保持一段时间，PCM 就要调节长期燃油修正。长期燃油修正便成为一个新值，但基础值不变。换句话说，长期燃油修正改变了正在被短期燃油修正改变着的脉冲宽度的长度。长期燃油修正的工作将使短期燃油修正接近于0。

4）通用汽车的长期燃油修正在诊断仪上的显示与短期燃油修正一样。长期燃油修正反映了PCM学习驾驶人的习惯、发动机的变化和道路情况。如果诊断仪上显示的数字大于128，表示PCM已经学习并补偿了混合气稀的情况；如果数字小于128，说明PCM已经学习并补偿了浓混合气的情况。

5）与短期燃油修正策略一样，OBD-Ⅱ的长期燃油修正策略在诊断仪上也以百分数的形式显示。长期燃油修正策略是PCM学习的结果。没有负号的数字表示PCM已经补偿了稀混合气；有负号的数字表示PCM已经补偿了浓混合气。当长期燃油修正策略学会补偿浓或稀混合气时，短期燃油修正的数值就回到0附近。如果发动机的工况要求混合气过浓或过稀，长期燃油策略将不会补偿，并记录一个故障码。

6）如果真空泄漏或喷油器堵塞导致混合气稀，在诊断仪上，长期燃油修正值将显示为一个正数。

7）如果喷油器泄漏或燃油压力调节器有故障，则会导致混合气过浓。此时，在诊断仪上显示的长期燃油修正值为负数。因此，这种混合气偏浓的情况是很容易看出来的。

8）如果混合气过浓或过稀导致长期燃油修正值达到修正极限，在采用OBD-Ⅱ的发动机控制系统中，会存储混合气过浓或过稀的故障码。

4. 发动机缺火对短期及长期燃油修正值的影响

当发动机出现缺火现象时，气缸内混合气出现不完全燃烧现象，排气中含有大量的HC及O_2，由于HC不容易参与催化反应，氧消耗量低，使得氧传感器测得值偏低，显示为混合气稀的状态。电控单元就会增加喷油量，短期燃油修正值为正数。

[案例1] 2006年款一汽马自达6轿车发动机故障灯亮。

故障现象：2006年款一汽马自达6轿车发动机故障灯亮，客户反映除了故障灯亮，还感觉车辆有抖动的现象。

故障诊断与分析：连接故障诊断仪，读取故障码，显示有故障码P01701：系统过稀。清除故障码，再次读取无故障码出现。检查高压线和火花塞，发现火花塞已烧蚀，且间隙过大。检查高压线，发现三缸高压线断路，更换高压线和火花塞，试车正常。客户接车后使用，发动机故障灯又亮了。再次连接故障诊断仪，读取故障码，仍显示有故障码P01701：系统过稀。读取数据流，发现短期燃油修正为21.9%，长期燃油修正为26.3%，判断是燃油系统的混合气过稀了。检查发动机，发现可变进气翻板的电磁阀上连接真空管的部分已基本断开，用手轻轻一碰，就掉了下来（见图3-6）。

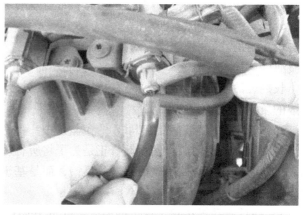

图3-6 可变进气翻板的电磁阀上连接真空管的部分

故障排除：更换电磁阀，故障消除。

[案例2] 奥迪A6L轿车3.0TFSI发动机怠速抖动。

故障现象：奥迪A6L轿车3.0TFSI发动机怠速抖动，同时仪表板上的OBD故障灯报警。

故障诊断与分析：连接故障诊断仪，读取故障码，有故障码，内容为氧传感器1气缸列2信号过稀。读取数据流，气缸列1的短期燃油修正为±3%，长期燃油修正为±3%；而气缸列2的短期燃油修正为-6%到-4%，长期燃油修正为-24%到-18%。通过气缸列1和2的短期燃油修正及长期燃油修正的对比，分析气缸列2的喷油器故障的可能性较大，而具体的故障原因中堵塞的可能性最大。

故障排除：免拆清洗喷油器，故障消除。

小结：引起混合气过稀的原因有很多，将故障分开来看，通过数据流了解是六缸发动机一侧的气缸发生了故障，而根据经验最可能的原因是三个喷油器堵塞了，三个喷油器不明显。最后通过清洗排除了故障。

[案例3] 奥迪A6L C7轿车废气指示灯亮。

故障现象：奥迪A6L C7轿车，搭载2.0T发动机，其废气指示灯亮。

故障诊断与分析：连接故障诊断仪，读取故障码，有故障码P218800：气缸列1燃油计量系统，怠速时系统过浓。读取数据流，混合气匹配值中的短期匹配值显示0，但长期匹配值显示-19.5%。路试时制动，长期匹配值下降到-30%以下，加速时在-10%左右。

根据诊断仪故障导航提示，混合气过浓的原因有炭罐电磁阀卡滞、喷油器泄漏及机油中有燃油。

检查了炭罐电磁阀，更换了喷油器、高压泵，混合气匹配值仍然没有变化。读取发动机的喷油时间、空气质量、氧传感器数值，均在正常范围内。故障导航中提到的可能故障原因已排除。

分析除了故障导航提示中的故障原因外，引起混合气过浓的另外一个可能原因是进气量过少。拆下空气滤芯后，发现空气滤芯扭曲变形（安装时没有到位）。

故障排除：更换空气滤芯后，试车，混合气匹配值正常，短期匹配值显示-1.6%，长期匹配值显示3.9%。废气指示灯指示正常。

七、加速踏板位置传感器信号分析

加速踏板位置传感器安装在加速踏板上，踩下加速踏板时，该传感器将加速踏板位置信号传递给ECM，ECM根据加速踏板位置信号控制喷油量。

[案例] 上海通用别克君越轿车，行驶中发动机故障指示灯亮，发动机加速不良。

故障现象：一辆2009年款上海通用别克君越轿车，行驶中发动机故障指示灯亮，发动机加速不良。若熄火后等待一会，重新起动发动机，发动机故障指示灯就不亮了，发动机加速也正常了。这是君越轿车常见的一个故障，故障轻的有时一两个月犯一次。

故障诊断与分析：用故障诊断仪读取故障码，有历史故障码记载——P2138：1和2号加速踏板位置传感器之间的关联性异常。加速踏板位置传感器由两个电位计APP1和APP2组成，APP1和APP2之间的电压关系是对于同一踏板位置，APP1的输出电压是APP2输出电压的2倍。测量APP1两端的电压是1.18V，测量APP2两端的电压是0.48V，两者的电压关系不正确。

故障排除：更换加速踏板位置传感器，故障消除。

注意：APP1 和 APP2 的电压也可以通过数据流快速读取。

小结：本故障排除的关键是明白加速踏板位置传感器的两个电位计 APP1 和 APP2 之间的电压关系，即对于同一踏板位置，APP1 的输出电压是 APP2 输出电压的 2 倍。

如图 3-7 所示，大众车系如迈腾的加速踏板位置传感器角度［图中为踏板值传感器角度（电位计1）］是加速踏板位置传感器角度［图中为踏板值传感器角度（电位计2）］的 2 倍。

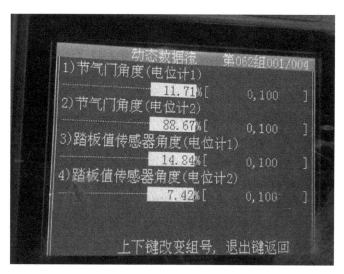

图 3-7 迈腾加速踏板位置传感器角度

八、活性炭罐电磁阀数据流分析

来自燃油箱的燃油蒸气在发动机工作期间，通过发动机电控单元以占空比的方式控制活性炭罐电磁阀打开，与大气中的空气混合后进入进气歧管，最终进入气缸内参与燃烧。

如果活性炭罐电磁阀卡滞在常开的位置，会导致发动机在大部分工况下出现混合气稀的情况，电控单元会记忆混合气稀的故障码。另外，还可能造成发动机在停机一段时间后，出现热车难以起动的故障。某车型活性炭罐电磁阀与短期燃油修正数据见表 3-4。

表 3-4 某车型活性炭罐电磁阀与短期燃油修正数据

数据	活性炭罐电磁阀 OFF（关闭）	活性炭罐电磁阀 ON（常开）
Short Ft#1	−3.16% ~ 1.53%	0.74% ~ 6.21%
Short Ft#2	−3.94% ~ 0.74%	0.74% ~ 5.43%
O2S B1 S1	0.095 ~ 0.800V	0.055 ~ 0.800V
O2S B2 S1	0.035 ~ 0.800V	0.095 ~ 0.820V

由表 3-4 可知，当炭罐电磁阀处于 OFF（关闭）状态时，短期燃油修正值处于减少喷油量的状态。当炭罐电磁阀处于 ON（常开）状态时，短期燃油修正值处于增加喷油量的状态，表明由于外界空气的大量进入，使混合气处于偏稀的状态。

如果是由于炭罐电磁阀卡滞或软管漏气导致外界大气一直进入进气歧管，就会出现混合气长期偏稀的情况，长期燃油修正值也会显示为正值。

九、离合器开关信号分析

没有把离合器开关列入底盘系统是因为离合器开关的功能是在离合器接合和分离的过程中，向 ECU 输入离合器的工作状态信号，作为喷油量及点火提前角控制的修正信号。也就是说，离合器开关是用来反映离合器踩下（分离）或未踩下（结合）的状态的，ECU 接收到离合器开关的信号将其用于喷油量和点火提前角的修正。当离合器未踩下时，离合器开关接通，动力处于传递状态，适当加大喷油量和提前点火提前角度；当离合器踩下时，离合器开关断开，动力处于非传递状态，适当减小喷油量和推迟点火提前角，为下一步离合器的平稳结合做好铺垫。但是如果离合器开关出现异常，使控制单元始终认为离合器处于踩下的状态时，从而喷油量和点火提前角度与车辆的实际状况不匹配，就会导致车辆行驶不良，如加速发闯，油耗增加等。另外，离合器开关也为驻车制动等提供信号。

[案例1] 奥迪 A4 轿车，搭载 1.8T/AWL 发动机和手动变速器，放松加速踏板时出现耸车。

故障现象：2004 年款奥迪 A4 轿车，搭载 1.8T/AWL 发动机和手动变速器，有时放松加速踏板会出现耸车。

故障诊断与分析：连接故障诊断仪，读取故障码，无故障码显示。试车观察数据流，发现在故障发生时，01-08 第 066 组第 2 区的第 6 位常为 1，表示发动机 ECM 识别出此时已踩下离合器踏板（如果为自动变速器，此项常为 1），而此时并没有踩下离合器踏板，分析离合器开关或其线路有故障。检查线路正常，分析离合器开关损坏。

故障排除：更换离合器开关，故障消除。

小结：在正常加速时，发动机防止踩下离合器后转速上升过快，就会采用减缓节气门开度的策略。如果此时离合器开关出现故障——长期处于打开（踩下）位置，车辆就会轻微发耸。

在松开加速踏板倒拖工况下，离合器开关未打开时，发动机转速先迅速升至 1200r/min，然后恢复喷油，再慢速下降；如果踩下离合器踏板，转速会直接下降到怠速转速才恢复喷油，这样可防止在 1200r/min 恢复喷油时，转速反而上升，因此此时没有发动机倒拖。如果此时离合器开关出现故障——长期处于打开（踩下）位置，节气门会完全关闭，使发动机转速快速下降，造成变速器倒拖发动机，出现耸车。

[案例2] 捷达春天轿车加速耸车。

故障现象：2002 年款捷达春天轿车加速时出现耸车。

故障诊断与分析：连接故障诊断仪试车观察，发动机的数据流基本处于正常工况，耸车时，003 组第 4 区的点火提前角处于变化状态。再观察 066 区的开关状态（见表3-5），正常情况下，应处于 00000000 状态。查阅资料发现 066 组第 2 区的第 6 位表示离合器的状态，1 表示离合器长期处于打开（踩下）状态。

表3-5 066 区的开关状态

066 车速	开关状态
60km/s	00000100

故障排除：检查离合器开关线路正常，更换离合器开关，故障消除。

小结：离合器长期处于打开（踩下）状态，ECM为防止发动机转速上升过快而将点火时间推迟，因而造成加速耸车。

[**案例3**] 仪表显示驻车制动器故障。

故障现象：奥迪A6L轿车，使用手动变速器，踩下离合器踏板起动车辆，仪表显示驻车制动器故障，如果起动发动机时驻车制动器不工作，则无故障现象。

故障诊断与分析：连接VAS5052诊断仪，进入地址53驻车制动器，读取故障码00650，表示离合器踏板识别开关F36故障，并且无法清除。

进入功能08-08读取数据流为255，并且踩下离合器踏板时不变化，检查插头，发现接触良好，分析离合器踏板识别开关F36故障。

故障排除：更换离合器踏板识别开关F36后故障消除。这时读取数据流，发现未踩离合器时约为27，踩到一半位置时约为160，完全踩下时约为220。

十、车速信号分析

车速信号是为发动机控制单元提供一个车辆处于行驶状态中的信号。这个信号是发动机控制单元起动车速补偿作用的前提条件。由于车速补偿的作用，在车辆滑行过程中出现发动机转速高于怠速工况的情况属于正常范围。

没有车速信号时，发动机ECU无法识别倒拖工况，这可能导致踩下离合器踏板时发动机转速过低甚至熄火。另外，有的车速传感器信号不准，超过最高限速，发动机ECU根据该车速信号指令喷油器停止供油，车辆高速行驶时会出现难以加速的故障。车速信号到达控制单元主要有三种情况：一是车速传感器直接将信号传递给控制单元；二是先由车速传感器提供给仪表板上的车速表，再由车速表转换后向控制单元提供一个车速信号；三是通过ABS的轮速传感器将车速信号传递给ABS控制单元，ABS控制单元再传递给仪表、发动机控制单元等。

[**案例**] 红旗7200E3轿车最高车速只有60km/h。

故障现象：2002年款红旗7200E3轿车最高车速只有60km/h。

故障诊断与分析：连接故障诊断仪，读取发动机ECU无故障码。驾车上路，读取数据流，检查当仪表板上的车速表指示为60km/h时，诊断仪数据流显示车速为210~220km/h，而此时速度估计在60km/h左右，显然仪表传递给发动机控制单元的信号有误。该车有最高限速，210~220km/h已超出了该车的最高限速。分析此时发动机控制单元依据该车速信号指示喷油器停止供油，从而出现无法再提速的故障。该车速信号首先由车速传感器提供给仪表板上的车速表，然后由车速表经转换后向控制单元提供一个车速信号。分析仪表板上的车速表指示正常，车速传感器应无故障，故障应在仪表板。

故障排除：更换仪表板，故障消除。

十一、缸内直喷系统的燃油压力数据流分析

现在很多汽油机采用缸内燃油直喷喷射（FSI），带FSI的发动机与进气歧管喷射的发动机相比，在燃油供应和喷射上有所不同。最大的区别是燃油喷射压力不同，带燃油直接喷射FSI的发动机的燃油供给系统分为低压和高压两部分。这两部分压力通过安装在燃油供给系统中的压力传感器检测，可以通过诊断仪的数据流功能读取这两个压力值。

奥迪 A6L 2.0T FSI 发动机的诊断系统，对燃油系统提供了较好的数据流分析测试项。通过观察数据流组号 103 的第一行，可得出低压燃油的压力值，该数值是由低压燃油压力传感器监测得到的，具体如下（1bar = 10^5Pa）：

> 1) 发动机燃料实际压力（mbar）3000～6000
> 2) 控制器燃油压力（%mbar）
> 3) 电动燃油泵匹配值（%mbar）
> 4) 燃油泵匹配（测试切断/正在匹配/匹配正常/错误）

通过观察数据流组号 106 的第一行，可得出高压燃油的压力值，该压力值在急速时约为 5MPa，急加速时最高可达 11MPa，它是由分配油轨上的高压燃油压力传感器监测得到的，具体如下：

> 1) 燃油管道压力（bar）
> 2) 电动燃油泵 1/2（切断/接通或 PWM）
> 3) 空
> 4) 切断时间（s）

若车辆不能起动，怀疑燃油系统有故障，就可不需接上燃油压力表，而是通过数据流快速判断燃油压力的数值是否正常，从而大大提高判断故障的效率。

[案例 1]　奥迪 A6L 2.0T 轿车加速不良。

故障现象：A6L 2.0T 轿车加速不良。

故障诊断与分析：用 VAS5052 诊断仪检查发动机有故障存储，故障码内容为燃油低压调节，燃油压力超出允许范围，偶发，故障发生计数器记录 22。清除故障码后，再读取无故障码记录，但试车时车辆加速情况未改善。行驶一段时间后，故障码又会在检测时出现。

用 VAS5052 诊断仪读取数据块 103，测量燃油泵预压为 0.3412MPa，低于标准值（0.5～0.7MPa）。拆装高压泵没发现异常，根据引导性故障导航读取和分析急速时的燃油低压为 0.507MPa，而标准值为 0.28～0.72MPa。读取并分析燃油输送单元的匹配值为 3000%，而标准值为 -1000%～1000%，3000% 的匹配值不在规定范围。

检查燃油管路正常，拆检燃油泵发现有杂质脏污。

故障排除与小结：清洗燃油泵，安装后测试燃油泵预压为 0.58MPa，检测无故障码，试车车辆加速正常。此故障是由于所加燃油不干净，导致燃油泵滤网堵塞，供油压力低造成的。

[案例 2]　奥迪 A6L 轿车 2.0T 发动机无法起动。

故障现象：奥迪 A6L 轿车 2.0T 发动机无法起动。

故障诊断与分析：连接故障诊断仪，读取故障码，有两个故障码，分别是 P2294：燃油压力调节阀断路和 P0087：燃油油轨系统压力过低。将燃油压力调节阀 N276 的插接器拔下，检查燃油压力调节阀 N276 的供电正常，起动发动机，发动机恢复正常。迅速读取数据流，观察数据流组 103，低压油压为 590kPa，高压油压为 150kPa，分析是高压泵故障。

故障排除：燃油压力调节阀 N276 和高压泵是一体的，更换高压泵总成，故障消除。观察此时的数据流组 103，低压油压为 520kPa，高压油压为 5100kPa。

[案例 3]　奥迪 A6L 轿车，搭载的 2.0T FSI 发动机冷车时无急速。

故障现象：奥迪 A6L 轿车，搭载的 2.0T FSI 发动机冷车时无急速。

故障诊断与分析：用故障诊断仪读取发动机电控系统有故障码分别是04767（P129F）：低压燃油系统压力和12408（P3078）：急速控制节气门位置性能。

检查节气门体较脏，清洗节气门体，并用仪器进行节气门体的基本设定（060通道号），然后起动发动机，急速运转正常，但04767的故障码不能清除。更换燃油滤清器，故障码仍存在。读取数据流，观察103数据流组号中的第一行低压燃油压力值，其数值始终为1.2MPa，且不变化，说明显示的低压燃油压力偏高。起动发动机后，观察组号106的数据流，急速时的高压燃油压力值为5MPa左右，急加速时可达9~11MPa，说明高压燃油压力正常。

故障排除：更换低压燃油压力传感器，零件号为06E 906 051J。更换后，清除故障码，检查数据流显示正常，再检查故障码，无故障码输出。

十二、柴油共轨系统的燃油压力数据流分析

在柴油共轨发动机上有共轨式压力传感器，通过共轨式压力传感器可以读取燃油轨内的压力。

奥迪2.7L TDI发动机有时加速不良，有故障码00135：燃油轨/系统压力过低。读取数据流，共轨式压力传感器G247监测的油压在150~248bar之间变化，而规定压力为249bar。更换共轨式压力传感器G247，故障排除。

十三、喷油脉宽信号分析

喷油脉宽是发动机微机控制喷油器每次喷油的时间长度，是喷油器工作是否正常的最主要指标之一。该参数所显示的数值单位为ms。该参数显示的数值大，表示喷油器每次打开喷油的时间较长，发动机能获得较浓的混合气；该参数显示的数值小，表示喷油器每次打开喷油的时间较短，发动机能获得较稀的混合气。喷油脉宽没有一个固定的标准，它会随着发动机转速和负荷的不同而变化。

1. 主要影响因素

影响喷油脉宽的主要因素包括：①λ调节；②活性炭罐的混合气浓度；③空气的温度与密度；④蓄电池电压（喷油器打开的快慢）。

2. 喷油量过大的常见原因

1）空气流量计损坏。
2）节气门控制单元损坏。
3）有额外负荷。
4）某气缸或若干气缸工作不良。

3. 喷油脉宽在汽车故障诊断中的应用

（1）用喷油脉宽诊断燃油反馈控制系统　使发动机运转5min以上，进入闭环控制状态，氧传感信号参与燃油反馈控制系统。关闭所有附属用电设备，测量喷油脉宽。

1）拆下燃油压力调节器的真空管，并用软塞堵好，以防进气系统泄漏。此时转速上升，设法堵住回油管，人为使油压增高，如果反馈系统正常，氧传感器正常，可以看出喷油脉宽减少，一般减少0.1~0.2ms，这是控制单元对过浓的混合气进行修正的结果。

2）造成真空泄漏，使混合气过稀。如果系统工作正常，喷油脉宽将增加1.01~

1.04ms，这是ECU对过稀混合气进行补偿的结果。旧车型对怠速下氧传感器的作用予以忽略，可在1800r/min的转速下进行上述试验。

（2）用怠速喷油脉宽诊断油路

1）热车怠速正常运行时，喷油脉宽一般为1.5～2.9ms。如果喷油脉宽达到2.9～5.5ms一般是喷油器有堵的现象。新车运行一段时间后，喷油器就有不同程度的堵塞，使喷油量减少，控制单元认为空燃比增大（即混合气稀），怠速下降，会修正喷油脉宽及怠速控制信号，使怠速达到目标转速值。这个过程循环进行，怠速喷油脉宽就越来越大。同时发动机控制单元将此时的怠速控制阀位置（步进电动机的步数或脉冲阀的占空比信号）储存下来以备下次起动时参考。由于各缸喷油器堵塞的程度不同，而发动机控制单元向喷油器提供的喷油脉宽是一致的，导致发动机产生工作不稳、动力不足、加速性不良及燃油消耗增加等现象。此时进行喷油器的清洗可基本解决问题。例如一辆上海大众桑塔纳时代超人轿车，其发动机喷油器清洗前的喷油脉宽为3.31ms，清洗后的喷油脉宽为1.70ms。应该注意，刚清洗好的喷油器在装车后，发动机转速会突然提高，这是因为ECU长期燃油修正的结果，它记忆着学习以来的数据，以此控制怠速，使混合气过浓，这里需要一个重新学习的过程。因车型不同，学习时间也不尽相同，有些车几秒就可以完成，有些车则需要更长的时间。

2）喷油器已清洗干净的车辆如果怠速喷油脉宽仍然很大，并且通过数据流也已确定空气流量计、进气压力传感器、氧传感器和冷却液温度传感器均无故障，那么故障很可能是燃油压力过低引起的，这时需要用燃油压力表来确定是燃油泵还是燃油压力调节器的故障。

十四、增压压力数据流分析

涡轮增压系统的增压压力，以前用得比较少，通过这个压力，可以判断涡轮增压器的工作状态，判断进气系统是否有泄漏，也可以通过增压压力判断三元催化转化器或柴油车的颗粒转换器是否堵塞。

[案例1] 奥迪A6L发动机加速无力。

故障现象：奥迪A6L轿车，搭载2.7TDI发动机，该车发动机加速无力。

故障诊断与分析：读取发动机控制单元中有故障码00665 P0299 000：增压压力控制低于控制界限值。读取数据流，发现实际增压压力基本为恒定值，在发动机转速和负荷变化时不作变化，据此判断实际增压压力不够。检查增压管路无泄漏，对增压器进行执行元件诊断，结果正常。由于发动机怠速运转平稳，排除了气门密封不严的可能，则故障可能是由于排气不畅导致的。经检查三元催化转化器并无堵塞现象。检查中间排气管上安装有颗粒转化器，拆卸后检查发现，颗粒转化器已经堵塞。

故障排除：更换颗粒转化器故障消除。

小结：柴油车的颗粒转化器比三元催化转化器更容易堵塞。

[案例2] 奥迪A6L（C6）发动机加速无力。

故障现象：奥迪A6L（C6）轿车，搭载2.0T发动机和01J变速器，该车加速无力。

故障诊断与分析：连接故障诊断仪，读取发动机控制单元的故障码，有关于增压压力不足的故障码。根据引导提示需要更换增压压力调节阀N75，于是进行更换。换完后还是加速无力。试车急加速时，读取数据流，在01-08-115组中读数据流没有压力，正常应为1.6～1.7bar。于是怀疑是涡轮增压器故障。拆下涡轮增压器后，发现废气涡轮侧旁通阀破碎，导致漏气，使增压压力无法调节。

故障排除：更换涡轮增压器，故障消除。

小结：涡轮增压器的常见故障为增压压力旁通阀 N75 及其管路的损坏，导致增压压力无法调节。此车由于废气涡轮侧旁通阀破损漏气，导致增压压力无法调节。

第三节 底盘常用数据流分析

一、自动变速器数据流分析

在自动变速器数据流中，可以得到发动机转速、车速、计算负荷、节气门开度、冷却液温度、输入涡轮轴转速、输出涡轮轴转速、空档位置开关信号、制动灯开关状态、蓄电池电压、急速燃油切断、档位开关状态、变速杆位置、运动模式选择开关、自动变速器油（ATF）温度、锁止电磁阀状态、管路压力电磁阀（SLT）状态以及锁止离合器电磁阀（SLU）状态等一系列数据。表 3-6 所列为一汽丰田卡罗拉轿车自动变速器的数据流，通过数据流的分析，可以判断自动变速器的状态是否正常。

表 3-6　一汽丰田卡罗拉轿车自动变速器的数据流

测量项目	测量范围	正常状态	诊断备注
制动灯开关状态	ON 或 OFF	踩下制动踏板：ON 松开制动踏板：OFF	—
档位开关状态	ON 或 OFF	变速杆处于 P 位和 N 位：ON 变速杆处于除 P 位和 N 位外的档位：OFF	诊断仪上显示的变速杆位置与实际位置不同时，PNP 开关或换档拉索可能调整不正确
实际档位	1st、2nd、3rd 和 4th	变速杆处于 L 位：1st 变速杆处于 2 位：1st 和 2nd 变速杆处于 3 位：1st、2nd 和 3rd 变速杆处于 D 位：1st、2nd、3rd 和 4th	—
锁止电磁阀状态	ON 或 OFF	锁止电磁阀打开：ON 锁止电磁阀关闭：OFF	—
管路压力电磁阀（SLT）状态	ON 或 OFF	踩下加速踏板：OFF 松开加速踏板：ON	—
自动变速器油（ATF）温度传感器值	最小值：-40℃ 最大值：215℃	失速测试后，约 80℃ 冷浸时等于环境温度	若传感器值是"-40℃"或"215℃"，则 ATF 温度传感器电路断路或短路
输入涡轮轴转速	最小值：0 最大值：12750r/min	锁止打开（发动机暖机后）：涡轮输入转速与发动机转速相等 锁止关闭（在 P 位或 N 位怠速运转时）：涡轮输入转速与发动机转速几乎相等 D 位时车辆停止：转速为 0	—
锁止状态	ON 或 OFF	锁止：ON 除锁止外：OFF	—
离合器压力控制电磁阀（ST）状态	ON 或 OFF	行驶时在 3rd 和 4th 之间加、减档：OFF→ON→OFF	—

第三章 让数据流说话

[案例1] 上海通用别克君威轿车的发动机故障灯亮。

故障现象：上海通用别克君威轿车搭载2.5L发动机，发动机故障灯亮。

故障诊断与分析：连接故障诊断仪，读取故障码，有一个故障码，内容为P0741：变矩器离合器卡滞。读取数据流，TCC转速缺失多时约为180r/min，而正常为-50~50r/min。TCC释放压力一直为"开"的状态。而在正常情况下，自动变速器在3、4档TCC工作时，TCC释放压力一直为"关"的状态。

故障排除：本着由简单到复杂的原则，先拆下TCC电磁阀，检查电阻值为14.5Ω（正常为13~15Ω）。将电磁阀接通电源试验，感觉电磁阀动作不是很灵敏。更换TCC电磁阀，故障消除。

[案例2] 奥迪A6L轿车偶尔加速提速慢，有时加速不行车，变速器升档慢。

故障现象：奥迪A6L轿车，搭载3.2FSI发动机和09E变速器。该车偶尔加速提速慢，有时加速不行车，变速器升档慢。

故障诊断与分析：连接故障诊断仪，读取发动机控制单元的故障码，显示节气门故障。清洗节气门后，试车故障现象没有了。但第二天，客户反映再次出现变速器升档慢，加速不行车的故障。连接故障诊断仪，读取发动机控制单元的故障码，无故障码显示。上高速公路试车，故障没有出现。客户回想高速行驶时没有出现过故障，在市区低速行驶或等红灯时容易出现故障。在市区低速行驶约1h后故障出现。连接故障诊断仪，读取数据流发现变速器油温为119℃。将车停在路边发现水温表指示120℃。

故障排除：检查冷凝器前面有很多灰尘、树叶，清洗后，故障消除。

小结：当变速器油温达到119℃时，为了保护变速器，变速器控制单元进入应急模式，出现加速提速慢，有时加速不行车，变速器升档慢的故障。

[案例3] 车辆突然不能行驶。

故障现象：一辆2005年款奥迪A6L 3.0L轿车在车辆行驶中突然听到咔嚓声，接着车辆不能行驶。

故障诊断与分析：检查仪表无故障显示，连接故障诊断仪，进入自动变速器系统读取故障码，无故障码显示。读取数据流，显示自动变速器换档正常，档位可以换到5档。检测数据流，有输出轴转速输出。据此判断，自动变速器应无故障，结合行驶中突然听到咔嚓声，可以判断是传动机械部分出现了故障。用举升机举升车辆，检查发现右侧传动轴法兰从差速器上脱出。

故障排除：分析传动轴法兰不良，引起故障。更换法兰后试车，车辆行驶正常。

[案例4] 奥迪A6L轿车急加速时加速不良。

故障现象：2010年款奥迪A6L轿车，搭载2.0T发动机和01J无级变速器。行驶过程中，在车速为40~50km/h时急加速，车辆加速不良，并且变速器报警指示灯点亮，无级变速器进入应急模式。

故障诊断与分析：连接故障诊断仪，读取故障码，变速器控制单元有故障码P1743 05955：离合器打滑监控达到极限。清除故障码，变速器报警指示灯不再点亮，路试车辆行驶正常。但在车速为40~50km/h时急加速，车辆又出现加速不良的现象，并且变速器报警指示灯再次点亮，无级变速器再次进入应急模式。

上路行驶读取数据流，观察数据流18组：3区为实际离合器压力，4区为压力调节器

· 79 ·

N215 的电流值。当故障出现时，3 区实际离合器压力为 0.45MPa，4 区压力调节器 N215 的电流值为 1A。压力调节器 N215 的电流值与实际离合器压力值不符。找一无故障的车辆进行测试，3 区实际离合器压力为 1.15MPa，4 区压力调节器 N215 的电流值为 1A。分析故障是由于实际离合器压力不足打滑引起的。

故障排除：更换液压控制阀总成，故障消除。检查 3 区实际离合器压力为 1.16MPa，4 区压力调节器 N215 的电流值为 1A。

二、DSG 数据流分析

大众 DSG（Direct Shift Gearbox，直接换档变速器）数据流见表 3-7。

表 3-7 大众 DSG 数据流

组	区	名称	范围值	单位
1	1	发动机转速	0 ~ 7650	r/min
	4	挂入的档位（实际值）	1H、1M、2H、2M、3H	—
2	1	变速器输入转速	0 ~ 7650	r/min
	2	变速器输入转速（电压）	0 ~ 5.15	V
	3	变速器输出转速	0 ~ 7650	r/min
	4	变速器输出转速（电压）	0 ~ 5.15	V
3	1	行驶状态	DS、SO、TT、WU、AC	—
	2	加速踏板值	0 ~ 100	%
	3	车速	0 ~ 255	km/h
	4	挂入的档位（实际值）	1H、1M、2H、2M、3H、3M、…、6H、6M、R、0	—
4	1	变速杆位置	P、R、N、D、S、MANU	—
	3	行驶路面（范围值）	UP（上坡）、FLAT（平地）、DOWN（下坡）、ERROr（出现故障）	—
5	1	行驶阻力	-32 ~ 31.6	%
	2	山地系数	0 ~ 100	%
	3	运动系数	0 ~ 100	%
6	1	变速器油温度	-50 ~ 205	℃
	2	电磁阀 4（分接离合器）	0 ~ 1	A
	3	分接离合器状态	0、1、2（打开、闭合、打滑）	—
7	1	电磁阀 5（K1）	0 ~ 2.550	A
	2	电磁阀 9（K2）	0 ~ 2.550	A
	3	电磁阀 3（K3）	0 ~ 2.550	A
	4	电磁阀 10（B2）	0 ~ 2.550	A
8	1	电磁阀 6（HD）	0 ~ 2.550	A
	2	电磁阀 4（分接离合器）	0 ~ 2.550	A

(续)

组	区	名称	范围值	单位
9	1	制动开关位置	0，…，3	—
	2	开关位置	0，1	—
10	1	自动变速器油温度	−50~205	℃
	2	自动变速器油温度（电压）	0~5	V
	3	变速器状态（范围值）	WL：变速器的预热阶段；无读数：正常状态下的变速器；ERROR：错误	—
	4	电压（接线端15）	0~25.5	V
11	1	制动信号灯开关	接通，关闭	—
	2	换档锁止功能	SL，—	—

[**案例**] 奥迪Q5 SUV行驶时偶尔踩加速踏板加速无反应。

故障现象：奥迪Q5 SUV，搭载CDNC发动机和0B5变速器。行驶时偶尔踩加速踏板加速无反应。

故障诊断与分析：连接VAS5052诊断仪进入变速器控制单元读取故障码，故障码显示"由于离合器温度造成转矩受限，偶发"。检查变速器油正常，观察数据流发现当变速器油温与控制单元温度相差8℃时仪表板变速器故障灯报警，故障现象出现。控制器内集成有两个温度传感器，一个用于测量变速器油的温度，另一个用于测量控制单元的温度，分析当两个温度传感器之间的温差超过8℃时，变速器控制单元进入保护模式，导致转矩输出中断。

故障排除：机电一体模块J743是变速器的中央控制单元，它将电动液压控制单元（执行元件）、电控单元和部分传感器整合在一起。更换机电一体模块J743，故障消除。

三、ABS数据流分析

ABS数据流包括警告灯、开关、轮速传感器信号及电磁阀等。一汽丰田卡罗拉轿车的ABS数据流见表3-8。

表3-8　一汽丰田卡罗拉轿车的数据流

测量项目	测量范围	正常状态	诊断备注
右前轮速传感器读数	最小值：0 最大值：326km/h	实际车轮转速	与速度表显示速度相近
左前轮速传感器读数	最小值：0 最大值：326km/h	实际车轮转速	与速度表显示速度相近
右后轮速传感器读数	最小值：0 最大值：326km/h	实际车轮转速	与速度表显示速度相近
左后轮速传感器读数	最小值：0 最大值：326km/h	实际车轮转速	与速度表显示速度相近
最大轮速传感器读数	最小值：0 最大值：326km/h	实际车速	显示在速度表上的速度
车轮ABS控制状态	ON或OFF	ON：处于ABS控制过程中 OFF：不在ABS控制过程中	—

(续)

测量项目	测量范围	正常状态	诊断备注
ABS 电磁阀继电器	ON 或 OFF	ON：ABS 电磁阀继电器接通 OFF：ABS 电磁阀继电器断开	—
ABS 电动机继电器	ON 或 OFF	ON：ABS 电动机继电器接通 OFF：ABS 电动机继电器断开	—
ABS 电磁阀（右前轮保持电磁阀）	ON 或 OFF	ON：工作 OFF：不工作	—
ABS 电磁阀（右前轮减压电磁阀）	ON 或 OFF	ON：工作 OFF：不工作	—
ABS 电磁阀（左前轮保持电磁阀）	ON 或 OFF	ON：工作 OFF：不工作	—
ABS 电磁阀（左前轮减压电磁阀）	ON 或 OFF	ON：工作 OFF：不工作	—
ABS 电磁阀（右后轮保持电磁阀）	ON 或 OFF	ON：工作 OFF：不工作	—
ABS 电磁阀（右后轮减压电磁阀）	ON 或 OFF	ON：工作 OFF：不工作	—
ABS 电磁阀（左后轮保持电磁阀）	ON 或 OFF	ON：工作 OFF：不工作	—
ABS 电磁阀（左后轮减压电磁阀）	ON 或 OFF	ON：工作 OFF：不工作	—

在 ABS 数据流中，轮速传感器信号分析是最常用的。车辆行驶过程中，各轮的 ABS 轮速信号无论车速高低，在直行状态下，偏差均不应超过 3km/h。低速制动时，出现 ABS 工作的情况，一般是由于 ABS 轮速传感器的安装位置不正确、间隙过大、齿圈脏污、车轮轴承松旷以及传感器损坏等原因导致的。

[案例 1] 捷达春天轿车的 ABS 故障。

故障现象：2007 年款捷达春天轿车低速时轻踩制动踏板，有弹脚的感觉，并听到 ABS 泵工作的声音。

故障诊断与分析：连接故障诊断仪，读取故障码，无故障码显示。读取数据流，数据流有功能可以将每个车轮的转速同时显示出来，大众车系在 002 组可以读取每个车轮的转速。试车，高速时每个车轮的转速一致，低速时 4 个车轮的转速略有差别，但不是很大。模拟故障发生时的车速，在车速达到 30km/h 时，轻踩制动踏板，4 个车轮的转速同时下降，当降到 9km/h 时，左侧车轮的转速突然降到 2km/h，这时有弹脚的感觉，并听到 ABS 泵工作的声音。故障在左前轮，检查左前轮的轮速传感器正常，检查轮速传感器齿圈，发现有一个齿变形，分析可能被某种东西积压而成。

故障排除：用锉刀将轮速传感器齿圈变形的齿修复，故障消除。

[案例 2] 奥迪 Q7 SUV 的 ABS、ESP、TPMS（轮胎压力监控系统）故障灯亮。

故障现象：奥迪 Q7 SUV，搭载 3.0T CJTB 发动机和 MHN 变速器，组合仪表中的 ABS、ESP、TPMS 故障灯亮。

故障诊断与分析：使用故障诊断仪读取 ABS 控制单元 J104 中的记录，显示"轮速传感器左后 G46 不正常信号；轮速传感器左后 G46 电路电器故障；ESP 传感器单元没有信号/不通信"。读取数据流，检测四轮转速传感器信号，发现只有在转动左后轮时没有速度指示。拔下 J104 插头测量控制单元到轮速传感器之间的线路，发现其中一根线有断路现象，顺着控制单元主线一直往后检查，发现在右前侧风窗玻璃排水槽的下水道处有两根线存在断路故障。

故障排除：重新处理线束，故障消除。

[案例 3] 奥迪 A6L 轿车 ABS 故障灯报警。

故障现象：奥迪 A6L 轿车，搭载 BDX 发动机。该车 ABS 故障灯报警。

故障诊断与分析：连接故障诊断仪检测 ABS 控制单元，发现控制单元有故障存储，内容为制动灯开关故障。更换制动灯开关后路试，故障依旧。读取 ABS 控制单元数据流，在 03-08-063 组检查制动灯开关信号正常。考虑 ESP 自检同时要对转向角传感器 G85 和纵横向加速度传感器、制动压力传感器进行对比。于是检查制动压力信号，检查时发现，在没有踩下制动踏板时压力是 0.5MPa，标准值是 0.4MPa。分析是 ESP 在制动踏板压力为 0.5MPa 时误判踩下制动踏板，而此时没有制动灯开关信号，多次不正确的信息，就会使 ABS 故障灯报警。

故障排除：更换制动压力开关后，故障消除。此时，观察数据流，在踩下制动踏板时制动压力为 0.4MPa。

四、转向系统数据流分析

现在很多车辆装备了电动转向系统。一汽丰田卡罗拉轿车电动转向系统的数据流见表3-9，在这些数据流中，电流值是个重点，分析电流值的变化有助于分析故障。

表3-9 一汽丰田卡罗拉轿车电动转向系统的数据流

测量项目	测量范围		正常状态
来自仪表的车速	最小值：0 最大值：300km/h	0 无明显波动	车辆停止 恒速行驶车辆
发动机转数	最低值：0 最高值：12 800r/min	无明显波动	发动机恒速运转
至电动机的电流	最小值：-327.68A 最大值：327.67A	数值与转向力矩成比例变化	电动转向工作
电动机请求电流	最小值：-327.68A 最大值：327.67A	数值与转向力矩成比例变化	电动转向工作
ECU 基板温度	最低值：-40℃ 最高值：150℃	-40~150℃	点火开关位于 ON（IG）位置
至激活电动机的电源电压	最低值：0 最高值：20.1531V	11~14V	电动转向工作
ECU 电源电压	最低值：0 最高值：20.1531V	11~14V	点火开关位于 ON（IG）位置
转矩传感器1输出值	最低值：0 最高值：5V	2.3~2.7V 2.5~4.7V 0.3~2.5V	转向盘不转动（无负载） 车辆停止时间向右转动转向盘 车辆停止时间向左转动转向盘

（续）

测量项目	测量范围		正常状态
转矩传感器2输出值	最低值：0 最高值：5V	2.3~2.7V	转向盘不转动（无负载）
		2.5~4.7V	车辆停止时间向右转动转向盘
		0.3~2.5V	车辆停止时间向左转动转向盘
辅助控制转矩传感器输出值	最低值：0 最高值：5V	2.3~2.7V	转向盘不转动（无负载）
		2.5~4.7V	车辆停止时间向右转动转向盘
		0.3~2.5V	车辆停止时间向左转动转向盘
转矩传感器1的零点值	最低值：0 最高值：5V	2.3~2.7V	转向盘不转动（无负载）
转矩传感器2的零点值	最低值：0 最高值：5V	2.3~2.7V	转向盘不转动（无负载）
辅助控制转矩传感器的零点值	最低值：0 最高值：5V	2.3~2.7V	转向盘不转动（无负载）
电动机端子M1电压	最低值：0 最高值：25.5V	低于1V	向右转动转向盘
		11~14V	向左转动转向盘
电动机端子M2电压	最低值：0 最高值：25.5V	11~14V	向右转动转向盘
		低于1V	向左转动转向盘

[案例] 奥迪A6L轿车行驶时，有时转向沉重。

故障现象：奥迪A6L（C6PA）轿车，搭载BPJ发动机和01J变速器。该车行驶时，有时转向沉重。

故障诊断与分析：由于车辆故障现象是偶尔发生，有时几天出现一次，重新起动发动机后现象就会消失。首先进行试车，转动转向盘，转向确实沉重。检查动力转向油泵的油压和油位，油泵油压能达到规定的标准值（约12MPa）。用故障诊断仪检测无故障码存储。读取供电控制单元J519的数据流，在怠速状态下转向器电控动力转向系统电磁阀的供电电流不正常，约为0.52A，而正常状态下应为0.8A以上，判断供电控制单元J519故障。由于以前曾有过车辆因供电控制单元J519的电路板被水渍侵蚀导致故障，拆检供电控制单元J519。经检查J519的电路板正常。分析是供电控制单元J519自身故障，导致怠速时供给伺服电磁阀N119的电流不正确。

故障排除：更换供电控制单元J519，故障消除。

五、轮胎压力监控系统数据流分析

这里以奥迪轿车为例分析其轮胎压力监控系统（TPMS）的数据流。

奥迪A6L轿车在每个轮胎中都配有一个传感器，装在气门嘴附近，由螺栓紧固在轮毂上（安装力矩为4N·m）。传感器内配有电池，理论上可以使用99个月，可以通过自诊断的阅读数据块检查电池的寿命。同时为了节约能量，正常情况下，发射器每隔约30s发射1次信号。但如果传感器发现压力变化较快（>0.02MPa/min），则会自动切换到快速发送模式，这时每隔1s就会发送1次当前测量值。后座顶篷室内照明灯罩内的中央天线R96负责依次接收各轮胎内传感器发送的信号，包括传感器序列号（ID 号）、轮胎压力、轮胎温度及电池寿命，并将这些数据发送给安装在前排乘员席侧的杂物箱后 TPMS 的控制单元 J502。由控制单元 J502 根据编码设定的标准值与传感器值进行比较，如果轮胎压力低于设定值就报警。

如果 TPMS 报警，应检查各轮胎压力。若轮胎压力都符合标准值仍报警，则要用到阅读数据块的功能。

TPMS 的设计原理：轮胎静止时传感器不主动发送信号，轮胎运转起来后，根据胎压选择正常慢速发送（1 次/30s）或快速发送（1 次/1s）。如果选择"更换轮胎"，则系统会将所有已存信息清零，包括传感器 ID 号和胎压数值。在行驶时先花费约 5min 的时间进行各传感器 ID 号的识别，并根据接收距离估算位置将各 ID 号对应到某个车轮，然后将这个 ID 号传感器传来的轮胎压力、温度等对号入座。因此它的数据块结构是这样的：001~003 为一组，003 中显示一个 ID 号，001 则显示这个 ID 号传感器传来的轮胎压力和温度，002 显示它的电池还能使用多少个月；同理 004~006、007~009 及 010~012 也分别显示了另外 3 个传感器的信息。如果试完车阅读数据块 65—08—001、004、007、010，系统已经识别了各个传感器的压力值（见表 3-10），而且此值与用胎压表测得的压力值相近，则表示系统已经没有问题。

表 3-10　各个传感器的压力值

项目	测量值	结果	规定值
车轮 （左前）	实际压力（20℃）/kPa	254	-32 768~32 767
	规定压力（20℃）/kPa	247	-32 768~32 767
	车轮（左前）标识 RE 状态字节	0.300.0.92.744 Status 21h	
车轮 （右前）	实际压力（20℃）/kPa	254	-32 768~32 767
	规定压力（20℃）/kPa	252	-32 768~32 767
	车轮（右前）标识 RE 状态字节	0.300.0.92.403 Status 21h	
车轮 （左后）	实际压力（20℃）/kPa	250	-32 768~32 767
	规定压力（20℃）/kPa	250	-32 768~32 767
	车轮（左后）标识 RE 状态字节	0.300.0.92.744 Status 21h	
车轮 （右后）	实际压力（20℃）/kPa	257	-32 768~32 767
	规定压力（20℃）/kPa	252	-32 768~32 767
	车轮（右后）标识 RE 状态字节	0.300.0.92.402 Status 21h	

那么如果没有显示出压力值或者显示的压力值总是不符合标准呢？如果是带位置识别的高配 TPMS，按照顺序这 4 组数据块分别对应左前、右前、左后及右后 4 个轮胎。但因为此款 TPMS 不带位置识别功能，因此它只表示可系统接收到的 4 个传感器值，但具体哪个有问题并不能直接通过数据块来指定轮胎，只能根据数据判定哪个 ID 号的传感器反馈的值有问

题。因此还需要用另外的方法来确定是哪个轮胎装了哪个 ID 号的传感器。进入 65—08—16 数据块，它显示的是当前正在连接数据的传感器的 ID 号，根据传感器在轮胎快速失压时会进入快速发送模式的特点，可以分别给各个车轮快速放气（如用一字螺旋具按下气门芯），快速放气的那个轮胎的传感器就会快速发信号给控制单元，维修人员从 16 数据块中就可以知道当前车轮内传感器的 ID 号和它反馈的胎压值。此时根据前面数据块所获取的信息，就可以得知具体是哪一个传感器在报送错误的信息了。

常见故障分析见表 3-11。

表 3-11 常见故障分析

序号	故障现象	原因分析
1	因某个轮胎损坏报警在更换备胎后，选择存储胎压后行驶一段时间，显示 TPMS 故障报警，有故障码"传感器无通信"	因轮胎传感器的位置已变，系统仍寻找原来记忆 ID 号的传感器，但装此传感器的轮胎已被更换，故会出此故障码。此时一定选择"更换车轮"，然后再次试车，直到数据块 1、4、7 和 10 显示正确胎压即可
2	显示 TPMS 故障报警，有故障码"传感器无通信"或"系统最低值未达到"	检查数据块 3、6、9 和 12，是否有某个 ID 号无法识别出来；用 16 数据块结合放气的方法判断哪个车轮的传感器 ID 号无法接收；检查传感器是否被拆掉
3	总是报警，显示气压低	阅读相应数据块，识别传感器反馈值；检查编码是否正确
4	偶尔 TPMS 报警，读取各数据块，ID 号总是在几个数据块中变换顺序	拆下后室内照明灯饰板，检查天线是否固定稳当
5	偶尔 TPMS 报警，故障码为"系统不正常"	检查车内是否有换下来的传感器，因为系统规定只能在一定区域内寻找到 4 个传感器，如果有换下来的传感器放在驾驶室内会使控制单元识别到错误的信号

维修提示：奥迪轿车备胎内也装备了传感器，但本系统不监控备胎，数据块中也无关于备胎的显示，如果怀疑某个轮胎传感器损坏，可直接将备胎换上，选择"更换轮胎"，试车即可。但有些车型监控备胎，备胎压力不正常也会引起轮胎压力报警，这点应注意。

[案例] 奥迪 A4L 轿车行驶过程中 TPMS 和 ESP 报警。

故障现象：奥迪 A4L（B8）轿车，搭载 CDZ 发动机和 CVT 变速器。该车行驶过程中 TPMS 和 ESP 报警。

故障诊断与分析：检查胎压正常，4 个轮胎均没有扎过钉子，也没有发现漏气的地方。用 VAS5052 诊断仪发现转向横摆率和加速传感器 G419 信号不可靠，偶发。

奥迪 A4L 轿车的 TPMS 采用间接测量系统，它通过 ESP 的轮速传感器获得轮胎压力的损失，然后传输给胎压监控模块。而在 A4L 轿车上胎压监控模块集成在 ESP 控制单元中，因此只要 ESP 有故障，TPMS 也会随之报警。

首先检测 G419 信号为什么不可靠。在试车过程中，读取 ESP 控制单元中的数据流，在数据流 5 中，发现数据 1 和数据 3、4 的数值是相反的（数据 1 是 G85 的转向角度，数据 3、4 是 G419 的转向角度）。

在正常情况下方向性是不会改变的，为什么会出现方向不一致？怀疑是 G419 损坏。

用 VAS5052 诊断仪做故障引导，先做 G85 的标定，试车故障依旧。于是确定拆解 G419。在拆解的过程中发现固定 G419 的位置上并没有 G419，而且固定 G419 的固定螺栓只剩下一个，另一个已经断了。查该车的配置并没有 ESP，因此也不会有转向角度传感器 2。怀疑该车在维修时把固定螺栓拧断后，将 G419 安装在转向角度传感器 2 的位置上。重新焊接固定螺栓后，把 G419 装回原位，试车故障消失。G419 具有方向性，在安装时不能装反。

故障排除：重新正确安装转向横摆率和加速传感器 G419，故障消除。

第四节 车身电气系统数据流分析

一、空调系统数据流分析

空调系统数据流主要包括车内温度传感器、环境温度传感器及调整后的环境温度等信号，空调接通、关闭的信号在发动机控制系统的数据流中也可以看到。以丰田车系为例，丰田空调系统数据流见表 3-12。空调系统有故障时应该检查空调系统的数据流，但也不能忘记发动机的数据流。仍以丰田车系为例，丰田发动机数据流（空调信号）见表 3-13。

表 3-12 丰田空调系统数据流

检测项目	检测范围	正常状态
车内温度传感器	最小值：-6.5℃ 最大值：57.25℃	显示实际的车厢温度
环境温度传感器	最小值：-23.3℃ 最大值：65.95℃	显示实际的环境温度
调整后的环境温度	最小值：-30.8℃ 最大值：50.8℃	—
蒸发器温度	最小值：-29.7℃ 最大值：59.55℃	显示实际的蒸发器温度
日照传感器	最小值：0 最大值：255	日照传感器的数值随着亮度的增加而增加
发动机冷却液温度	最小值：1.3℃ 最大值：90.55℃	在发动机暖机时，显示发动机冷却液的实际温度
驾驶人侧温度设置	最小值：0 最大值：30℃	显示驾驶人侧温度设置
鼓风机电动机速度等级	最小值：0 最大值：31	等级随鼓风机电动机转速的增加而增加（在 0 级和 31 级之间）
调节器压力传感器	最小值：-0.45668MPa 最大值：3.29437MPa	显示实际的制冷剂压力
压缩机可变输出电路	最小值：0 最大值：0.997A	—

表 3-13 丰田发动机数据流

测量项目	测量范围	正常状态
空调信号	ON 或 OFF	ON：空调接通 OFF：空调关闭

那么如何阅读这些数据流？以奔驰 S500 轿车为例，空调的数据流如图 3-8 ~ 图 3-11 所示，主要包括环境温度、冷却液温度、冷媒压力、蒸发器温度以及风门马达的位置等。

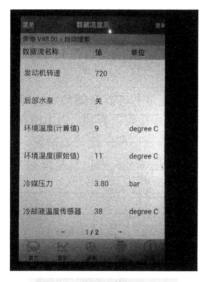

图 3-8 空调的数据流（1）

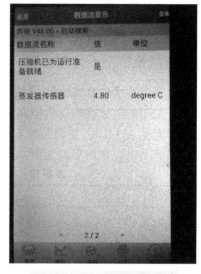

图 3-9 空调的数据流（2）

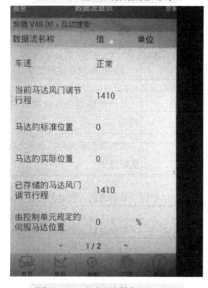

图 3-10 空调的数据流（3）

图 3-11 空调的数据流（4）

（注：图中马达即为电动机）

[案例 1] 奥迪 A6L 3.0L 轿车空调不制冷，风口吹出的风量很少。

故障现象：奥迪 A6L 3.0L 轿车连续行驶一段时间后空调不制冷，风口吹出的风量很少。

故障诊断与分析：当故障发生时，检查空调低压管路全部结冰，分析是蒸发器结冰造成了以上故障。

用 VAS5052 诊断仪检查空调系统无故障码存在，检查空调压力正常。蒸发器结冰是由于制冷剂流量无法调节造成的。节流阀、压缩机、空调控制单元均会导致此故障。更换这些部件很麻烦，于是先读取数据流，发现当蒸发器结冰时，空调压缩机仍以 70% 的功率运转，而此时数据流显示蒸发器出风口温度传感器 G263 的温度值达到 30℃。用温度计测量此时出风口处的实际温度值为 2℃，说明蒸发器出风口温度传感器 G263 传给空调控制单元的信号不准。检查蒸发器出风口温度传感器 G263 正常，线路也正常。再检查空调系统的其他电控元器件信号正常，分析是空调控制单元故障。

故障排除：更换空调控制单元，蒸发器出风口温度传感器 G263 的温度值降到 4℃，试车故障消除。

[案例 2] 奥迪 A6L 3.0L 轿车，不管如何调节控制面板上的温度调节按钮，从风口吹出的气流温度均不变。

故障现象：2006 年款奥迪 A6L 轿车，搭载 3.0L V6 发动机，采用自动空调系统，行驶里程为 76 000km。空调有时不工作，不管如何调节控制面板上的温度调节按钮，从风口吹出的气流温度均不变。

故障诊断与分析：检查空调压缩机不工作。用故障诊断仪读取空调系统故障码，显示系统内无故障码存在。读取 Climatronic 自动空调控制单元 J255 的数据流，标准数据流见表 3-14。观察空调压缩机调节阀 N280 的控制电流，当压缩机关闭时，电流读数为 0.03A；当压缩机工作时，电流读数约为 0.5A，符合标准值。怀疑故障在 N280。

表 3-14　Climatronic 自动空调控制单元 J255 的数据流

数据组号	显示区位置	显示内容	标准值
001	读取测量数据块 001 1　2　3　4	1. 触发空调压缩机调节阀 N280 的控制电流	读数低于 0.050A，压缩机关闭
		经过空调压缩机调节阀 N280 的电流	读数在 0.300~0.650（1.0）A 之间时，压缩机处于循环控制模式，控制电流取决于制冷输出
		2. 空调压缩机调节阀 N280 的触发（%）	读数为 0 时，压缩机关闭
		触发信号占空比	读数在 40%~100% 之间时，压缩机处于闭环控制模式
		3. —	—
		4. 制冷剂回路压力（bar） 根据制冷剂压力/温度传感器 G395 的信号，由 Climatronic 自动空调控制单元 J255 进行计算	读数低于 260kPa 或高于 2900kPa（甚至很短的时间）时，说明制冷剂回路压力过低（系统为空）或过高，可能是制冷剂压力/温度传感器 G395 有故障
			读数在 260~2900kPa 之间时，制冷剂回路的压力在允许范围内

检查空调压缩机调节阀 N280 的步骤如下：

1)关闭点火开关。

2)标记好插头 A,如图 3-12 所示。

3)将插头 A 从空调压缩机调节阀 N280 的对应插头 B 上拔下。

4)用测量辅助套件 V. A. G1594C 中的适配导线在空调压缩机调节阀 N280 – 1 的插头 A 和 B 之间重建连接。

5)将测头 VAS5051/8 连接到适配导线上,如图 3-13 所示。

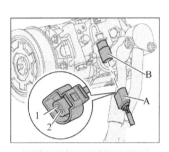

图 3-12 标记好插头 A

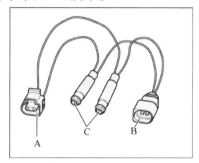

图 3-13 将测头 VAS5051/8 连接到适配导线上

6)将测量导线(信号线)连接到插头 A 的触点 2 上,将测量导线(屏蔽、搭铁)连接到插头 A 的触点 1 上。

7)在汽车诊断、测量和信息系统 VAS5051A 中设定运行模式"测量技术":DSO(数字式存储器示波器)。

8)在汽车诊断、测量和信息系统 VAS5051A 中进行以下设定:5V/DiV = 0.5ms/DiV(每段刻度代表 5V 直流电压和 0.5ms)。

9)起动发动机。

10)在 Climatronic 自动空调控制单元 J255 上将驾驶人侧和前排乘员侧的温度预选设置为最大制冷功率(如温度设定为"LO"(低)或两个温度旋钮开关置于冷限位位置)。

11)在 Climatronic 自动空调控制单元 J255 上通过操纵按钮"Auto"(自动)和"off/on"(关闭/打开)或"Econ"(经济)接通和关闭空调压缩机调节阀 N280 的控制。

12)根据在 Climatronic 自动空调控制单元 J255 上进行的设定,可在示波器显示屏上看到以下内容:

① 在"off"(关闭)或"Econ"(经济)运行模式下无矩形信号(空调压缩机调节阀 N280 不受控)。

② 在"Auto"(自动)运行模式且温度设定为"LO"(低)时,出现一个脉冲宽度 A 介于 75% 和 100% 之间的矩形信号(空调压缩机调节阀 N280 受控),如图 3-14 所示。

③ 根据在 Climatronic 自动空调控制单元 J255 上进行的设定和测得的环境影响因素,可以更改此矩形信号的脉冲宽度[脉冲负载参数在 30% ~ 100% 之间(不包含 30%),控制空调压缩机调节阀 N280,从而达到规定温度所需要的压缩机功率]。

图 3-14 说明如下:

① 图 3-14 显示了一个脉冲负载参数约为 80% 的信号。

② 脉冲宽度 A 与所需要的制冷能力和车载电网电压等有关(Climatronic 自动空调控制单元 J255 通过 A 调节流过空调压缩机调节阀 N280 的电流)。

③ 信号距离 B 始终是 2ms（对应频率为 500Hz）。

④ 由脉冲宽度 A 和信号距离 B 的比值可得出脉冲负载参数。

根据以上检查可以知道控制信号已经到达空调压缩机调节阀 N280，但压缩机仍不工作，说明故障在其本身。

故障排除：更换了压缩机，故障排除。

小结：奥迪 A6L 轿车的压缩机结构与以前的压缩机结构有很大区别，以前的压缩机采用电磁离合器，当电磁离合器收到控制信号时，电磁离合器吸合，压缩机开始工作，而奥迪 A6L 轿车的压缩机取消了电磁离合器，增加了空调压缩机调节阀 N280，如图 3-15 所示。

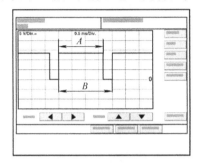

图 3-14 脉冲信号　　　　图 3-15 空调压缩机调节阀 N280

奥迪 A6L 轿车的压缩机结构如图 3-16 所示。

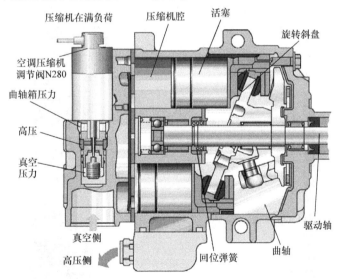

图 3-16 奥迪 A6L 轿车的压缩机结构

二、安全气囊数据流分析

奔驰 S500 轿车安全气囊点火电路的电阻能在安全气囊的数据流中显示出来，如图 3-17 所示，便于检查电阻是否符合要求。座椅安全带插扣的电阻也能在安全气囊的数据流中显示出来，如图 3-18 所示。

另外，座椅安全带插扣的状态也可以在安全气囊的数据流中显示出来。图 3-19 和图 3-20 所示分别为别克君越安全带插扣"扣环"和"未扣环"的显示。

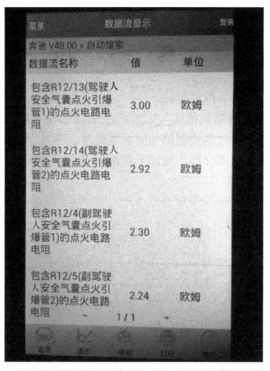

图 3-17 安全气囊点火电路的电阻在安全气囊的数据流中的显示

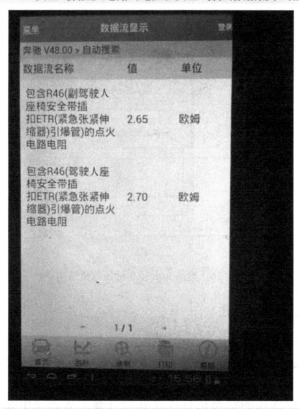

图 3-18 座椅安全带插扣的电阻在安全气囊的数据流中的显示

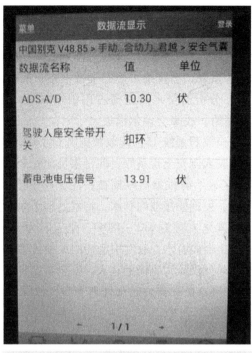

图 3-19 别克君越安全带插扣"扣环"的显示

图 3-20 别克君越安全带插扣"未扣环"的显示

[**案例**] 安全带警告灯间歇报警。

故障现象：奥迪 A6L 2.0T 轿车安全带警告灯间歇报警。

故障诊断与分析：检查驾驶人侧安全带系好，前排乘员侧安全带也系好，安全带警告灯不报警。检查驾驶人侧安全带系好，前排乘员侧安全带不系，前排乘员座椅不坐人，路试时发现安全带警告灯间歇报警。分析前排乘员座椅占用识别故障，导致安全带警告灯间歇报警。在发生故障时用手拍打座椅，故障会偶尔消失。

连接故障诊断仪，进入安全气囊系统 15，读取数据流 08，03 组第二区，了解前排乘员座椅占用情况，试车发现，在驾驶人侧安全带系好、前排乘员侧安全带不系、前排乘员座椅不坐人的情况下，有时 03 组第二区显示前排乘员座椅被占用，用手拍打座椅，故障会偶尔消失。拆下座椅占用传感器的插接器，发现插接器内有水，将水处理干净，再检查座椅占用传感器正常，座椅占用传感器的阻值在未坐人时为 430~480Ω，坐人时为 120Ω 或更小，超过 480Ω 为断路。分析座椅占用传感器插接器内有水，有时引起短路，使传感器传给安全气囊控制单元的信号发生变化，安全气囊控制单元误认为座椅上有人，安全带警告灯也随之报警。

故障排除：将座椅占用传感器插接器内的水处理干净，故障消除。

三、氙气前照灯数据流分析

奔驰 S500 轿车氙气前照灯（俗称大灯）的数据流，包括灯泡工作电压、电路工作电压及氙气灯泡功率等。图 3-21 和图 3-22 所示为灯光开关处于关闭状态时，左侧氙气前照灯的数据

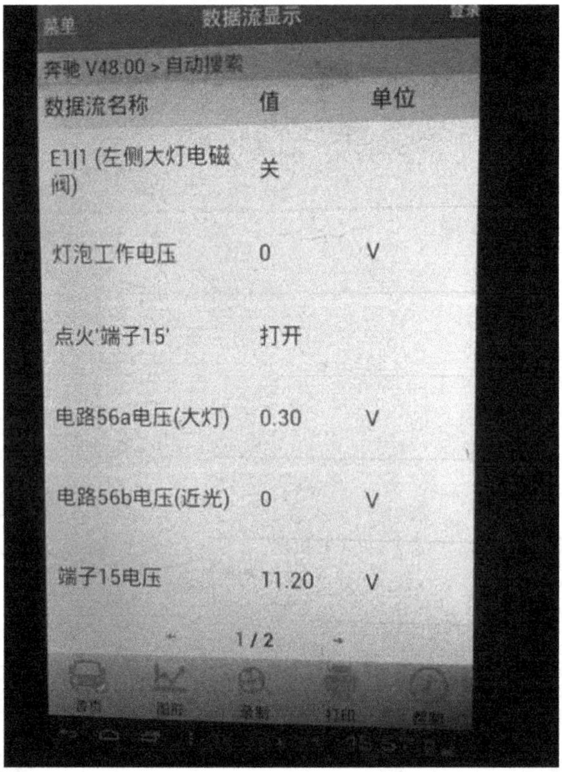

图 3-21 灯光开关处于关闭状态时，左侧氙气前照灯的数据流 (1)

注：图中大灯即指前照灯。

流。此时 E1/1（左侧前照灯电磁阀）处于"关"的状态，灯泡工作电压为 0，氙气灯泡功率为 0，电路 56a 电压（前照灯）为 0.30V，电路 56b 电压（近光）为 0，端子 15 电压为 11.20V。

图 3-23 和图 3-24 所示为灯光开关处于近光状态时，左侧氙气前照灯的数据流。此时 E1/1（左侧前照灯电磁阀）处于"关"的状态，灯泡工作电压为 74V，氙气灯泡功率为 41W，电路 56a 电压（前照灯）为 0.40V，电路 56b 电压（近光）为 10.60V，端子 15 电压为 10.80V。

图 3-25 和图 3-26 所示为灯光开关处于远光状态时，左侧氙气前照灯的数据流。此时 E1/1

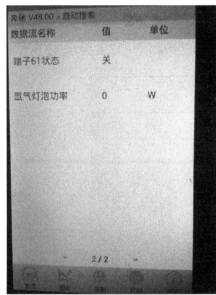

图 3-22　灯光开关处于关闭状态时，左侧氙气前照灯的数据流（2）

图 3-23　灯光开关处于近光状态时，左侧氙气前照灯的数据流（1）

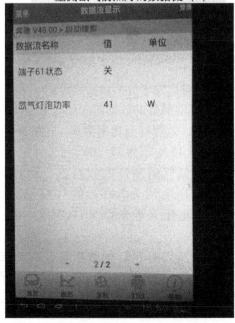

图 3-24　灯光开关处于近光状态时，左侧氙气前照灯的数据流（2）

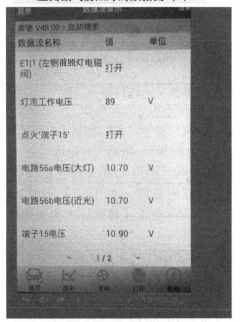

图 3-25　灯光开关处于远光状态时，左侧氙气前照灯的数据流（1）

（左侧前照灯电磁阀）处于"打开"状态，灯泡工作电压为89V，氙气灯泡功率为36W，电路56a电压（前照灯）为10.70V，电路56b电压（近光）为10.70V，端子15电压为10.90V。

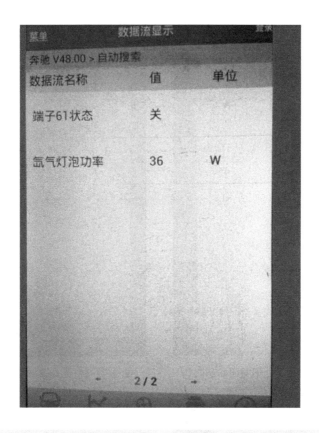

图3-26　灯光开关处于远光状态时，左侧氙气前照灯的数据流（2）

另外，也可以读取右侧氙气前照灯的数据流，左右对比便于分析诊断故障。

图3-27所示为灯光开关处于关闭状态时，右侧氙气前照灯的数据流。此时E2/1（右侧前照灯电磁阀）处于"关"的状态，灯泡工作电压为0，氙气灯泡功率为0，电路56a电压（前照灯）为0.30V，电路56b电压（近光）为0，端子15电压为11.20V。

图3-28所示为灯光开关处于近光状态时，右侧氙气前照灯的数据流。此时E2/1（右侧前照灯电磁阀）处于"关"的状态，灯泡工作电压为84V，氙气灯泡功率为43W，电路56a电压（前照灯）为0.40V，电路56b电压（近光）为10.50V，端子15电压为10.90V。

图3-29所示为灯光开关处于远光状态时，右侧氙气前照灯的数据流。此时E2/1（右侧前照灯电磁阀）处于"打开"状态，灯泡工作电压为88V，氙气灯泡功率为37.50W，电路56a电压（前照灯）为10.70V，电路56b电压（近光）为10.50V，端子15电压为10.80V。

图 3-27 灯光开关处于关闭状态时，右侧氙气前照灯的数据流

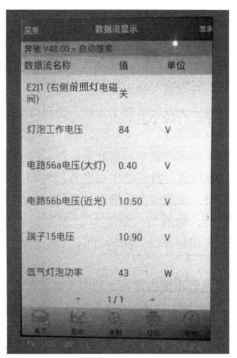

图 3-28 灯光开关处于近光状态时，右侧氙气前照灯的数据流

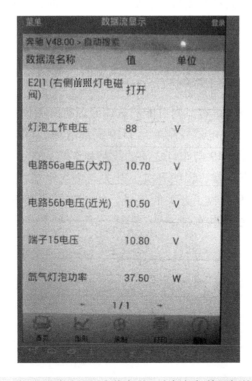

图 3-29 灯光开关处于远光状态时，右侧氙气前照灯的数据流

四、车灯控制

现在不少车辆的车灯控制采用控制单元控制的方式,工作原理大致如下:开关把信号传递给控制单元,控制单元根据开关传递来的信号,按照控制单元内存储器中规定的计算方法进行计算,发出指令使相应的灯工作。

以一汽-大众迈腾轿车为例,迈腾灯光系统主要包括前照灯、尾灯、转向信号灯、制动灯及倒车灯等部分。

灯光系统部件很多,如开关、灯、控制单元、电源及搭铁等,遇到故障,如果逐一检查很难找到故障点,特别是中央电器控制单元 J519 的检查,由于其安装在仪表板下部,检查起来很困难。因此借助数据流,分段排除故障是一个很好的方法。

示宽灯、前雾灯、后雾灯、近光灯的电路走向:开关 E1 总成→中央电器控制单元 J519→前照灯总成。制动灯的电路走向:制动灯开关 F→中央电器控制单元 J519→制动灯。

1. 通过数据流确定开关与中央电器控制单元 J519 的状态

开关总成 E1→中央电器控制单元 J519 的电路图如图 3-30 所示。

制动灯开关 F→中央电器控制单元 J519 的电路图如图 3-31 所示。

开关的变化状态传递给中央电器控制单元 J519,在数据流中能显示出来。车灯开关有 4 个状态,即关闭、驻车灯、近光灯和自动(选装),具体的数据流如图 3-32 ~ 图 3-34 所示。

前雾灯开关、后雾灯开关和制动灯开关处于关闭位置时,数据流均显示"关闭",如图 3-35 所示。前雾灯开关处于打开位置时,数据流中的"前雾灯开关"显示"接通",如图 3-36 所示。后雾灯开关处于打开位置时,数据流中的"后雾灯开关"显示"接通",如图 3-37 所示。制动灯开关处于打开位置时,数据流中的"制动灯开关"显示"接通",如图 3-38 所示。

如果数据流显示的状态不正常,则可能的故障原因有开关损坏、开关与中央电器控制单元 J519 之间的线路故障及中央电器控制单元 J519 局部故障。可以有针对性地检查,暂时不需要检查中央电器控制单元 J519 与车灯之间的线路和车灯。

如果数据流显示的状态正常,说明开关、开关与中央电器控制单元 J519 之间的线路正常,中央电器控制单元 J519 接收了开关的信号。此时如果车灯不亮,则要检查中央电器控制单元 J519 与车灯之间的线路和车灯。

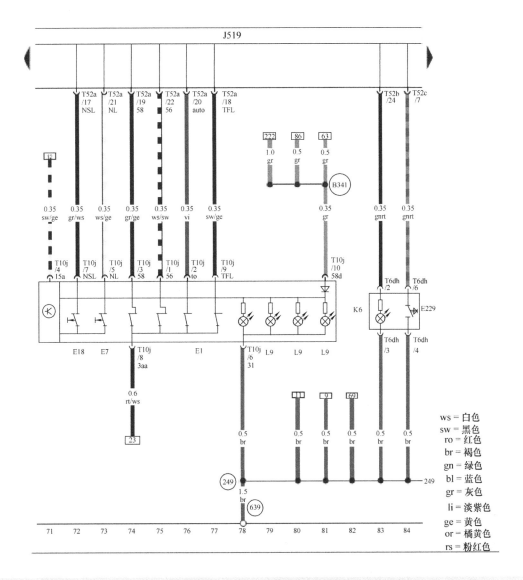

图 3-30 开关总成 E1→中央电器控制单元 J519 的电路图

E1—车灯开关　E7—前雾灯开关　E18—后雾灯开关　E229—警告灯开关　J519—中央电器控制单元
K6—闪烁警告装置指示灯　L9—前照灯开关照明灯泡　T6dh—6 芯插头连接　T10j—10 芯插头连接
T52a—52 芯插头连接　T52b—52 芯插头连接　T52c—52 芯插头连接　(249)—接地连接 2（在车内导线束中）
(639)—接地点（在左侧 A 柱上）　(B341)—连接 2（58d）（在主导线束中）

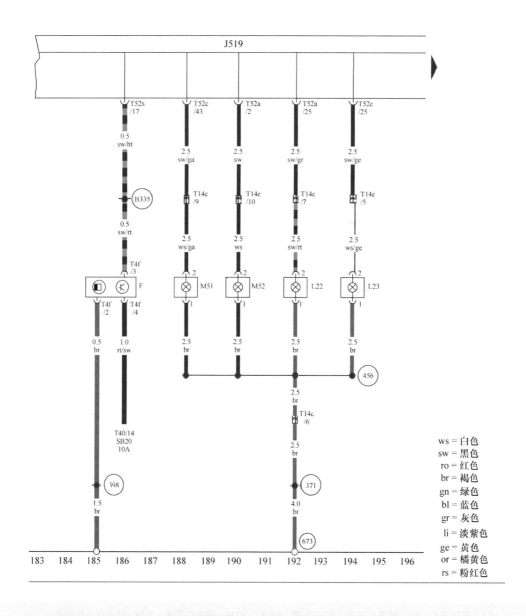

图 3-31 制动灯开关 F→中央电器控制单元 J519 的电路图
F—制动信号灯开关　J519—中央电器控制单元　M51—左侧静态弯道灯　M52—右侧静态弯道灯　L22—左侧前雾灯灯泡　L23—右侧前雾灯灯泡　SB20—熔丝架 B 上的保险丝 20　T4f—4 芯插头连接　T14c—14 芯插头连接（前保险杠附近）　T40—40 芯插头连接　T52a—52 芯插头连接　T52c—52 芯插头连接　371—搭铁连接 6（在主导线束中）　398—搭铁连接 33（在主导线束中）　456—搭铁连接 1（在前保险杠导线束中）　673—接地点 3（左前纵梁上）　B335—连接 1（54）（在主导线束中）

第三章 让数据流说话

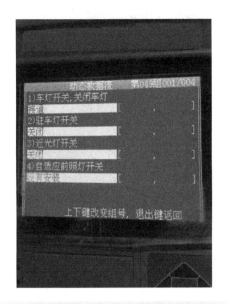

图 3-32 车灯开关处于关闭位置时的数据流

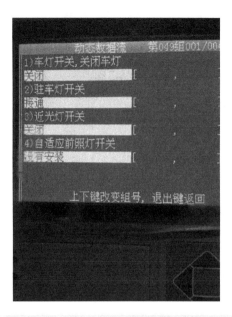

图 3-33 车灯开关处于驻车灯位置时的数据流

图 3-34 车灯开关处于近光灯位置时的数据流

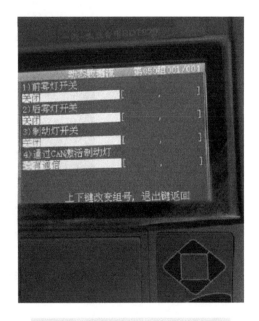

图 3-35 前雾灯开关、后雾灯开关和制动灯开关处于关闭位置时的数据流

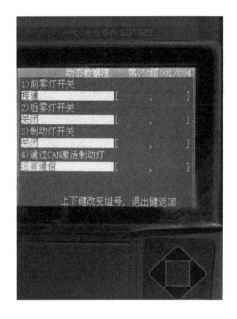

图3-36 前雾灯开关处于打开位置时的数据流

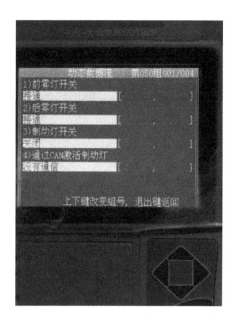

图3-37 后雾灯开关处于打开位置时的数据流

图3-38 制动灯开关处于打开位置时的数据流

2. 通过数据流确定中央电器控制单元 J519 与车灯的状态

中央电器控制单元 J519→前照灯总成的电路图如图3-39 所示。

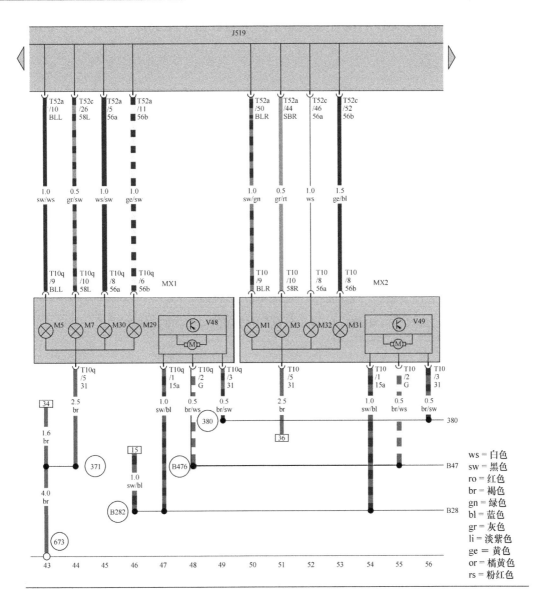

图 3-39 中央电器控制单元 J519→前照灯总成的电路图

J519—中央电器控制单元 M1—左侧停车灯灯泡 M3—右侧停车灯灯泡 M5—左前转向信号灯灯泡
M7—右前转向信号灯灯泡 M29—左侧近光灯灯泡 M30—左侧远光灯灯泡 M31—右侧近光灯灯泡
M32—右侧远光灯灯泡 MX1—左前前照灯 MX2—右前前照灯 T10—10 芯插头连接 T10q—10 芯插头连接
T52a—52 芯插头连接 T52c—52 芯插头连接 V48—左侧前照灯照明距离调节伺服马达
V49—右侧前照灯照明距离调节伺服马达 371—搭铁连接 6（在主导线束中） 380—搭铁连接 15（在主导线束中）
673—接地点 3（左前纵梁上） B282—正极连接 6（15a）（在主导线束中） B476—连接 12（在主导线束中）

中央电器控制单元 J519→尾灯总成和中央电器控制单元 J519→制动灯的电路图如图 3-40所示。

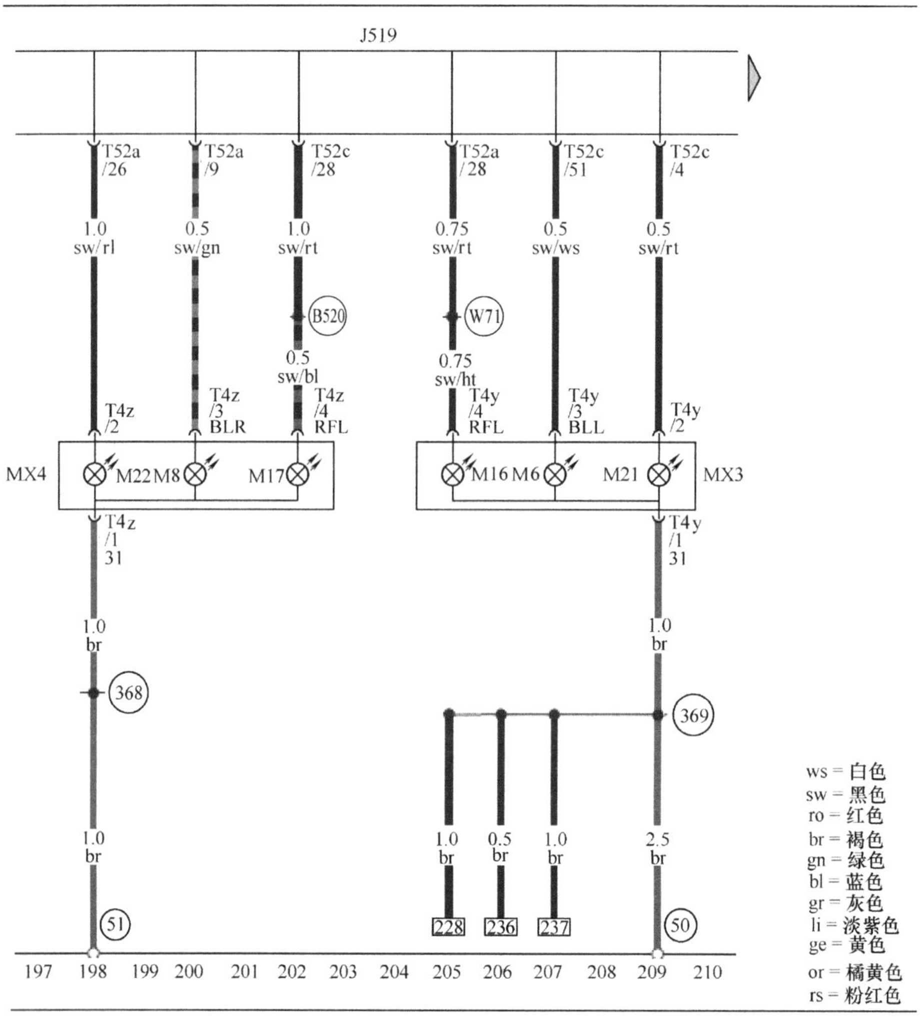

图 3-40　中央电器控制单元 J519→尾灯总成的电路图

J519—中央电器控制单元　MX3—左侧尾灯　MX4—右侧尾灯　M6—左后转向信号灯灯泡　M8—右后转向信号灯灯泡　M16—左侧倒车灯灯泡　M17—右侧倒车灯灯泡　M21—左侧制动信号灯和尾灯灯泡　M22—右侧制动信号灯和尾灯灯泡　T4y—4 芯插头连接　T4z—4 芯插头连接　T52a—52 芯插头连接　T52c—52 芯插头连接　(50)—行李箱左侧接地点　(51)—行李箱内的右侧接地点　(368)—搭铁连接 3（在主导线束中）　(369)—搭铁连接 4（在主导线束中）　(B520)—连接（RF）（在主导线束中）　(W71)—连接（倒车灯）（在后部导线束中）

中央电器控制单元 J519 接收开关信号，向车灯发出指令，并可在数据流中显示出来。车灯开关处于关闭位置时驻车灯的数据流如图 3-41 所示。车灯开关处于驻车灯位置时驻车灯的数据流如图 3-42 所示。

车灯开关处于关闭位置时近光灯和雾灯的数据流如图 3-43 所示。车灯开关处于近光灯位置时近光灯的数据流如图 3-44 所示。车灯开关处于雾灯打开位置时雾灯的数据流如图 3-45 所示。

制动灯开关处于关闭位置时制动灯的数据流如图 3-46 所示。制动灯开关处于打开位置时制动灯的数据流如图 3-47 所示。

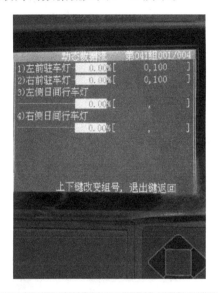

图 3-41　车灯开关处于关闭位置时驻车灯的数据流

图 3-42　车灯开关处于驻车灯位置时驻车灯的数据流

图 3-43　车灯开关处于关闭位置时近光灯和雾灯的数据流

图 3-44　车灯开关处于近光灯位置时近光灯的数据流

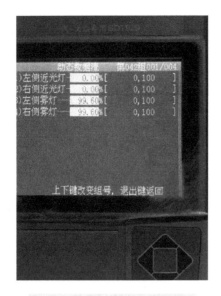

图 3-45 车灯开关处于雾灯打开位置时雾灯的数据流

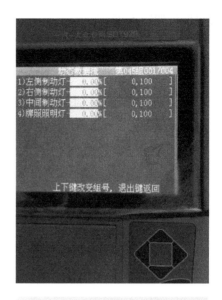

图 3-46 制动灯开关处于关闭位置时制动灯的数据流

如果中央电器控制单元 J519 发出的指令——数据流显示的状态不正常,则说明故障在中央电器控制单元 J519 及其前部元器件和线路。

如果数据流显示的状态正常,说明中央电器控制单元 J519 发出了正常的指令。此时如果车灯不亮,则要检查中央电器控制单元 J519 与车灯之间的线路和车灯。

[案例] 卡罗拉轿车前照灯偶尔不能自动熄灭。

故障现象:一辆车型为 ZRE152L 的卡罗拉轿车,行驶里程为 12 万 km。据车主反映,有时把前照灯控制开关(灯光组合开关)置于 AUTO 位置,夜间行驶停车时,断开点火开关并取下钥匙,打开车门后,前照灯不能正常熄灭,须进入车内手动关闭灯光组合开关才能熄灭前照灯。本故障为偶发性故障。

故障诊断与分析:从车主处得知该车在其他修理厂更换过车身 ECU 和阳光传感器,但问题没有解决。

图 3-47 制动灯开关处于打开位置时制动灯的数据流

首先读取故障码,各系统显示正常。用故障检测仪对自动前照灯系统进行动作测试,系统工作正常。

再次连接故障检测仪,对门控开关进行操作,观察其动态数据变化。检查 4 个车门的门控开关工作状况,经多次测试,发现驾驶人侧车门的门控开关有时会出现异常现象,而其他 3 个车门的门控开关工作正常。异常情况具体表现如下:当驾驶人侧车门处于打开状态时,故障检测仪所检测到的动态数据却显示为"OFF"(关闭),同时,还观察到组合仪表的门控指示灯也出现时明时暗的异常情况。拆下驾驶人侧车门的门控开关,经分解检查发现,导致故障的原因是门控开关内部导体触点上的润滑脂过多、过脏。

故障排除：清理门控开关触点上的润滑脂，重新涂抹适量的规定牌号润滑脂，装复驾驶人侧车门的门控开关，试车，故障消除。

小结：卡罗拉轿车的自动前照灯系统通过装在仪表板中间与前风窗玻璃内侧的阳光传感器，检测光照强度，并将检测到的光照强度转化为电信号，输入车身控制单元，经过车身控制单元的放大处理，控制前照灯继电器的通断，以实现前照灯的自动控制。另外，当车辆熄火，点火开关处于 OFF 位置时取下钥匙，打开驾驶人侧车门，前照灯将自动熄灭。

在正常情况下，当车门打开时，门控开关接触片与按钮底座在复位弹簧的作用下，将触点分离，切断触点间的导通，使系统处于开路，前照灯自动熄灭。门控开关内部导体触点上的润滑脂本身是不导电的，但若润滑脂过多，由于车门的开、关次数随着时间的推移逐渐增多（尤其是驾驶人侧车门），接触片（铜片）之间的磨损日益加剧，使润滑脂内含有大量因磨损所堆积的铜粉末颗粒，从而使润滑脂变成了导体。在这种条件下，即使车门处于打开状态，而门控开关内部导体触点由于润滑脂可以导电，实际上仍处于接通状态，这就意味着车身 ECU 所收到的电信号表示车门仍处于关闭状态（系统通过门控开关搭铁而构成回路），从而引发上述故障现象。

五、车门控制

奔驰 S500 轿车左前门控制的数据流，包括电动车窗、后视镜及行李箱盖开关等。其中电动车窗包括 4 个车门的电动车窗的动作状态、车窗电动机的温度、霍尔传感器信号、上升继电器、下降继电器以及电动车窗的位置等。电动车窗的动作状态可以显示停止、下降、上升三种状态，分别如图 3-48、图 3-49 和图 3-50 所示。电动车窗的位置可以显示电动车窗在全关、部分打开、全开三个位置，分别如图 3-51、图 3-52 和图 3-53 所示。

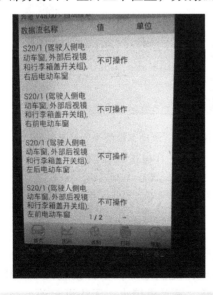
图 3-48　电动车窗的动作状态显示"停止"状态

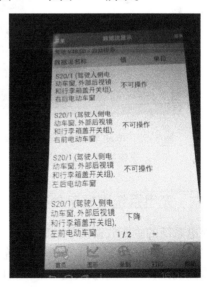
图 3-49　电动车窗的动作状态显示"下降"状态

图3-50 电动车窗的动作状态显示"上升"状态

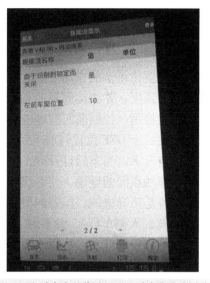

图3-51 电动车窗的位置显示电动车窗在全关位置

图3-52 电动车窗的位置显示电动车窗在部分打开位置

图3-53 电动车窗的位置显示电动车窗在全开位置

六、充电系统数据流分析

充电系统的主要数据流是励磁信号。

[案例] 2009年款奥迪A6L 2.4L轿车蓄电池亏电。

故障现象：2009年款奥迪A6L 2.4L轿车的蓄电池充满电后，在行驶过程中MMI上显示的电量逐渐减少，最终各舒适娱乐功能被依次切断，发动机熄火，无法再起动。

故障诊断与分析：检查组合仪表上充电指示灯不亮。MMI显示屏中显示的蓄电池电量为0。用VAS5052诊断仪检测各电控系统，均有关于供电切断的故障信息，蓄电池管理控制单元J644中显示各个切断等级的故障。

给蓄电池充电，用故障导航功能检测蓄电池管理控制单元 J644，按提示须先进行常规的供电电压检测，但系统中未存储关于"供电电压超过上限或低于下限"的故障，显示测试结果正常。

起动发动机，通过故障导航功能查找并读取蓄电池管理控制单元 J644 中的相关数据块，数据块中的蓄电池电压为 13.95V，励磁信号 DF 值为 32%，充电电流显示为正值，表明蓄电池正处于充电状态，发电机发电正常；随着发动机冷却液温度的升高，励磁信号开始跳变并呈上升趋势，此时蓄电池电压波动很大，电流显示忽正忽负，发动机转速也随之上下波动，最后，励磁信号 DF 值升至 100%，然后快速地在 0 与 100% 两个数值之间跳变，此时蓄电池电压降至 12V 以下并一直下降。

按图 3-54 所示的发电机电路图检查发电机与蓄电池管理控制单元 J644 之间的励磁信号线路正常，分析故障在发电机。

故障排除：更换发电机，故障消除。

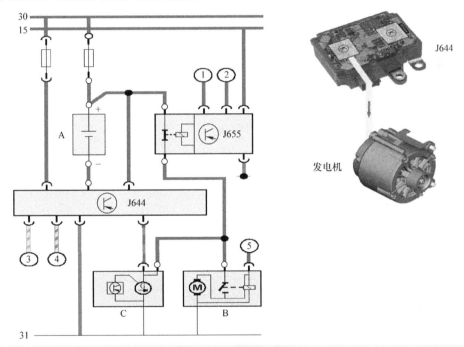

图 3-54　发电机电路图

J644—蓄电池管理控制单元　J655—蓄电池关断继电器（安全气囊）　A—蓄电池　B—起动机　C—交流发电机　1—安全气囊控制器　2—安全气囊控制器　3—舒适 CAN 总线高　4—舒适 CAN 总线低　5—起动机控制

七、多媒体系统数据流分析

多媒体系统状态可以通过数据流显示出来。以上海大众帕萨特 B5 为例，进到 56 音响系统地址词后，可以进入 08 功能读取数据块的值。

显示组 002：前后扬声器的工作状态；

显示组 003：天线的工作状态；

显示组 004：电话是否开关；

显示组 005：CD 连接正常与否；

显示组 006：扩展显示正常与否。

[**案例**] 多媒体系统无音频信号输出。

故障现象：奥迪 A6L 2.4L 轿车的多媒体系统无音频信号输出。

故障诊断与分析：操作 CAR 及 SETUP 键，显示屏上显示该车未安装网关。用故障诊断仪检测，所有 MOST（Media Oriented Systems Transport，多媒体数据传输网络系统）总线上的控制单元均为无通信，进入网关列表，显示所有 MOST 上的控制单元如信息显示和操控单元 J523、数字音响控制单元 J525、媒体播放器位置 1 等均为无法到达。读取数据流，显示网关 J533 与 J523、J525、媒体播放器位置 1 的总线通信为 0。按照电路图测量 J533 至各控制单元的诊断线的电阻值约为 0.5Ω。进行断环诊断，显示 J533 有故障，将 J533 的插接器插拔一次后，故障消失，但过一段时间故障又会出现。再次插拔插接器后故障又会消失。

故障排除：更换 J533，故障消除。

第四章 这些方法很实用

在对汽车故障进行诊断时,维修人员喜欢用的功能是读取故障码,近些年不少维修人员开始使用数据流,这对汽车故障诊断有很大的帮助。实际上,故障诊断仪还有不少功能没被使用或使用很少,这些方法对判断故障或确诊故障有很大帮助。

第一节 执行元件动作测试

一、执行元件动作测试功能简介

执行元件动作测试也称执行元件动作功能或执行元件自诊断,这一功能是利用故障诊断仪向控制单元发送执行元件自诊断的信号,使控制单元命令执行元件动作,如图4-1所示,以观察执行元件的动作情况。执行元件动作测试可以判断故障是由执行元件损坏还是执行元件没有得到相应的控制信号引起的。

例如风扇不工作,可以用执行元件动作测试,执行风扇电动机动作的指令。如果风扇转动了,说明风扇电动机及其工作电路正常,问题应在风扇电动机的控制电路;如果风扇不转动,说明风扇电动机不正常或其电

图4-1 执行元件动作测试

路不正常,或控制单元有故障。执行元件动作测试可以测试的部件包括喷油器、节气门、炭罐电磁阀和二次空气泵等。通过执行元件动作测试可以判断这些执行元件的工作情况是否正常,然后根据执行元件的动作情况来判断产生故障的原因。表4-1、表4-2、表4-3分别是一汽丰田卡罗拉轿车ABS、车辆稳定系统和空调系统的执行元件动作测试表。

表4-1 一汽丰田卡罗拉轿车ABS执行元件动作测试表

测试部位	控制范围	诊断备注
ABS警告灯	警告灯 ON/OFF	观察组合仪表ABS警告灯
制动警告灯	警告灯 ON/OFF	观察组合仪表制动警告灯

(续)

测试部位	控制范围	诊断备注
ABS 电磁阀继电器	继电器 ON/OFF	—
ABS 电动机继电器	继电器 ON/OFF	可以听到电动机工作的声音
ABS 电磁阀（SRLR）	电磁阀 ON/OFF	可听到电磁阀工作的声音（咔嗒声）
ABS 电磁阀（SRLH）	电磁阀 ON/OFF	可听到电磁阀工作的声音（咔嗒声）
ABS 电磁阀（SRRR）	电磁阀 ON/OFF	可听到电磁阀工作的声音（咔嗒声）
ABS 电磁阀（SRRH）	电磁阀 ON/OFF	可听到电磁阀工作的声音（咔嗒声）
ABS 电磁阀（SFLR）	电磁阀 ON/OFF	可听到电磁阀工作的声音（咔嗒声）
ABS 电磁阀（SFLH）	电磁阀 ON/OFF	可听到电磁阀工作的声音（咔嗒声）
ABS 电磁阀（SFRR）	电磁阀 ON/OFF	可听到电磁阀工作的声音（咔嗒声）
ABS 电磁阀（SFRH）	电磁阀 ON/OFF	可听到电磁阀工作的声音（咔嗒声）

表 4-2　一汽丰田卡罗拉轿车车辆稳定系统执行元件动作测试表

测试部位	控制范围	诊断备注
ABS 警告灯	警告灯 ON/OFF	观察组合仪表
VSC（车身稳定系统）OFF 指示灯	指示灯 ON/OFF	观察组合仪表
制动警告灯	警告灯 ON/OFF	观察组合仪表
打滑指示灯	指示灯 ON/OFF	观察组合仪表
防滑控制蜂鸣器	蜂鸣器 ON/OFF	能听到蜂鸣器鸣响
ABS 电磁阀继电器	继电器 ON/OFF	—
ABS 电动机继电器	继电器 ON/OFF	可以听到电动机工作的声音
ABS 电磁阀（SRLR）	继电器 ON/OFF	可以听到电磁阀工作的声音（咔嗒声）
ABS 电磁阀（SRLH）	继电器 ON/OFF	可以听到电磁阀工作的声音（咔嗒声）
ABS 电磁阀（SRRR）	继电器 ON/OFF	可以听到电磁阀工作的声音（咔嗒声）
ABS 电磁阀（SRRH）	继电器 ON/OFF	可以听到电磁阀工作的声音（咔嗒声）
ABS 电磁阀（SFLR）	继电器 ON/OFF	可以听到电磁阀工作的声音（咔嗒声）
ABS 电磁阀（SFLH）	继电器 ON/OFF	可以听到电磁阀工作的声音（咔嗒声）
ABS 电磁阀（SFRR）	继电器 ON/OFF	可以听到电磁阀工作的声音（咔嗒声）
ABS 电磁阀（SFRH）	继电器 ON/OFF	可以听到电磁阀工作的声音（咔嗒声）
主切断电磁阀（SM2）	继电器 ON/OFF	可以听到电磁阀工作的声音（咔嗒声）
主切断电磁阀（SM1）	继电器 ON/OFF	可以听到电磁阀工作的声音（咔嗒声）

表 4-3　一汽丰田卡罗拉轿车空调系统执行元件动作测试表

测试部位	控制范围
鼓风机电动机	最小值：0 最大值：31
除雾器继电器	OFF/ON
空调系统运行	OFF/ON

第四章 这些方法很实用

(续)

测试部位	控制范围
加热器工作等级	最小值：0 最大值：3
驾驶人侧空气混合伺服电动机脉冲	最小值：0 最大值：255
驾驶人侧出气风门伺服电动机脉冲	最小值：0 最大值：255
进气风门目标脉冲	最小值：0 最大值：255

[案例] 上海大众帕萨特领驭轿车发动机电控系统执行元件动作测试。

以上海大众帕萨特领驭轿车的1.8T AWL 发动机为例，执行元件动作测试说明如图4-2所示，执行元件动作顺序如图4-3所示。

图4-2 执行元件动作测试说明

二、喷油量和进气量的执行元件动作测试

喷油量和进气量的执行元件动作测试是通过进行喷油量或进气量的动作测试，增加或减少喷油量，或是增加或减小进气量，观察发动机性能的变化情况以判断故障。

例如进行空气流量控制的动作测试，增加或减少空气流量，观察发动机的加速性能。增加空气流量时，发动机的加速动力明显增加；减少空气流量时，发动机的加速动力明显降

· 113 ·

图4-3 执行元件动作顺序

低。这说明发动机的进气量不足，影响了发动机的加速性能。而当增加进气量时，发动机的动力性有明显的增加。因此应该检查，进气系统是否有堵塞或空气流量计工作是否正常。

[案例] 丰田普拉多越野车发动机的动力变差。

故障现象：2003年款丰田普拉多越野车，搭载4.0L发动机，发动机加速无力，动力极差，客户反映4.0L的排量变成了0.4L。在其他修理厂，清洗了喷油器和进气系统，更换了三元催化转化器，故障也没有排除。

故障诊断与分析：连接故障诊断仪，读取故障码，无故障码。观察数据流，也没有异常。快速踩下加速踏板，发动机转速到1500r/min时不再提高，反而有下降的趋势。这种感觉很像三元催化转化器堵塞，但三元催化转化器已经更换过。再仔细观察，当慢慢踩下加速踏板时，发动机的转速能缓慢提高，但到了1500r/min时，转速虽然继续上升，但发动机明显有抖动的感觉。继续观察踩下加速踏板，发动机转速变化时，各个数据流的变化，当观察空气流量数据时发现，怠速时空气流量为4.5g/s左右，而踩下加速踏板，空气流量上升很慢，最大只能到10g/s左右。分析空气流量计故障的可能性较大，但空气流量计不是易损件，修理厂没有库存，必须保证诊断100%的正确，加上前面读取故障码时无故障码，就需要进一步检查试验。

于是进行喷油量和进气量的执行元件动作测试（图4-4～图4-7）。当增加或减小进气量时，发动机加速动力有明显变化。这说明，发动机的进气量变化，会影响发动机的加速性能。因此应该检查，进气系统是否有堵塞或空气流量计工作是否正常。检查进气系统有无堵塞，检查空气流量计的线路正常。

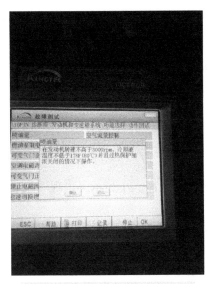

图 4-4 执行元件动作测试 (1)

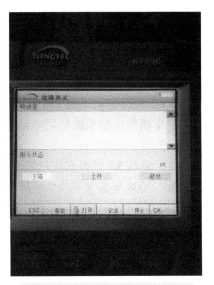

图 4-5 执行元件动作测试 (2)

图 4-6 执行元件动作测试 (3)

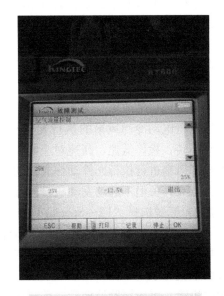

图 4-7 执行元件动作测试 (4)

故障排除：经过上述检查，分析故障就在空气流量计本体。更换空气流量计，故障消除。在排除空气流量计故障后，又用故障诊断仪读取了此时的数据流，发现当发动机的冷却液温度为56℃时，发动机转速为922r/min，空气流量为5.2g/s，踩下加速踏板，发动机转速增加，空气流量也随之增加，当发动机转速约为3000r/min 时，空气流量为25g/s 左右。猛踩加速踏板，空气流量能达到40g/s 左右。

小结：综合性汽车修理厂维修的车型复杂，有几百种，且年份跨度大。因此对故障诊断准确性要求很高，特别是对一些非易损件，一旦故障判读失误，这个配件可能会永远留在仓库里。本故障在没有故障码，怠速时数据流又正常的情况下，读取了发动机慢加速、急加速等不同工况下的数据，进行分析比较。并运用执行元件动作测试，利用增加或减少喷油量和空气流量来模拟故障条件，最后得出故障的真正原因。丰田车系发动机自诊断系统的执行元件动作测试功能包括增减喷油量和进气量，在维修中不要忘记使用。

三、电动水泵和冷却风扇的执行元件动作测试

冷却系统的冷却风扇，可以利用执行元件动作测试功能进行测试，确定元件的动作情况。现在不少车辆的冷却系统使用电动水泵，同样道理，利用执行元件动作测试功能，可以发现故障。

[**案例1**] 宝马X5越野车发动机冷却液温度高。

故障现象：2008年款宝马X5越野车发动机冷却液温度高，小显示屏出现"发动机水温过高"（水温即冷却液温度）的提示。

故障诊断与分析：打开点火开关，冷却风扇开始转动。连接故障诊断仪，读取故障码，有一个故障码，内容为冷却风扇控制切断。该车采用电动水泵，用故障诊断仪的排气功能执行排气操作，打开水箱加注口盖观察无冷却液流动的迹象。

故障排除：检查电动水泵线路正常，分析电动水泵故障，更换电动水泵后，故障消除。

[**案例2**] 上海通用别克君威轿车的冷却风扇不转动。

故障现象：2005年款上海通用别克君威轿车，搭载3.0L发动机，发动机冷却液温度高，经检查发现冷却风扇不转动。

故障诊断与分析：冷却风扇不转动的故障原因有很多，查找的方法也不少。这里利用执行元件动作测试功能进行诊断。

电动冷却风扇的故障分为高速不转、低速转，低速不转、高速转以及高低速均不转三种。可以执行电动冷却风扇的执行元件动作测试，使用故障诊断仪指令风扇低速、高速转动，如果不转，检修低速、高速对应的控制电路及风扇本体。

对冷却风扇进行执行元件动作测试的步骤如下：

打开点火开关但不起动发动机，连接专用诊断仪，先进入"Powertrain"（发动机动力系统），通过光标键选择"F2 – Special Function"（特殊功能），驱动风扇低速、高速转动，如果风扇不转，检查其对应的电路或风扇本体。

经执行元件动作测试，发现冷却风扇仍然不转，经检查是风扇电动机插接器因高温熔化导致接触不良。

故障排除：将插接器处理后，重新连接，故障消除。这种故障在不少车上发生过，严重的需要更换线束。

四、异响诊断与执行元件动作测试

异响诊断也可用执行元件动作测试功能，采用这个功能最大的好处是在发动机不工作时可以使执行元件动作，清晰听到异响，从而避免了发动机工作的干扰。

[**案例1**] 丰田4.7L普拉多越野车二次空气泵异响。

故障现象：2008年款丰田4.7L普拉多越野车，发动机故障灯亮，并且客户反映冷车起动时发动机有很严重的异常噪声。

故障诊断与分析：连接故障诊断仪，读取故障码，有一个故障码P2445：二次空气流量不足。引起这个故障的原因有二次空气泵损坏、空气喷射管路故障及压力传感器故障等。结

合客户反映冷车起动时发动机有异响,分析是二次空气泵故障。为了进一步确认故障,利用故障诊断仪的主动测试功能,让二次空气泵工作。二次空气泵工作后,发出异响,经客户确认这个声音就是发动机冷车起动时发出的异响,因此可以确认是二次空气泵损坏。

故障排除:更换二次空气泵,故障消除。

[案例2] 红旗世纪星轿车怠速阀异响。

故障现象:红旗世纪星轿车采用的是日本 NISSON 公司生产的 VG20E 发动机。该车发动机怠速工作时,怠速阀发生"嗒、嗒"的异响声。原以为是怠速阀故障,但更换怠速阀后异响仍在。

故障诊断与分析:连接专用诊断仪"修车王",检测发动机转速约为 750r/min,用诊断仪进入"工作支持"诊断模式,选取"AAC 阀(怠速阀)调整"项目,通过调整怠速阀上的调整螺钉,将怠速调整至 600r/min,然后按诊断仪上的"方式"键退出。此时,发动机的标准转速应为 650±50r/min。若不合格,应重复上述步骤,反复调整。

故障排除:该车经过调整后,怠速阀不再有异响产生。

小结:红旗世纪星轿车发动机怠速阀上的调整螺钉不能随便调整,应用专业仪器进行调整,若将调整螺钉拧开过大,发动机转速就会比发动机控制单元设定的目标转速高,发动机控制单元会通过控制怠速阀来降低怠速转速,这样怠速阀就要反复做全闭合动作,并发出"嗒、嗒"的异响声。

五、空气悬架系统的动作测试

空气悬架系统常见的故障是漏气或部件不动作,可以利用执行元件动作测试功能,使压缩机动作,检查漏气部位或查找不动作部件。这个操作可以大大加快诊断速度。

[案例1] 奥迪 Q7 车身不水平,右侧高左侧低,水平悬架系统黄色警告灯报警。

故障现象:奥迪 Q7 SUV,搭载 BAG 发动机和 09D 变速器。该车车身不水平,右侧高左侧低,水平悬架系统黄色警告灯报警。

故障诊断与分析:连接故障诊断仪检测 34 自适应型悬架装置控制单元,有故障码,内容为车身高度默认位置未做基本设定。一般这种故障根据导航测试计划重新匹配默认位置就可以恢复了,但此车在重新充放气的第一个过程中,底盘不降低也不升起,功能操作中断不能继续了。

怀疑车身水平高度传感器有故障,导致匹配默认位置不能操作,观察数据流4、5组车辆高度绝对值与实际车身高度相符合,说明车身水平高度传感器正常。

怀疑调节压力电磁阀故障,对其进行执行元件动作测试,可听到激活动作的声音。拆下调节压力电磁阀阀体上连接4个气袋的管路接头,两后轮均能排出气体,但两前轮不能排气,用气枪对4个气袋进行充气,同样前两轮减振器既不能充气也不能排气。

拆下减振器上的余压保持阀,发现内部卡住堵塞,根本不通气。

故障排除:由于余压保持阀配件不单独提供,所以更换两前轮减振器。

[案例2] 奥迪 A8 轿车空气悬架故障灯亮。

故障现象:奥迪 A8 轿车空气悬架无法升到正常高度,空气悬架故障灯亮。

故障诊断与分析:连接 VAS5052 诊断仪,有自我调平悬架装置排放阀 N111 断路/对地短路,系统压力达到极限的故障记忆。进行执行元件动作测试,悬架上升很慢,无法达到正常高度。检查系统无漏气现象。

据驾驶人介绍,曾经有一次车辆熄火后空气悬架的压缩机部位一直运转了半个多小时。拆下空气悬架压缩机继电器,发现有严重烧损现象。更换一个继电器,故障依旧。

故障排除:更换了空气悬架压缩机和电磁阀组件后,故障排除。

小结:压缩机继电器触点烧蚀一直闭合,引起空气悬架压缩机长期运转导致压缩机损坏。

六、发电机执行元件动作测试

一些车辆可以对发电机进行执行元件动作测试,发电机的电压可以进行调节,以此来判断故障原因。

[**案例**] 奥迪 A6L 轿车的发电机不发电。

故障现象:奥迪 A6L 轿车,搭载 2.4L 发动机,发电机不发电。

故障诊断与分析:连接故障诊断仪,读取发动机电控系统的故障码,无故障码显示。读取数据流,发现蓄电池电压为 11.5V。对发电机进行执行元件动作测试,发电机的电压可以进行调节,达到 13.5V 和 15V,说明发电机正常,由此分析电源管理器工作不正常。断开电源管理器的舒适总线,发电机工作正常。由此可以断定舒适总线上的信号在影响发电机的电量调节,通过 VAS1598/38 总线节点诊断器,对舒适总线进行逐个切断,最后只剩下进入和启动授权控制单元 J518。

故障排除:通过替换法更换 J518,故障排除。

七、利用执行元件动作测试激活不动作的部件

执行元件动作测试功能可以激活不动作的部件,但有一点要注意,一些部件本身存在故障,用执行测试刺激可能暂时恢复正常,但一段时间后,故障可能重现。

[**案例**] 利用执行元件动作测试激活不动作的喇叭。

故障现象:2011 年款朗逸轿车的喇叭不响。

故障诊断与分析:检查喇叭熔丝熔断,更换后喇叭仍然不响。连接故障诊断仪,进入车身控制单元 J519,读取故障码,有一个故障码 03591:喇叭激活装置断路,静态。清除故障码,喇叭仍然不响。

读取数据流,观察 31 组 3 区喇叭按钮信号输入的数值,按动喇叭按钮,数据流显示喇叭按钮处于按下状态。喇叭按钮信号通过安全气囊螺旋线圈 F138 输入车身控制单元 J519,现在按动喇叭按钮,数据流显示喇叭按钮处于按下状态,说明喇叭按钮→安全气囊螺旋线圈F138→车身控制单元 J519 的线路没有问题,喇叭按钮、安全气囊螺旋线圈 F138、车身控制单元 J519 这三个部件均没问题,下一步要检查车身控制单元 J519 到喇叭的线路。利用执行元件测试喇叭,结果喇叭响了。再用手按喇叭按钮,喇叭也响了,反复试验,喇叭一直好用。

故障排除:利用执行元件动作测试,激活了不动作的喇叭。

小结:分析车身控制单元 J519 具有短路保护功能,执行元件动作测试激活了不动作的喇叭,这一功能维修手册上没有,在维修实际中可以一试。

八、利用执行元件动作测试功能检查偶发故障

执行元件动作测试功能对一些偶发故障，还要仔细检查，不要盲目下结论。

[案例1]　锐志轿车行驶过程中 ABS 警告灯亮。

故障现象：丰田锐志轿车行驶过程中 ABS 警告灯亮。

故障诊断与分析：用故障诊断仪读取故障码，故障码为 C1251：泵电动机电路断路。检查线路正常，用主动测试（执行元件测试）的功能操作泵电动机动作，能听到泵电动机工作的声音。既然泵电动机工作，看来故障是偶发故障，于是使用故障诊断仪清除故障码，起动发动机，以 20km/h 的速度行驶车辆 60s，检测故障码，故障码 C1251 又出现，分析 ABS 制动执行器故障。

故障排除：更换 ABS 制动执行器，故障消除。

[案例2]　行驶时电控驻车制动器黄色警告灯突然亮起。

故障现象：奥迪 A6L 3.0L 轿车行驶时电控驻车制动器黄色警告灯突然亮起。

故障诊断与分析：连接故障诊断仪进入 53 驻车制动系统读取故障码，有一个故障码，内容为右侧驻车制动器电机供电电压断路，偶发故障。故障码可以清除。按故障码的检测内容，对右后制动器电机及线束（驻车制动功能由后轮制动器负责）进行检查，正常。用故障诊断仪对驻车制动系统进行执行元件动作测试，执行元件工作正常，分析右后驻车制动器电机正常。检查线路正常，分析故障在电子驻车制动器控制单元。

故障排除：更换电子驻车制动器控制单元后故障消除。

九、执行元件动作测试可以理清故障排除的思路

执行元件动作测试不是可以找到所有的故障，但可以帮助理清故障排除的思路。

[案例]　奥迪 A6L（C6）轿车，冷车起动后发动机故障灯亮，但行驶中没有任何问题。

故障现象：奥迪 A6L（C6）轿车，搭载 2.4L 发动机，冷车起动后发动机故障灯亮，但行驶中没有任何问题。

故障诊断与分析：用诊断仪器检测发动机控制单元显示二次空气流量不正确。由于系统不向排气口泵入空气，造成 CO 和 HC 的排放量升高，氧传感器检测到尾气的排放量不达标，因此发动机故障灯亮。那是什么原因导致二次空气系统不泵气？是二次进气泵不工作还是二次进气系统有泄漏？又或是系统装置中的调节阀堵塞或位置卡死？这些都有可能。

故障排除：按先简单后复杂的检修思路开始，首先检查二次进气系统是否有泄漏，仔细检查二次空气泵到发动机后排气管调节装置的塑料硬管，没有磨损破漏的地方；然后检查二次空气泵，对二次空气泵进行动作测试，发现二次空气泵正常工作，说明二次空气泵没有问题；最后检查二次空气系统调节阀，考虑到可能是调节阀里面有积炭，导致调节阀堵塞或位置卡死，从而二次空气泵泵出的空气不能进入排气管。于是拆下调节阀，发现右侧的调节阀确实有积炭并有卡滞现象，将调节阀清洗完毕，试车，故障码没有出现。

但是第三天车辆再次进厂，发动机故障灯又亮了，这次是什么原因？仔细研究二次空气系统的整个工作流程图，气缸体前的所有问题都已解决，考虑可能是调节阀到排气管之间有堵塞，于是找一根塑料软管放在调节阀的管路中，用嘴吹，一点也吹不动，确定是这部分有堵塞，于是将排气管拆下，找到二次空气进气通道，用细铁丝疏通，并用高压气清洗，装

车，试车，跟踪，故障排除。

第二节　气缸功率平衡和缺火

一、气缸功率平衡

气缸功率平衡是利用诊断仪依次使发动机每个气缸的喷油器停止工作，观察喷油器停止工作和启用工作时发动机转速的变化，检查各个气缸的工作是否正常。

这里以上海通用别克君威轿车为例说明气缸功率平衡。

1）关闭点火开关，连接诊断仪，起动发动机，使之怠速运转。

2）按 Tech2 上的 PWR 键打开，进入（按 Enter 键）"主菜单 F0：诊断"→"选出厂年份，例如：2004"→"车辆识别 小客车"→"车辆识别 别克"→"车辆识别 别 W"→"诊断 F0 动力总成""2.5L V6 LB8""车辆识别 4 速自动""动力总成 F2：特殊功能"→"特殊功能 F2 燃油系统"→"燃油系统 F0：气缸功率平衡"，如图 4-8 所示。

3）拉紧驻车制动手柄，关闭 A/C 开关，等待发动机转速稳定。

4）按"选定喷油器"键，选择喷油

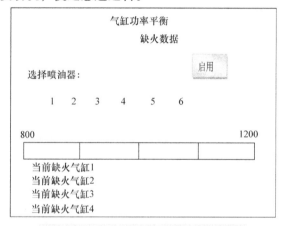

图 4-8　气缸功率平衡试验操作示意图

器，按"中止（指令喷油器不喷油）"键，发动机转速应明显下降，按"启用"键，发动机转速上升明显，说明该气缸喷油器工作良好；否则，说明该气缸工作异常。

5）按"选定喷油器"键，依次选择 1~6 缸喷油器，进行"中止""启用"试验，通过发动机转速的变化情况，检查各缸喷油器工作是否正常。

二、发动机缺火数据

数据流中的缺火记录（也称为失火记录）对于判断故障有很大帮助，在维修时如果遇到缺火故障，很难确定是哪个气缸缺火，特别是哪个气缸偶尔缺火。如果运用数据流中的缺火记录，就可以看出是哪个气缸缺火，有些仪器可以看到历史缺火记录，据此可以有针对性地检查这个气缸。有些仪器没有历史记录这一功能，可以试车，通过单缸缺火记录来判断该气缸工作的好坏。

运用缺火记录，要知道缺火不一定由火花塞缺火引起，喷油器工作不良也会有缺火记录。

通过对缺火数据分析，可以判断发动机的故障原因：

1）加速过程中读取数据流观察发动机各缸无缺火计数，缺火计数大于 10 就能感觉耸车，缺火计数大于 30 就会断缸，此时能感觉明显耸车。

2）若缺火计数总在一两缸，则主要检查此一两缸或按点火顺序检查前缸的缸压/点火/

喷油。

3）若多缸有缺火计数，且计数大于10的不固定在某一气缸，则主要检查油压/油气分离器/缸内积炭。

4）若缺火计数总在左/右/单边3缸，则主要检查对边三元催化转化器是否堵塞。

[案例] 使用诊断仪显示上海通用别克轿车2.5L发动机缺火图。

操作步骤：

1）关闭点火开关，连接专用诊断仪Tech2，起动发动机，使之怠速运转。

2）进入"主菜单F0：诊断"→"选出厂年份，例如：2004"→"车辆识别小客车"→"车辆识别 别克"→"车辆识别 W"→"诊断F0动力总成"→"2.5L V6 LB8"→"车辆识别4速自动"→"动力总成F2：特殊功能"→"特殊功能F5：缺火图表"，如图4-9所示。图中6缸的阴影部分说明此缸工作较差，其他缸几乎无阴影，说明工作良好。

图4-9 专用诊断仪上显示的缺火图（累计电流计数）

三、冻结帧数据

当发动机出现与排放相关的故障时，控制单元会设置故障码，同时也会记录故障发生瞬间的车辆运行状态信息，以确认故障，这些记录的信息称为冻结帧。

有人把冻结帧数据和数据流划在一起，也可以。这里之所以将其单独列为一部分是因为冻结帧以前用得较少，在此强调突出。

利用冻结帧数据，结合一些常规检查能够快速排除故障，提高工作效率和维修质量。

注意冻结帧数据，一定要在故障指示灯熄灭之前读取。可能有些诊断仪没有这个功能，但有这个功能的，一定要先读取冻结帧数据。否则清除故障码后，冻结帧数据也就不存在了。

[案例1] 丰田RAV4发动机故障灯亮。

故障现象： 2010年款一汽丰田RAV4 SUV在行驶中出现发动机故障灯亮的现象。

故障诊断与分析： 连接故障诊断仪，读取故障码，故障码显示P0171：系统过稀（缸组1）（图4-10）。（说明：此处的系统过稀即指空燃比过稀。）

读取数据流（图4-11），除了短时燃油修正#1和长时燃油修正#1异常外，还发现氧传感器B1-S2的电压为0，当时怀疑氧传感器故障，于是拆下氧传感器（图4-12），更

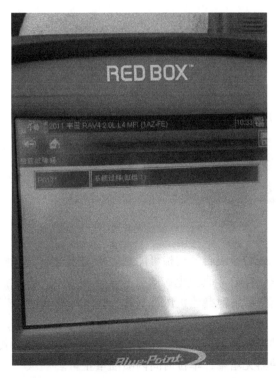

图4-10 故障码P0171：系统过稀（缸组1）

换后故障仍然出现。

通过故障诊断仪读取冻结帧数据（图4-13），具体的冻结帧数据如图4-14~图4-21所示。从冻结帧数据可以看出空燃比传感器B1-31的电压为3.27V；短时燃油修正#1为5.44%，长时燃油修正#1为28.87%；氧传感器B1-S2的电压为0.8V。这些数据中长时燃油修正#1异常，而氧传感器B1-S2的电压为0.8V，不是0。分析所读到的氧传感器的电压为0，可能是混合气过稀造成的。

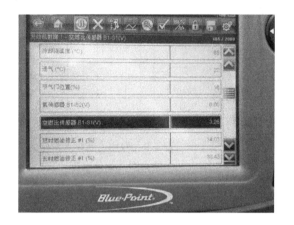

图4-11　读取数据流

图4-12　氧传感器

图4-13　通过故障诊断仪读取冻结帧数据

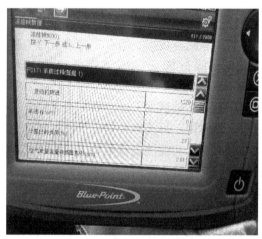

图4-14　读取冻结帧数据（1）

分析混合气过稀可能的故障原因有空气流量计性能下降、进气软管损坏、EVAP（燃油蒸气排放）真空电磁阀（VSV）关闭不严、燃油泵性能下降、燃油滤芯堵塞、喷油器堵塞、真空助力泄漏或负压管损坏、排气歧管或前部排气管漏气。

检查空气流量计随空气流量变化反应灵敏，空气流量计后部进气软管无损坏；制动真空助力无泄漏，工作良好；排气管无漏气现象。测量燃油工作压力为350kPa，正常。检查喷油器无堵塞，单位时间内喷油量正常。

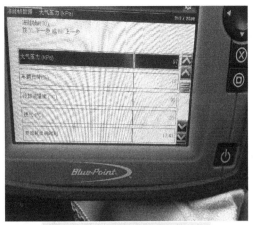

图 4-15 读取冻结帧数据（2）

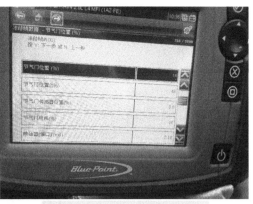

图 4-16 读取冻结帧数据（3）

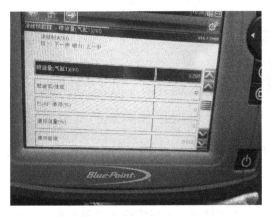

图 4-17 读取冻结帧数据（4）

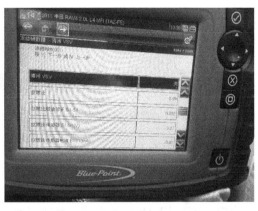

图 4-18 读取冻结帧数据（5）

图 4-19 读取冻结帧数据（6）

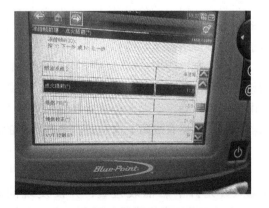

图 4-20 读取冻结帧数据（7）

检查 EVAP VSV，读取数据流查看 EVAP VSV 处于"OFF"状态，EVAP 流量为 0，判定 VSV 故障。

将 EVAP VSV（图 4-22）拆下检查，在未通电时将压缩气吹入进气口，有空气从排气口排出,判定 VSV 卡滞。VSV 在未通电时必须常闭,不能有多余燃油蒸气和空气未经空气流量计进入燃烧室,这样会造成空燃比过浓或过稀。

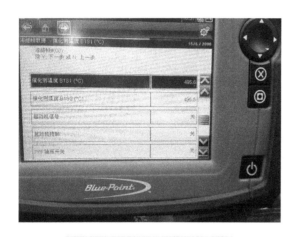

图 4-21 读取冻结帧数据(8)

图 4-22 拆下 EVAP VSV 检查

故障排除:更换 EVAP VSV 后,发动机工作良好,发动机故障灯不再点。调取数据流,空燃比传感器的电压为 3.2V,氧传感器的电压为 0.1~0.75V,短时燃油修正为 -2.5%,长时燃油修正为 14.5%,均正常。

小结:该车 EVAP VSV 卡滞,导致多余空气进入燃烧室,造成空燃比严重过稀,发动机故障灯亮。

那么在开始读取数据流时,为什么氧传感器的电压为 0?因为那时混合气很稀,氧传感器的电压值为 0 并不奇怪。除了冻结帧数据外,有没有其他办法在不更换氧传感器的情况下就能证明氧传感器是好的?

答案是有!使用诊断仪进行主动测试可以确定空燃比传感器和氧传感器的工作状态。利用诊断仪控制相应的喷油量增加或减少,空燃比传感器和氧传感器如果随空燃比的浓或稀发生电压变化,确定空燃比传感器和氧传感器工作状态良好;如果不变化,可以确定空燃比传感器和氧传感器有故障。这是通过实践得到的经验。

[**案例 2**] 进口德国大众迈腾轿车燃油表有时指示不准。

2012 年款进口德国大众迈腾轿车,客户反映燃油表有时指示不准,车辆开到修理厂,维修人员先拆下燃油表检查,并没发现问题。然后读取故障码,显示有两个故障码(图 4-23)。燃油表传感器有两个,难道两个都坏了?分析这种可能性不大,但是哪个坏了也无法立即判断。这时想到了冻结帧,读取冻结帧(图 4-24~图 4-25)发现,燃油表传感器 1 的故障频率是 2,燃油表传感器 2 的故障频率是 9。分析燃油表传感器 1 在检查时插拔了两次插接器,故障码应是这两次造成的。判断故障就在燃油表传感器 2,检查线路正常。订购燃油表传感器 2 的配件,到货后更换,故障排除。

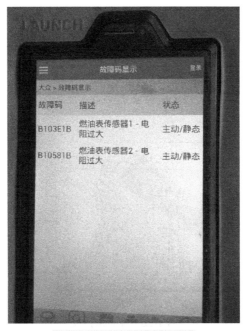

图 4-23 读取两个故障码

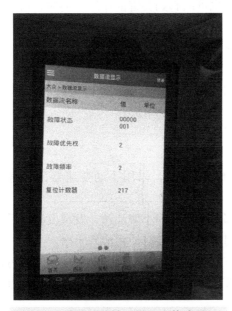 

图 4-24 读取冻结帧（燃油表传感器 1） 　 图 4-25 读取冻结帧（燃油表传感器 2）

第三节　少有人用的好方法

一、冰点测试仪

冰点测试仪（图 4-26）可以检测蓄电池电解液的密度、防冻液和玻璃洗涤液的冰点，它的使用方法很简单。

用冰点测试仪检测蓄电池电解液密度的步骤：
1）打开蓄电池的加液盖。
2）把吸管插入单体电池的加液孔内，吸取少量电解液。
3）将电解液滴在冰点测试仪上，把盖子放平。
4）读取电解液的密度。

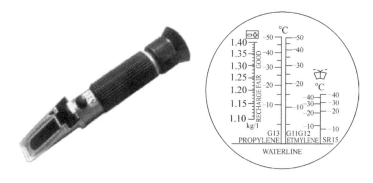

图 4-26　冰点测试仪

冰点测试仪除了上述用处外，在故障判断上也可以起到关键的作用。例如副驾驶室地面上有水，如果不能从颜色上判断这是空调水还是冷却液，可以用冰点测试仪检查。

[案例 1]　上海通用别克凯越轿车暖风不热。

故障现象：上海通用别克凯越轿车，搭载 1.6L 发动机，暖风不热。

故障诊断与分析：检查节温器正常，初步判断暖风水箱堵塞。更换暖风水箱费事费力，这时想到了冷却液，观察冷却液的颜色有点淡，测试冰点为 -5℃。

故障排除：更换冰点为 -30℃ 的冷却液，暖风正常了。

[案例 2]　一汽-大众速腾轿车变速器上有油污。

故障现象：一汽-大众速腾轿车，搭载 1.6L 发动机，采用手动变速器，变速器上有油污。

故障诊断与分析：检查手动变速器前面上部凹坑内有一小滩油污，发现发动机后部也有油污，怀疑是气门室盖垫漏油了，于是更换气门室盖垫，并将油污清理干净。

一个月后，变速器上表面凹坑内又有一小滩油污，检查发动机后部有轻微的油污，好像是上次没有擦干净，那变速器上面的油污来自哪里呢？用冰点测试仪测试油污的冰点，显示冰点为 -25℃，原来油污是冷却液泄漏造成的。

故障排除：检查发动机后部的四通损坏了，更换四通后，故障消除。

二、进气歧管真空度的测量

有时读取了故障码，也发现数据流有问题，但落实到具体问题上，还需要仪器来解决问题。进气歧管真空度的测量可以帮助进一步分析、解决故障。

进气歧管真空度（也称为负压）是进气歧管内压强实际数值低于大气压强的数值。正常工作的发动机，其进气歧管真空度的大小及变化都有固定的范围和规律，反之，若真空度大小与正常值相偏离,则发动机必然存在某种故障,直接影响进气歧管压力传感器的输出信号,导致发动机工作不良。造成真空度读数异常的常见原因包括一个或多个火花塞缺火、空气软管破损或软管接头松脱、气门密封不良、气缸盖垫或进气歧管垫等漏气、活塞环漏气严重、废气再循环(EGR)阀不能关闭以及曲轴箱强制通风阀(PCV)被卡住而全开等。不同的原因所对应的真空度读数不同,因此掌握常见工况下真空度的正确读数及一些因故障而造成的异常情况,对故障诊断有益。

测试时,拆下发动机进气歧管上的进气软管接头,连接上真空表(图4-27)。

图4-27 真空表

测量进气歧管真空度法在判断三元催化转化器堵塞的故障时,也可以派上用场,方法如下:把真空表连接到进气歧管上,起动发动机并缓慢加速,在正常情况下,进气歧管的真空度应为57~71kPa。当三元催化转化器发生堵塞时,进气歧管的真空度将低于标准值,而且波动很大,急加速时真空度下降更为明显。三元催化转化器堵塞后进气歧管真空度的变化见表4-4。

表4-4 三元催化转化器堵塞后进气歧管真空度的变化

状态	正常数值	三元催化转化器堵塞后的数值
怠速	稳定在57~71kPa之间	45kPa左右,有时可达55kPa,随后很快降到0
急加速	迅速关闭节气门时,真空表指针在7~85kPa之间灵敏摆动	由45kPa急速下降到5kPa以下,同时真空表指针随节气门的急剧变化而大幅波动

[案例] 迈腾轿车制动漏气。

故障现象:2009年款一汽-大众迈腾轿车,搭载1.8T发动机和DSG变速器。客户反映该车制动偶尔发硬。

故障诊断与分析:因为是偶发故障,上路试车时没有发现异常。一辆车制动发硬的原因主要如下:进气管路或进气歧管漏气;发动机部件如炭罐电磁阀、曲轴箱通风阀等损坏导致漏气;真空助力器管路漏气;真空助力器损坏等。

考虑到漏气也会引起发动机工况的变化,那发动机电控系统有无故障码呢?连接故障诊断仪,读取故障码,发动机系统有一个故障码P0171:气缸列1系统过稀,偶发。因此可以初步判断故障是由漏气引起的。再观察数据流,正常状态没有异常。快速踩下制动踏板然后松开,怠速时观察发动机的数据流,这时数据有了变化:32组1区显示6%,1区是怠速长期燃油修正值,标准值为-4%~4%;32组2区显示-2%,2区是部分负荷长期燃油修正值,标准值为-8%~8%,此值正常;33组1区显示23%,1区是短期燃油修正值,标准值为-10%~10%,此值明显过高;33组2区显示0.24V,2区是氧传感器反馈信号,标准值为在0.1~0.9V之间快速变化,此值变化但变化不大,而且电压低说明混合气稀。根据故障码和数据流判断,该车故障确实是由漏气引起的。

检查进气管路、进气歧管没有漏气的;检查炭罐电磁阀、曲轴箱通风阀等正常;检查真空助力器管路没有漏气的。最后聚焦在真空助力器上。

拔下真空助力器的真空管路,连接真空表,再接好真空管路,读取真空表的数值为

-16kPa。将通往真空助力器的管路堵住，这时真空表的数值为 -90kPa，正常了。这证明了真空助力器漏气。

故障排除：更换真空助力器，故障消除。

三、排气压力的测量

排气系统的堵塞故障，可以借助排气压力表（图4-28）进行诊断。通过测量排气压力，可以判断三元催化转化器是否堵塞、排气管是否堵塞。

排气压力的测量，需要拆下氧传感器。检查三元催化转化器是否堵塞，可拆下前氧传感器（空燃比传感器）安装排气压力表，检查后消声器是否堵塞可拆下后氧传感器安装排气压力表。测试的压力，在急速时应低于8.6kPa。当发动机转速为2000r/min时，检查压力不超过20.7kPa。根据排气压力表指示值，判断排气系统是否堵塞。

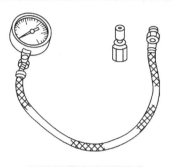

图4-28 排气压力表

各种车型的排气压力有区别，对于大众车系急速时的排气压力值应在8.6kPa以下，在发动机转速为2500r/min时的排气压力值应小于17.24kPa，此时若排气压力≥20.70kPa，则说明排气系统堵塞。其他车系的排气压力值可以此做参考。

注意事项：

1）如果急速时，排气压力值超过20kPa，则应立即熄火，不允许提高发动机转速，以防仪器损坏。

2）由于排气温度较高，测试时间应尽量缩短（最长不超过3min），避免仪器连接的橡胶管部件长时间受到高温而损坏。

下面以通用君威轿车为例，说明如何使用测量排气压力法，检测三元催化转化器是否堵塞。

1）发动机热机。

2）用压缩空气清洁氧传感器周围的灰尘、异物。

3）拆下氧传感器。应选择相应工具拆下氧传感器，不得敲击、磕碰。如果是双氧传感器应拆下前氧传感器。

4）安装排气压力表。将排气压力表安装在氧传感器孔中，连接时要注意拧紧的力矩不能过大（损坏螺栓），也不能过小（防止漏气）。

5）测试压力。

① 起动发动机，测量急速时的排气压力值在8.6kPa以下。如果急速时，压力值超过20kPa，则应立即熄火，不允许提高发动机转速，以防仪器损坏。

② 将发动机转速保持在2000r/min，检查压力不超过20.7kPa。

③ 根据压力表指示值，判断排气系统是否堵塞。

④ 由于排气温度较高，测试时间应尽量缩短（最长不超过3min），避免仪器连接的橡胶管部件长时间受到高温而损坏。

6）拆下排气压力表。排气压力表拆下后，应采用自然冷却降温的方式，不能强行降低温度，待接头温度和室外温度一致时，方可将仪器放入盒内。

7）安装氧传感器。按规定力矩 41N·m 紧固氧传感器，确认无漏气。

8）清洁工具。

[案例1]　奥迪 A6L 轿车故障灯报警，加速无力。

故障现象：奥迪 A6L 轿车，搭载 CEJ 发动机和 09L 变速器。该车故障灯报警，加速无力。

故障诊断与分析：车辆行驶时无法急加速，加速超过 3000r/min 时发动机故障灯报警并且明显感到发动机着火不稳，熄火后再次起动发动机运转平稳。路试车辆匀速加油可以行驶到 200km/h 以上。急加速车辆马上着火不稳，发动机严重抖动。用 VAS5052 诊断仪检测可以看到 4、5、6 缸失火严重。根据以往经验判断，车辆匀速行驶车速达到 200km/h 以上可以判断排气系统没有发生堵塞，出现此故障多数是因为火花塞或者喷油器等故障。对火花塞和喷油器进行更换，试车故障依旧存在。排气不畅也能导致发动机失火，故进一步检测排气背压，左侧比右侧大，拆下左侧三元催化转化器，发现其内部严重堵塞。

故障排除：更换三元催化转化器，故障消除。

[案例2]　奥迪 A6 轿车加速无力。

故障现象：2004 年款奥迪 A6 轿车，搭载 2.8L 发动机，行驶里程约为 72 000km。该车出现加速无力，最高车速只能达到 80km/h。

故障诊断与分析：连接故障诊断仪，读取故障码，有 1 缸、2 缸、3 缸失火的故障码，为偶发。在怠速状态下读取发动机系统的数据流，查看 1 缸、2 缸、3 缸的失火状况，结果正常。原地进行加速，感觉动力不是很足。进行路试，明显感觉加速无力，此时查看数据流，发现 1 缸、2 缸、3 缸失火严重。

该车发动机为 V 形发动机，1 缸、2 缸、3 缸在右侧，4 缸、5 缸、6 缸在左侧。故障为 1 缸、2 缸、3 缸同时失火，而在一般情况下，这 3 个气缸的火花塞、高压线、点火线圈等各自独立的部件同时损坏的可能性不大。因此怀疑 1 缸、2 缸、3 缸共用的零件损坏。

首先怀疑气缸垫有问题，拆下火花塞检查，发现火花塞头部没有发白的现象，因此可以排除气缸垫损坏的可能性。于是测量各气缸的压力，1 缸、2 缸、3 缸的压力均为 820kPa 左右，4 缸、5 缸、6 缸的压力均为 940kPa 左右。向 1 缸、2 缸、3 缸内滴入机油，重新测量气缸压力，仍然约为 820kPa。分析该车 1 缸、2 缸、3 缸的进排气系统可能有问题。

测量 1 缸、2 缸、3 缸的排气背压，明显比 4 缸、5 缸、6 缸的要大，分析三元催化转化器堵塞。

故障排除：更换 1 缸、2 缸、3 缸侧的三元催化转化器，故障消除。

四、气缸漏气量的检测

气缸的密封性可用气缸漏气量检测仪（图 4-29）检测气缸漏气量的方法进行评价。检测气缸漏气量时，发动机不运转，活塞处于压缩终了上止点位置，从火花塞孔处通入一定压力的压缩空气，通过测量气缸内压力的变化情况，表征整个气缸组的密封性，即不仅表征气缸活塞摩擦副，还表征进排气门、气缸垫、气缸盖及气缸的密封性。该方法仅适用于汽油机的检测。

测试步骤如下：

1）起动发动机前，将自动档的车的变速杆置于 P 位，手动档的车的变速杆置于空档，并拉紧驻车制动手柄。在测试工作中,不要起动汽车,发动机在静止状态下测试。

2) 清洁火花塞周围,拆下所有火花塞,拧紧水箱盖、机油盖,空气滤芯要清洁。

3) 拆下正时齿轮盖上盖罩,用扭力扳手转动曲轴,对齐凸轮轴正时齿轮上的正时标记,使 1 缸活塞处于压缩上止点,1 缸进排气门全关。

4) 将一端带有快速接头、另一端可旋入火花塞孔的高压橡胶管安装在 1 缸火花塞孔中。

5) 将检测仪右侧的压力表连接到快速接头上。

6) 将检测仪左侧的压力表通入压缩空气,用调节阀调节左侧压力表的压力值至 392kPa。此时,右侧的压力表显示的是 1 缸的压力。如果左侧压力表的压力值为 392kPa,右侧压力表的压力值也为 392kPa,则表示 1 缸密封性良好。例如左侧压力表的压力值为 392kPa,而右侧压力表的压力值为 353KPa,则表示 1 缸的漏气率约为 10%。

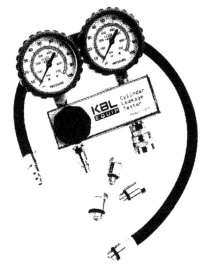

图 4-29 气缸漏气量检测仪

通用车系的气缸漏气率应小于 18%,帕萨特的气缸空气压力(右侧表的数值)应大于 250kPa。

对漏气率较大的气缸,同时应检查进气管、机油加注口、排气管、散热器加注口处是否有气体漏出,查找漏气部位及原因。

7) 转动曲轴,在下一个气缸的压缩行程上止点,依照上述方法测量该气缸及其余各气缸的漏气率。

8) 测试结束后,拆下气缸漏气量检测仪,并将原车点火系统连接好。

9) 君威轿车正常的气缸漏气率应在 12%~18% 之间,漏气率超过 30% 时应维修。君威轿车的气缸漏气率参数可供其他车型参考。

[案例] 我曾经维修过一辆奔驰 R350,该车发动机怠速不稳,加速抖动。经检查是 2 缸工作不良,检查火花塞和喷油器正常,测量 2 缸气缸压力低。为了进一步确定是活塞环损坏、气缸壁磨损还是气门密封不严引起的故障,用气缸漏气量检测仪检测气缸的漏气量,结果听到进气管内有漏气声,分析是 2 缸进气门漏气引起的故障,拆检后,果然发现进气门烧蚀。

五、光纤短接头

光纤短接头(4E0 973 802)是一种用处很广的工具,光纤系统故障如有时声音时断时续,有时黑屏等均可用其排除,而且线束中的光纤损坏也可用其修复,省去了更换整个线束的费用,可降低维修成本并大大缩短维修时间。

在判断光纤系统故障时,由于光纤系统拔下其中一控制单元熔丝,整个系统均不工作,很难确定故障出在哪个控制单元上,用一光纤短接头,可依次替代光纤系统控制单元。例如检查系统漏电时,当替换掉某个控制单元时,静电流完全正常了,那么替换的这个控制单元就是引起漏电的原因。

第四章 这些方法很实用

[案例] 奥迪 A6L 轿车电气系统漏电。

故障现象：奥迪 A6L（C6PA）轿车，搭载 2.4L BDW 发动机和 01J 变速器，该车电气系统漏电。

故障诊断与分析：用 VAS5052 诊断仪检测，有断电级别 6 产生。读取历史数据，有总线不能睡眠的信息。蓄电池充电后，锁车观察车辆睡眠指示灯，40min 后不能睡眠，静电流为 3.2A。于是依次取下各熔丝盒处熔丝，当拔下收音机或音响系统的熔丝时，静电流为 0.93A。不到 1min，系统进入睡眠模式，静电流为 10mA。由于光纤系统拔下其中一控制单元熔丝，整个系统均不工作，很难确定故障出在哪个控制单元上，又由于 VAS6186 需要外接电源，不能替代控制单元进行检查，因此使用光纤短接头，依次替代光纤系统控制单元，当替换掉信息显示和操控单元 J523 时，静电流完全正常。考虑以前曾有过 J523 操作面板被洒水导致漏电的情况，因此拆下 J523 操作面板检查。经检查无进水现象，分析是 J523 损坏导致漏电。

故障排除：更换 J523 操作面板。

六、总线节点诊断器

总线节点诊断器在大众奥迪车系的故障诊断中较常使用。例如通过 VAS1598/38 总线节点诊断器，对舒适总线进行逐个切断，可以帮助判断故障。

[案例 1] 奥迪 A6L 轿车的发电机不发电。

故障现象：奥迪 A6L 轿车，搭载 2.4L 发动机，发电机不发电。

故障诊断与分析：连接故障诊断仪，读取发动机电控系统的故障码，无故障码显示。读取数据流，发现蓄电池电压为 11.5V。对发电机进行执行元件动作测试，发电机的电压可以进行调节，达到 13.5V 和 15V，说明发电机正常，由此分析电源管理器工作不正常。断开电源管理器的舒适总线，发电机发电量工作正常。由此可以断定舒适总线上的信号在影响发电机的电量调节，通过 VAS1598/38 总线节点诊断器，对舒适总线进行逐个切断，最后只剩下进入和启动授权控制单元 J518，通过替换法更换 J518，故障排除。

故障排除：更换进入和启动授权控制单元 J518，故障消除。

[案例 2] 奥迪 A6L 仪表板上的灯都报警。

故障现象：奥迪 A6L 仪表板上所有的灯都亮，中控锁和钥匙失灵，发动机正常起动。

故障诊断与分析：首先用 VAS5051B 诊断仪读取故障码，进入网关安装列表，发现诊断仪总是在闪烁，无法进入任何一个系统读取故障码。奥迪 A6L 轿车为了维修方便，在仪表板两侧设计了 CAN 总线节点，可用专用工具 V.A.G1598/38 连接。

拔下左右两侧 CAN 总线节点，连接 V.A.G1598/38 诊断仪，并在右侧 CAN 总线连接示波器，发现 CAN-L 和 CAN-H 数据都有故障。

有时 CAN 总线数据流高却正常，吻合了诊断仪闪烁的现象，初步分析是线路故障。

故障排除：根据该车 CAN 总线的构造，先断开左侧的 V.A.G1598/38 诊断仪，故障依旧。再把示波器接到左侧，拔掉右侧的 V.A.G1598/38，波形立刻正常。但是 VAS5051B 自诊断却依旧不能和任何控制单元通信，于是检测右侧 CAN 线路。逐个拔下 V.A.G1598/38 诊断仪上的 CAN 高线和低线插片，在拔至第 14 组时，波形恢复正常。查看奥迪 A6L 轿车的电路图，寻找 14 号线连接哪些控制单元。最终发现是蓄电池管理控制单元的插头严重腐蚀。

后来在同客户的交谈中知道行李箱的酒曾洒出来过,应该就是这个原因造成的。

小结:现代汽车的电控应用技术先进,但在线路上并不复杂,只要搞懂结构和原理就可以得心应手。欧系车的车身线路非常相似,维修时可以举一反三。

七、废气分析仪

正常情况下,尾气在通过三元催化转化器之前,其 CO_2 的含量为 13.2%～14.2%(专用仪器显示数值),在通过三元催化转化器之后,其 CO_2 的含量可能达到 15%。怠速时,CO 的含量应小于 1%,HC 的含量应小于 200ppm(ppm,即 $\times 10^{-6}$),NO_x 的含量应小于 100ppm。如果 CO、HC 和 NO_x 的含量都很高,应怀疑三元催化转化器是否失效。

[**案例**] 2009 年款一汽丰田锐志轿车发动机的冷却水管经常掉落。

故障现象:2009 年款一汽丰田锐志轿车,已行驶 15 万 km。该车出现一个奇怪的现象,即水箱上的发动机冷却水管经常掉落。第一次出现是水箱上的水管脱落,以为是固定的卡子不好用,更换卡子后,观察冷却液温度正常,车辆就出厂了。车辆行驶一个周后,下水管又脱落了,于是更换卡子,车辆再次出厂。又过了十天左右,上水管再度脱落。

故障诊断与分析:检查冷却系无漏水处,起动发动机,观察温度表指示正常,风扇转动正常,在该转的温度可以正常转动。检查上水管和下水管温度,无差异,说明节温器在打开状态,检查水箱表面温度,无局部温差现象,外部无堵塞散热片现象。

分析造成水管脱落的原因是发动机水道压力过大,而车辆行驶这么长的时间水管才脱落说明发动机水道压力是逐渐增加的。能造成发动机水道压力逐渐增加的主要原因是发动机气缸垫损坏。

由于气缸垫拆装比较麻烦,在没有确凿的证据之前,不能轻易怀疑是气缸垫。确定气缸垫损坏的一个方法是查看机油里有没有冷却液,如果气缸垫损坏,燃烧室内的高温气体会进入水道,引起冷却液温度急剧升高和压力增大,冷却液也会进入机油,引起机油变质,冷却液和机油的混合物在温度升高后,由于冷却液会蒸发,在发动机机油盖上留下痕迹。于是先检查机油量,拔出机油尺,机油量无异常,且机油颜色正常,无变质现象。再打开机油盖,机油盖上无水蒸气痕迹。

确定气缸垫损坏的另一个方法是拆下火花塞观察火花塞上有没有冷却液的痕迹,该车也没有发现这个问题。故障诊断一时陷入僵局。

分析气缸垫有轻微损坏,冷却液没有进入发动机内部,但因气缸压力高气缸燃烧的气体能进入冷却系统,但是如何判断气缸垫为轻微损坏呢?从原理分析,发动机燃烧后,会排放出 HC、NO、CO、CO_2,这些气体从排气系统排出。水道里不应该有 HC、NO 化合物的存在,用废气分析仪是否可以检测到 HC、NO 等气体呢?

先抽出一部分冷却液,在水箱盖处插入废气分析仪探头,起动发动机。打开废气分析仪,用布包住探头尾部,以使水道内的气体充分进入探头便于检测,几秒后,废气分析仪上显示 HC 为 62×10^{-6},水道里有 HC,分析气缸垫损坏。由于此发动机为 V 形,左右有 1 列和 2 列两个气缸盖,下一步通过断缸判断是 1 列还是 2 列气缸盖的气缸垫损坏,当断开 2、3 缸点火线圈时 HC 含量急剧减小,以此判断为 1 列气缸盖的气缸垫损坏,拆开 1 列气缸垫,发现在 2、3 缸外侧有轻微烧蚀痕迹。

故障排除:更换 1 列和 2 列气缸垫,故障消除。

八、温度计测量法

在汽车维修检测中,利用温度分析汽车故障的方法应用已久,如用手感觉制动器的温度以判断制动器工作是否正常及用手感觉空调出风口的温度以检查空调的制冷情况等。但仅仅依靠手来感觉温度的高低是很不准确的,而且在汽车的许多部位由于温度过高(如排气管)是不敢用手去碰的。因此,这时如果能用温度检测仪器来代替手的感觉,许多问题将会迎刃而解。

常用的温度检测仪器有红外测温仪、普通温度计、汽车故障诊断仪和带测温功能的万用表等。

其中,普通温度计在检测温度时必须被待检测物质充分包围并接触才能准确测量,在汽车上只能用来测量气体和液体的温度,且测量时间长、易碎,在汽车维修中很少采用;汽车故障诊断仪只能测量汽车上装有温度传感器处的温度,而且其准确度受温度传感器的性能和线路情况影响较大,特别是在对温度传感器是否有故障进行诊断时,其应用有很大的局限性;万用表利用其上面的测温探头、连线和传感器测温,虽然应用的场所没有什么限制,但它的温度变化太慢,反应过于迟钝,有时会错过诊断时机。

红外测温仪采用红外技术,可快速、方便、准确地测量物体的表面温度,不需要机械地接触被测物体,只需瞄准,按动触发器,在 LCD 显示屏上读出温度数据。红外测温仪重量轻、体积小、使用方便,并能可靠地测量热的、危险的或难以接触的物体,不会影响被测物体和烫伤测量人员,每秒可测若干个读数,可以直观、连续地测试,观察物体表面的温度变化。利用红外测温仪对发动机特殊部位进行检测,并通过其数值对发动机的故障进行分析,成为一种有效可行的方法。

1. 红外测温仪的特点

红外测温仪通过红外探测器将物体辐射的功率信号转换成电信号后,成像装置的输出信号就可以完全一一对应地模拟扫描物体表面温度的空间分布,经电子系统处理,传至显示屏,得到与物体表面热分布相应的热像图。运用这一方法,便能实现对目标进行远距离热状态图像成像和测温并进行分析判断。红外测温仪的优点主要体现在以下方面:

(1)准确 红外测温仪的测量精度一般都在 2 度以内,这种特点可以方便维修人员对一些温度连续变化的位置进行精确的检测,如发动机冷却系统中的水箱、制动鼓、制动片、轴承、排气管及进气管等。红外测温仪可以快速检测出被测量物体表面的温度,并且可以在一个范围内连续地测量物体表面的温度。在用普通接触式温度计读取一个温度变化连接点的时间内,利用红外测温仪几乎可以测出所有连接点的温度,迅速找出汽车表面温度变化大的地方。

(2)安全 安全是使用红外测温仪最重要的优点之一。不同于接触式测温仪,红外测温仪能够在不接触被测物体表面的情况下,在测温仪允许的量程内读取目标温度值,避免了接触式测温仪在使用中烧伤的危险。此外,红外测温仪可以进行远距离精确测量,检测 25in (1in = 0.0254m) 以外的温度就像在手边测量一样容易。红外测温仪具有激光瞄准,方便维修人员识别目标区域,使工作变得更加轻松。

2. 应用实例

(1)三元催化转化器检测 通过检测三元催化转化器前后两端的温度差值可以方便判

断出三元催化转化器的故障。起动发动机到正常运转温度,然后将三元催化转化器的进口温度和出口温度进行比较。

1）如果三元催化转化器的出口温度等于或低于进口温度,说明三元催化转化器已经失效;如果怠速时三元催化转化器的出口温度比进口温度高约10%,而在正常工作温度下进口温度与出口温度没有差别,也说明三元催化转化器失效。

2）如果三元催化转化器的出口温度高于进口温度20~100℃,说明三元催化转化器工作正常。

3）如果三元催化转化器的出口温度大大高于进口温度(超过120℃),说明进入三元催化转化器的废气中含有异常多的CO和HC,产生这一现象的原因往往是发动机的燃烧过程不良,或是电控系统出了问题,需要对发动机做进一步检测,查明真实的故障原因。

（2）冷却系统检测　利用红外测温仪可以检测发动机冷却系统大小循环的过程,准确判断节温器和散热器的故障。

1）节温器。检查节温器是否失效,可以用红外测温仪瞄准节温器壳体,测试节温器的温度变化,判断节温器是否打开。当汽车发动机正常运转,节温器打开时,散热器上部软管冷却液温度应迅速上升。若没有此现象,则可能有以下原因:节温器堵塞或节温器常开。

2）散热器。要检查散热器是否阻塞或存在故障,需要起动发动机并运行至正常温度且温度稳定。用红外测温仪扫描散热器表面,沿着冷却液流动的方向检测散热器表面的温度。若检测到有温度突变的地方,表明此处管路有阻塞现象。如果散热器有阻塞的地方,则该散热器需要清洗或更换。

（3）空调系统检测　通过对空调系统高低压侧的温度检测以及对进出风口的温度检测可以比较快捷地发现故障点的位置。制冷剂通过装在蒸发器出口上的外平衡管,将蒸发器出口端的压力作用于膨胀阀膜片下部。外平衡式膨胀阀膜片下腔和蒸发器出口相通,由于从蒸发器的入口流到出口存在流动阻力,因而引起压力下降,导致蒸发器进、出口温差大于2~8℃。这种温差很重要,只要数值合适,就不会有液体制冷剂离开蒸发器。

（4）发动机气缸的工作状况检测　通过对排气歧管的温度检测可以准确发现发动机各气缸的工作状况,能找出工作不良的气缸,以缩小维修人员的检测范围。

1）如果测试中某一气缸的温度明显高于其他气缸,则需检查此气缸的工作状况,很有可能是由于真空泄漏或喷油器过脏导致的。

2）如果某一气缸显示的值与其他气缸相比稍有不同,但并不是高出许多或低出许多,这可能是该气缸工作性能不佳的迹象。检查时可能涉及其他机械问题,应检查以下各项:火花塞或高压线;该气缸的燃油供应;缸压是否过低;积炭是否过多。

3）如果某气缸的排气温度低出许多,则说明该气缸不工作。应该重点检查该气缸的点火系统和喷油系统。

（5）制动系统检测　对于前后分开式制动系统的车辆,正常工作时前轮制动盘通常比后轮制动盘的温度高,前、后正常温度差为30℃左右。

第五章 故障诊断的切入点

初学者在进行故障诊断时,常感觉无从下手。而盲目的汽车故障诊断,既费时又费力,不知从何下手。那么故障诊断到底应该从哪里开始呢?从哪里开始诊断,哪里就称为"切入点"。故障诊断选对了切入点,可以缩短诊断时间,节省维修费用。

第一节 故障诊断如何切入

一、故障诊断切入点的选择

故障诊断主要按照"从简单到复杂、先外部后内部"的原则,通过路试和仪器诊断,选择适当的程序、方法、仪器和设备进行故障诊断操作,并根据正确的检测结果,对车辆出现的故障进行综合分析,采用合理的逻辑推理,选择正确的切入点,从此入手,不断缩小检修范围,最终准确找到故障部位。

这里说的"从简单到复杂",就是从简单的地方开始,如电器元件不工作,要先检查熔丝;发动机冷却液温度高,要先检查有无漏液处。

所谓切入点,可以是一个部位,还可以是一个部件,还可以是一种故障现象。切入点的选择,可以从诊断仪的检测开始,也可以从客户的描述切入,还可以从基本检查切入。切入点的选择要灵活,不可死板教条。

[案例] 日产蓝鸟轿车冒黑烟。

阚有波老师于2005年2月在《汽车维修技师》上发表过一篇文章,我至今记忆尤深,文章的名字是《奇怪的冒黑烟故障》。一辆日产蓝鸟轿车冒黑烟,故障现象很特别:怠速时发动机正常,但电子风扇一转,怠速就不稳了,排气管也开始冒黑烟了。这时稍微踩下加速踏板加油,黑烟明显减少,发动机动力充足。在其他修理厂更换了喷油器、油压调节器等部件,故障始终没有排除。阚老师在检查故障时,观察了数据流,喷油脉宽正常时为2.8~3.3ms,故障时为8.8~9.3ms。观察空气流量计的信号,不正常时的信号几乎是正常时的3倍。

他选择从电子风扇入手,首先在电子风扇达到转动条件时(如打开空调),断开电子风扇,观察故障不出现。再人工给电子风扇加上电源,让风扇转动,这时故障出现了。由此可见故障与电子风扇本身有关,他将电子风扇的固定螺栓拆下,让电子风扇离开水箱一段距离，电子风扇再转动，故障消失了。原来电子风扇转动时产生的电磁干扰使空气流量计产生了错误的信号，导致故障的发生。

这个故障的排除是阚老师找到了切入点，也就是找到了故障发生的条件，即电子风扇转动时故障出现。

现代汽车采用了电控技术，不少故障与电控系统有关，利用故障诊断仪读取故障码是一项简单、方便又必不可少的工作，因此对电控系统故障诊断的切入点，可以从读取故障码开始。有故障码，故障码与故障相关，以此作为切入点；无故障码或故障码与故障不相关，则从基本检查开始。

二、准确把握故障诊断的切入点

电控汽车故障的诊断与排除，一般要经过问询、直观检查、试车、读取故障码、分析数据流以及检测等诊断过程，在这些过程中，均可产生准确的切入点。

1. 问询

问询是为了弄清车况。向客户调查故障产生的时间、地点、条件、频率以及如何产生、是否已检修过什么部位等。具体内容如下：

1）车辆的年份及行驶里程。

2）车辆配置情况，车辆发动机型号（或是发动机排量），车辆变速器型号（手动或自动）。

3）保养情况，是否有事故或进水。

4）详细描述故障现象、故障持续时间及故障是否有规律。

5）详细描述维修记录（做过几次维修，或是在其他修理厂修理过什么）。

6）维修替换情况。做过哪些维修，替换过哪些部件（是否原厂配件），替换过部件之后的故障现象是否有变化，需要详细描述。

问询时一定要委婉告诉客户务必提供真实信息，以便更准确地判断故障。针对问询情况，分析可能的故障原因，寻找切入点。例如客户反映他的车是在某修理厂更换某一零部件后出现故障的，那么这个零部件就是故障诊断的切入点。如果客户反映他的车行驶时正常，只在等交通信号灯时熄火，那么该车的怠速控制系统尤其是节气门体是故障诊断的切入点。

［案例］ 故障来自车辆的特性。

广州本田雅阁轿车出现空调有风不冷、无转向灯、前照灯无远光以及遥控门锁不工作的故障现象。询问车主得知因车辆放置几天电池电量不足，用外接电源起动后出现上述故障现象。熄火拔出锁匙，拆除蓄电池负极若干秒后装上，正常。如果不问清情况，就可能会白费好多力气。

2. 直观检查

直观检查是故障分析最基本的检查，可以概括为四个字："望、闻、听、摸"。不要以为有些故障不了解就很复杂，其实基本检查做好了，一些基本故障也能排除。直观检查的异常点就是故障诊断的切入点。

（1）望 望即观察，主要观察是否有部件变形，导线是否断路、短路，插线器是否脱落，有无漏油、漏液以及各种真空管的连接状况等。观察时可以结合故障现象，有针对性地进行。例如发动机怠速抖动，就要观察有无真空管脱落；发动机冷却液温度高就要观察有无漏液处。

[案例] 一辆奥迪 A6L 轿车，装备 2.0T 发动机。客户反映该车加速无力，检测时观察了燃油箱，发现燃油箱因吸瘪变形。那这个变形的燃油箱就是故障的切入点，想想为什么燃油箱会吸瘪。出现这种情况大多是由于活性炭罐堵塞造成的。如果检查可能要费不少工夫，一看就能发现问题所在。

如果一辆车的冷却液不知到哪里去了？若看到驾驶室中的风道里有白雾冒出，则这"白雾"就是故障的切入点。那风道里为什么会有"白雾"？是暖风水箱漏水了？还是暖风水管破损了？

(2) 闻　有些故障出现后，会产生比较特殊的气味，据此可比较准确地判断故障部位。例如发动机混合气过浓，排气中会有燃油味；传动带打滑后会产生焦煳味；导线过热会有胶皮味；橡胶及塑料过热会发出焦煳味等；自动变速器打滑，自动变速器油也可以闻是否有煳味。

[案例] 桑塔纳轿车无法加速。

一辆桑塔纳轿车无法加速，客户反应该车有煳味。那"煳味"就是第一个切入点，第二个切入点是观察发动机的转速。

车辆跑不动了，感觉发动机很吃力，观察发动机的转速能升高，但车速却上不去，这时闻制动器有煳味，那就是制动系统拖滞，也就是"带刹车"了。车辆光加油不走，发动机在空转，闻有煳味，那就是离合器打滑了。

(3) 听　听车辆是否有异响、管路是否漏气、部件是否工作，如燃油泵、喷油器等可能产生故障的部件能否正常工作等。这些异常的地方可以作为故障诊断的切入点。

[案例] 奥迪 A6L 2.8L 轿车左前门用遥控器能锁上，但打不开。

奥迪 A6L 2.8L 轿车的其他车门锁止、解锁均正常，只有左前门用遥控器能锁上，但打不开。如何检测呢？可将耳朵贴近门锁，用遥控器锁车门，听门锁电动机动作的声音，这是故障诊断的切入点。若能听见门锁电动机动作的声音，则门锁电动机损坏，需更换左前门锁块总成。这是奥迪 A6L 轿车易发生的一个故障，方法就这么简单。若听不到门锁电动机动作的声音，则应检查熔丝、线路及控制单元等。

(4) 摸　通过触摸检查接线是否牢固、软管是否断裂及温度是否正常等。

[案例] 上海大众帕萨特领驭轿车发动机高速行驶时有时冷却液温度高。

上海大众帕萨特领驭轿车发动机高速行驶时有时冷却液温度高，到修理厂几次都没查出故障，后来有个老师傅用手摸了一下水箱上水管和下水管，认为节温器有问题。拆下节温器放在容器里加热，果然发现节温器不能完全打开。问老师傅原因，他说用手一摸，感觉上下水管有温差。这温差还不是节温器完全打不开，上水管热、下水管凉的那种感觉，只是感觉到上下水管有温差，结合发动机高速行驶时有时冷却液温度高，判断是节温器不能完全打开。这一摸就解决了问题。在这个案例中，触摸上水管和下水管，就是故障诊断的切入点。

3. 试车

通过对不同工况的模拟试验，模拟再现并确认故障现象，以便进一步判断故障部位及原因。试车是个必要的步骤，其实有些故障，客户是难以描述的，甚至有些描述是错误的。

[案例] 有客户反映他的中华轿车过了 70km/h 就听见车后面有"嗡嗡"的异响。试车，听异响从左前轮发出，在异响出现时，轻轻左右转动转向盘，异响加重，说明是左前轮

轴承损坏了，更换左前轮轴承后，异响消除。

针对本故障，客户错判了异响的部位，因为车辆行驶时异响从前面传到了后面，没经验的客户以为是后面异响。故障诊断的切入点是异响时，左右转动转向盘，这样可判断异响的部位。

4. 读取故障码

读取故障码，如果故障码与故障现象相关联，则可以作为故障的切入点。

5. 分析数据流

找出错误的数据，重点分析。异常的数据流可以作为故障的切入点。

6. 执行元件动作测试

利用故障诊断仪向控制单元发出执行元件自诊断的信号，让控制单元命令执行元件动作测试，动作测试不正常的部件可以作为故障的切入点。

7. 万用表或示波器检测

只有在进行检测后才能最终判定故障的位置和找到产生故障的原因。万用表或示波器检测的内容包括信号检测和数据检测。万用表或示波器检测异常的数据或波形可作为下一步故障诊断的切入点。

第二节　发动机故障诊断的切入点

一、起动机不工作故障诊断的切入点

思路很重要，一辆车的起动机不工作了，如何下手，才能快速找到故障呢？首先来看看以前的诊断流程（图 5-1）。

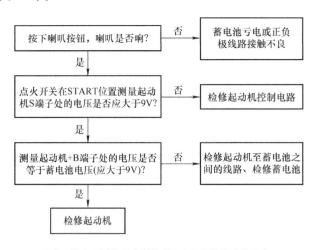

图 5-1　起动机不工作的故障诊断流程（传统）

按照图 5-1 所示的流程能找到故障吗？能不走弯路吗？这个流程有三个疑点。

1)"按下喇叭按钮，喇叭响"，这能说明蓄电池电量充足吗？当然不能，喇叭工作需要的电流少，而起动机要工作，还有带动发动机转动，需要很大的电流。喇叭响不一定表示蓄

电池电量充足。

2）起动机 S 端子处的电压容易测量吗？或者这是第二步最应该测量的地方吗？

3）流程图中只提及检查起动系统的控制电路，那么到底应该如何检查？

这个故障对绝大多数车辆来说，在众多可疑的故障原因中，最容易测量的是蓄电池电压。通过测量蓄电池的静态电压、起动电压以及电压降来确定故障。按照这个思路我制定了起动机不转动或转动无力的故障诊断流程（图 5-2）。

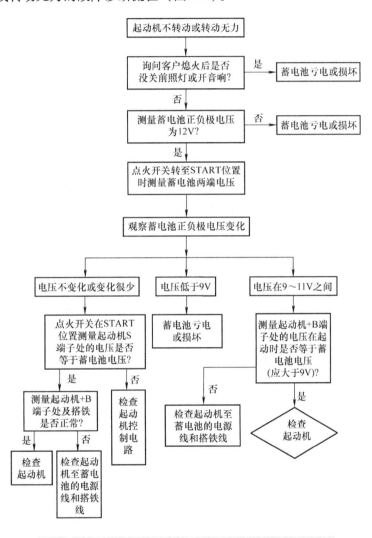

图 5-2 起动机不转动或转动无力的故障诊断流程（新）

这个故障的切入点，一是点火开关转至 START 位置时测量蓄电池两端电压，观察蓄电池正负极电压变化，从电压不变化、变化很大及变化在标准范围内这三种状态进行判断；二是根据蓄电池的状态，按照流程图，在起动继电器或驻车/空档起动开关或起动机+B 端子等容易测量的地方，测量起动机控制电路或蓄电池的电源线和搭铁线，进一步确定故障。

二、发动机无初始燃烧迹象故障诊断的切入点

发动机无初始燃烧迹象是指起动机转动正常,但发动机不能工作,一点着火燃烧的迹象也没有。

一汽丰田卡罗拉维修手册中总结的发动机无初始燃烧迹象的原因见表5-1。

表5-1 一汽丰田卡罗拉维修手册中总结的发动机无初始燃烧迹象的原因

无初始燃烧(不能起动)	ECM 电源电路
	VC 输出电路(ECM 5V 输出)
	曲轴位置传感器
	燃油泵电路
	点火系统
	喷油器电路
	正时

结合其他车型,总结导致这种故障的原因主要包括以下方面:
①燃油泵不工作;②点火系统故障;③喷油器不喷油;④正时带断裂或正时不正确;⑤曲轴位置传感器及其电路故障;⑥凸轮轴位置传感器及其电路故障(部分车型);⑦主继电器故障;⑧电路故障;⑨防盗系统故障;⑩发动机控制单元及其电路故障。

面对这么多故障原因,应从哪里入手?切入点又在哪里?要想发动机正常工作,首先防盗系统应无故障;然后就是常说的发动机工作必须具备三个条件:①足够的点火电压及正确的点火正时;②合适的混合气空燃比;③正常的气缸压缩压力。

接下来先看看以前的一个诊断流程(图5-3)。

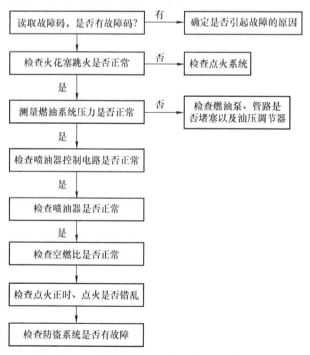

图5-3 发动机无初始燃烧迹象的故障诊断流程(传统)

第五章 故障诊断的切入点

分析图 5-3 所示的流程，发现有两个不合理之处，一是没有先提出检查防盗系统是否正常，而是在最后的几步才提出，费了半天劲，最后才想到防盗系统有些迟了。其实检查防盗系统很简单：①看看防盗指示灯是否不正常地亮；②读取故障码。第二个不合理之处在于正时带的检查有疑问，若是由正时带断裂或跳齿引起的故障，由于检查点火、油压等过多地转动起动机来起动发动机会引起更多的故障。

那么怎样检查更合理呢？首先要确认故障是否由防盗系统引起，避免走弯路；其次要看故障是否由正时带断裂或跳齿引起，不要过多起动发动机引起发动机更多的损坏；第三要确定故障是否由没油或者没火引起，还是既没油也没火。

要确定这三点又要不起动发动机，就需要先读取故障码，故障码即为切入点。因为防盗系统不正常了会有故障码，而正时带断裂或跳齿，部分车辆也会有故障码。因此应把故障码作为切入点一。

切入点一：读取故障码。

（1）发动机系统的故障码　这时应该注意两个问题，一是在发动机不工作而又连续起动发动机时，会出现一些错误的故障码，如空气流量计、进气歧管压力传感器等的故障码；二是不少发动机即使曲轴位置传感器有故障也不会有故障码，这说明读取故障码时无曲轴位置传感器的故障码并不表示曲轴位置传感器没有故障。

（2）防盗系统的故障码　读取防盗系统的故障码是判断防盗系统是否起作用，如果防盗系统锁止了，会出现"与发动机控制系统不通信"等类似故障码。

另外，需注意的是防盗系统锁止主要有以下两种情况：

1）起动机、喷油器、燃油泵、点火锁止，如上海通用别克等。

2）喷油器、燃油泵、点火锁止，如丰田系列、大众系列等。

切入点二：确定正时带正常，即没有断裂，也没有掉齿或跳齿。

切入点三：数据流。

发动机不能工作的故障涉及点火、燃油、进气、排气及机械等多个系统，在每个系统的检修中都有不同的切入点。作为发动机不能工作这一总故障的切入点是在数据流中读取发动机的转速。例如上海大众帕萨特 1.8T 轿车，在起动机工作正常，发动机不工作时应读取数据流，在发动机转速区观察是否有 200~350r/min 的转速显示，如果有，表示曲轴位置传感器正常，那就要从点火、燃油、进气、排气及机械等方面检查排除故障；如果没有，则表明曲轴位置传感器、线路或发动机控制单元有故障。这里还要注意大多数车型的凸轮轴位置传感器不是主要传感器，损坏或者其电路故障不会引起发动机无法起动。但部分车型的凸轮轴位置传感器是主要传感器，损坏或者其电路故障会引起发动机无法起动。

数据流，除了发动机转速，还应注意结合冷却液温度传感器的变化情况。冷却液温度传感器在起动前及起动瞬间的温度变化很重要。

切入点四：检查发动机有没有油、有没有火。

检查燃油系统方便还是检查点火系统方便，这个要视情况进行，可以先检查燃油系统，也可以先检查点火系统。还可以先检查燃油系统的一个部件，再检查点火系统的一个部件，再检查燃油系统的一个部件，如此交替进行。我认为第一步可以听燃油泵是否工作，可以在燃油箱处进行。那怎么听呢？方法有以下两种。

方法一：将点火开关转至 ON 档或起动档，在燃油箱处仔细听有无燃油泵的响声。

方法二：连接故障诊断仪，用执行元件动作测试功能，驱动燃油泵工作。在燃油箱处仔细听有无燃油泵的响声。

若有响声，说明燃油泵工作，此时应检查油管里有无燃油，若无燃油，接下来须测量燃油压力；若无响声，应先检修燃油泵控制电路，无异常后再检修燃油泵。

燃油泵控制电路故障包括继电器、熔断装置故障；线路断路、短路、接触不良或搭铁等。

燃油泵工作了就要看火花塞是否跳火。不跳火就检查点火系统。正常就检查进气系统有无漏气，排气系统有无堵塞，若没问题就检查燃油系统的压力。燃油系统压力正常就测量气缸压缩应力，最后检查发动机控制单元。注意检查发动机控制单元的电源和搭铁。

综上所述，燃油系统故障引起发动机无初始燃烧迹象的故障原因如下：

①燃油箱无燃油；②燃油泵熔丝损坏；③燃油泵不工作；④油路堵塞；⑤喷油器及其控制电路故障；⑥线路故障；⑦发动机控制单元故障。

点火系统导致发动机无初始燃烧迹象的故障原因主要包括以下方面：

①火花塞故障；②高压线故障；③点火控制电路断路、短路或接触不良等；④点火线圈故障；⑤点火控制器故障；⑥曲轴位置传感器故障；⑦发动机控制单元故障。

发动机无初始燃烧迹象的故障诊断，按以下流程进行更合理（图5-4）。

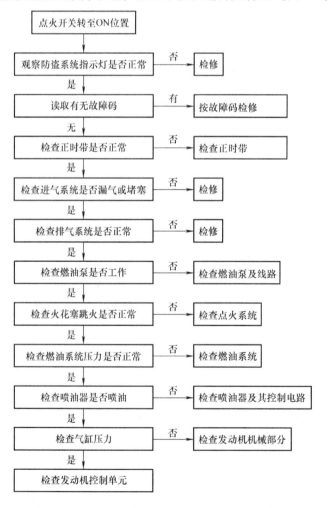

图5-4 发动机无初始燃烧迹象的故障诊断流程

[案例] 2006年款上海通用雪佛兰赛欧轿车出现发动机无初始燃烧迹象的故障。检查火花塞有火，燃油泵工作。但检查喷油器无喷油脉冲，起动发动机时，感觉气缸无压缩。经检查正时带断开。

三、发动机有初始燃烧迹象但无法起动故障诊断的切入点

发动机有初始燃烧迹象但无法起动的故障现象是起动机转动正常，发动机有初始燃烧迹象但发动机不能工作。

发动机有初始燃烧迹象但无法起动的主要原因包括空燃比不正确、点火能力不足、气缸压缩压力低及正时不正确等。

导致这种故障的原因很多，主要有以下方面：
①燃油泵工作油压低；②火花弱；③喷油器喷油不良；④正时带跳齿或可变正时系统故障；⑤气缸压缩压力低；⑥进气系统堵塞；⑦排气系统堵塞；⑧发动机控制单元故障。

切入点一：读取故障码和数据流。

因为发动机有着火征兆，很容易出现故障码。在读取故障码的同时观察数据流。一般情况下，这种故障现象因为发动机没有着车，所以一般从数据流上看不出问题。

切入点二：观察火花塞。

因为发动机有着车迹象，所以有油有火，拆下火花塞检查是一个很方便的选择。拆下火花塞，一是检查火花塞上有无燃油，二是检查火花塞火花的强弱。

检查火花塞上有无燃油，分为以下三种情况：

1）火花塞被燃油淹湿了，可能的原因有混合气浓、火花弱、气缸压缩压力低以及正时不正确等。

2）火花塞上没有燃油痕迹，闻也没有燃油味。可能是混合气过稀或喷油器不喷油。

3）火花塞没被淹湿，闻也有燃油味，一般是混合气合适。

根据上述两个切入点，接下来有针对性地检查燃油压力、气缸压力、正时以及进、排气系统等。例如火花塞被燃油淹湿了，检查火花很强，那接下来要测量气缸压缩压力。如果气缸压缩压力正常，则要检查进、排气系统等；如果气缸压缩压力不正常，则要确定是什么原因造成的。

[案例] 上海大众途观SUV的起动机转动有力，发动机有起动征兆，但无法着车，进气管偶尔回火。检查有油有火，无故障码。拆下火花塞观察，头部有燃油，检查气缸压力正常，检查三元催化转化器堵塞。

四、发动机起动后熄火故障诊断的切入点

发动机起动后熄火具体是指发动机起动后熄火或者一加油就熄火。这个故障现象一定要分清是防盗系统的故障还是发动机系统的故障。因为大众的帕萨特、捷达等轿车在防盗系统故障时，一起动发动机就着车，但着车后马上熄火。因此这个故障应该从故障码开始，避免走弯路。

切入点一：从故障现象判断故障可能的范围。

应该注意以下情况：

1）如果一起动发动机，发动机很顺利地起动着车，但着车后马上熄火，熄火前踩加速

踏板加油，发动机一点反应也没有，那可能是防盗系统的故障。

2）观察熄火是发动机慢慢熄火还是立即熄火。如果是发动机慢慢熄火可能是由于怠速控制不良、漏气、燃油系统故障或发动机缺缸造成的。

3）发动机慢慢熄火，还包括以下三种情况。

① 开始运转平稳，然后开始抖动，越来越严重，这可能是燃油系统故障。

② 怠速不稳，一踩加速踏板发动机平稳了，一松加速踏板就要熄火，这可能与怠速控制不良、漏气有关。

③ 起动后发动机怠速不稳，一踩加速踏板发动机抖动更加厉害，可能与发动机缺缸有关。

4）故障现象如果是冷车有、热车无可能与积炭有关系。

切入点二：读取故障码。

故障码可以确定该故障现象与防盗系统是否有关，另外可以发现与故障现象有关的故障码。

切入点三：读取数据流。

观察发动机熄火前后或加油熄火前数据流的变化，从中发现问题，重点观察冷却液温度传感器和可变正时系统。

根据上述三个切入点，进行检查分析。询问客户这种故障现象是冷车时容易出现还是热车时容易出现。如果冷车时容易出现，而热车时一切正常，则可能与积炭有关。如果冷车时容易出现，而热车时也有故障现象，则要结合热车的故障现象进行检查。例如一台迈腾轿车冷车起动后发动机抖动，一加油就熄火。而热车后情况有所好转，发动机抖动变轻了，一加油也不熄火了。经检查是 EGR 阀关闭不严，冷车时废气进入燃烧室导致故障发生。

五、发动机冷热车均起动困难故障诊断的切入点

发动机冷热车均起动困难的故障现象是在起动机转动正常的情况下，发动机在冷热车均不能一次起动着车，需要多次才能起动着车。

导致这种故障的原因主要有以下方面：

①燃油泵工作油压低；②燃油泵的单向阀密封不严，起动时燃油系统没有建立起油压；③喷油器喷油雾化不良；④喷油器滴漏；⑤点火能力不足；⑥进气系统堵塞；⑦排气系统堵塞；⑧气缸压缩压力低；⑨正时带跳齿或可变正时系统故障；⑩节气门体故障；⑪冷却液温度传感器故障；⑫发动机控制单元故障。

这个故障的切入点是发动机起动后发动机是否能够正常工作，如果发动机起动后，工作正常，则要重点检查以下方面：

①燃油泵的单向阀密封不严，起动时燃油系统没有建立起油压；②喷油器滴漏严重；③节气门体故障；④冷却液温度传感器故障；⑤发动机控制单元故障。

如果发动机起动后，有加速无力、加速耸车等故障，则要重点检查以下方面：

①燃油泵工作油压低；②喷油器喷油雾化不良；③点火能力不足；④进气系统堵塞；⑤排气系统堵塞；⑥冷却液温度传感器故障；⑦正时带跳齿或可变正时系统故障；⑧气缸压缩压力低；⑨发动机控制单元故障。

六、发动机冷车起动困难故障诊断的切入点

发动机冷车起动困难的故障现象是在起动机转动正常的情况下,发动机在冷车时不能一次起动着车,需要多次才能起动着车,而热车时则起动正常。

导致这种故障的原因主要有以下方面:

①燃油泵的单向阀密封不严,冷车时燃油系统没有建立起油压;②点火能力不足;③喷油器喷油雾化不良;④冷却液温度传感器故障;⑤气缸压缩压力低;⑥气门积炭导致冷车时气门关闭不严;⑦气缸内积炭在冷车时吸收燃油导致混合气过稀;⑧发动机控制单元故障。

当然基本检查也是必不可少的,过脏的机油、空滤、油滤和烧蚀间隙过大的火花塞均会造成冷起动故障。

在主要的故障原因里,燃油泵的单向阀密封不严,冷车时燃油系统没有建立起油压是主要原因。因此这个故障的切入点一是起动前将点火开关转至 ON 位置几次,然后观察起动是否改善。如果起动不困难了或有所改善,则下一步应重点检查起动前燃油系统的油压。

切入点二是起动时稍微踩下加速踏板,然后观察起动是否改善。如果起动不困难了或有所改善,则下一步应重点检查气缸内积炭、节气门(重点是怠速控制)和喷油器喷油雾化情况。

切入点三是读取故障码和数据流。重点是冷却液温度传感器的数据与实际温度是否相符。

根据以上情况,接下来有针对性地进行点火能力测试、油压测试以及气缸压力测试。

[案例] 北京现代伊兰特轿车早上不容易起动发动机。

故障现象:北京现代伊兰特 1.6L 轿车,行驶 5 万多 km,出现发动机早上不容易起动的故障现象。车辆不能一次起动,如果稍微踩下加速踏板,节气门开启一点便可顺利着车。此故障在天冷时较易出现,使用乙醇汽油的车辆也较常见。

故障诊断与分析:此故障为怠速电动机积炭卡死所致。

故障排除:清洗怠速电动机。

七、发动机热车起动困难故障诊断的切入点

发动机热车起动困难的故障现象是在起动机转动正常的情况下,发动机在热车时不能一次起动着车,需要多次才能起动着车,而冷车时则起动正常。

导致这种故障的原因主要有以下方面:

①喷油器滴漏;②冷却液温度传感器故障;③燃油泵发热导致工作油压低;④点火线圈、分电器等老化导致点火能力不足;⑤主继电器等电器元件过热导致性能下降;⑥发动机控制单元故障。

其中,喷油器滴漏是造成发动机热车起动困难常见的故障原因。

切入点一:读取故障码和数据流。

重点是冷却液温度传感器的数据与实际温度是否相符。

切入点二:火花塞检查。

火花塞检查包括以下两方面内容:

1)检查火花塞上是否有燃油,同时观察该气缸在火花塞拆下的瞬间是否有油气冒出。

若有则可能是喷油器滴漏或混合气过浓。

2）检查火花塞的点火性能。如果火花弱或者没有火花，则可能是点火线圈、分电器等老化导致点火能力不足或主继电器等电器元件过热导致性能下降。

切入点三：燃油压力测试。

测试发动机起动时的燃油压力和起动后的残余油压。如果发动机起动时的燃油压力过低，则可能是燃油泵发热导致工作油压低；如果起动后的残余油压不正常，则可能是喷油器滴漏，需要进一步检查喷油器，步骤如下：

拆下喷油器，用专用的喷油器清洗机检验其喷射形状、喷油量及是否滴漏。喷射形状应为规则的细锥体且雾化良好。测量一定时间内的喷油量，各个车型互不相同，一般为 50 ~ 70mL/15s。每个喷油器应重复测量 2 ~ 3 次，相互间的喷油量差值应小于其喷油量的 10%，否则应予以清洗或更换。其滴漏量在 1min 内应少于 1 滴，否则应予清洗或更换。

八、发动机怠速过高故障诊断的切入点

一汽丰田卡罗拉维修手册中总结的 2ZR – FE 发动机怠速过高的原因见表 5-2。

表 5-2　一汽丰田卡罗拉维修手册中总结的 2ZR – FE 发动机怠速过高的原因

发动机转速过高（怠速不良）	空调信号电路
	节气门体
	节气门体控制
	发动机冷却液温度传感器
	PCV 软管
	PCV 系统
	ECM 电源电路

注：PCV，即 Positive Crankcase Ventilation，曲轴箱强制通风。

结合其他车型，总结导致这种故障的原因主要有以下方面：

1）怠速控制不良。怠速控制阀或节气门体控制故障。

2）点火正时不正常。

3）相关传感器工作故障。

①节气门位置传感器故障；

②空气流量计、进气歧管压力传感器故障；

③氧传感器故障；

④发动机冷却液温度传感器故障。

4）进气歧管漏气（节气门—气门之间）。

① 节气门垫、进气歧管垫有问题；

② 进气歧管上的各个真空管漏气，包括 EGR 阀常开、燃油蒸汽回收装置工作不良等；

③ PCV 系统。

5）空调开关、动力转向开关信号不良。

6）发动机控制单元损坏。

发动机怠速过高故障诊断的切入点是读取故障码和数据流。特别是数据流，通过数据流可发现异常之处。读取怠速控制阀、空调开关、动力转向开关信号，确定怠速不良是否是由

怠速控制本身引起的。观察节气门开度、节气门负荷、喷油脉宽、氧传感器、空气流量计、进气歧管压力传感器及点火正时等数据流，如果数据流不正确，查找故障原因。例如卡罗拉2ZR－FE发动机的节气门负荷标准值为18%～21%，如果达到28%，则发动机会怠速过高，可能的故障原因是节气门过脏，需要清洗。

根据故障码和数据流，进行以下检查：

1) 进行基本检查。检查进气歧管上的真空软管是否断裂、脱落等。检查进气歧管是否漏气，必要时测量进气歧管真空度。

2) 检查点火正时。

九、发动机怠速过低故障诊断的切入点

发动机怠速过低的原因见表5-3。

表5-3 发动机怠速过低的原因

发动机转速过低（怠速不良）	燃油泵控制电路
	节气门体
	节气门体控制
	进气系统
	PCV软管
	PCV系统

发动机怠速过低的故障现象是起动时正常，但起动后发动机无冷车高怠速或怠速低，容易熄火。

（一）故障原因

1) 怠速控制不良。怠速控制阀或线路故障，怠速进气道堵塞。
2) 点火系统工作不良。个别气缸不点火或点火不良、点火正时不正常。
3) 喷油器工作不良。个别气缸不喷油或喷油不良。
4) 相关传感器工作不良。
① 节气门位置传感器及其线路不良。
② 空气流量计、进气歧管压力传感器及其线路不良。
③ 氧传感器及其线路故障。
5) 发动机机械故障
① 气门间隙不正常。
② 气缸密封性不良：气门漏气、气缸垫破损、活塞及活塞环和气缸磨损等。
③ 正时带不正常。
④ 配气相位不良。
6) 进气歧管漏气（节气门—气门之间）
① 节气门垫、进气歧管垫有问题。
② 进气歧管上的各个真空管漏气，包括EGR阀常开、燃油蒸气回收装置工作不良等。
7) 其他
① 油品不合格。
② 空调开关、动力转向开关信号不良。

③ 进气不畅等；

8）发动机控制单元损坏。

（二）故障诊断的切入点

发动机怠速低故障的诊断，确定怠速低是由于怠速控制本身引起的，还是个别气缸工作不良引起的，还是发动机整体性能下降引起的，是判断故障的切入点。那这三个方面如何区分呢？怠速控制本身引起的怠速不良在发动机中，高速时正常；而由个别气缸工作不良和发动机整体性能下降引起的怠速不良，在中、高速时也会出现，这样，就知道可以靠加速来区分。

1. 属于怠速控制本身引起的原因

属于怠速控制本身引起的原因有怠速控制阀或线路故障、怠速进气道堵塞；空调开关、动力转向开关信号不良。

2. 属于个别气缸工作不良的原因

属于个别气缸工作不良的原因有个别气缸不点火或点火不良、个别气缸不喷油或喷油不良；个别气缸的气门间隙不正常；个别气缸的密封性不良：气门漏气、气缸垫破损、活塞及活塞环和气缸磨损等。

3. 属于发动机整体性能下降的原因

1）点火正时不正常。

2）节气门位置传感器及其线路故障。

3）空气流量计、进气歧管压力传感器及其线路故障。

4）氧传感器及其线路故障。

5）发动机配气相位不正常。

6）节气门垫、进气歧管垫漏气；进气歧管上的各个真空管漏气，包括EGR阀常开、燃油蒸汽回收装置工作不良等。

7）油品不合格。

8）进气不畅等。

9）发动机控制单元损坏。

（三）故障检测与排除

1. 基本检查

打开发动机舱盖，检查是否漏油、漏水、漏电；火花塞高压线是否脱落；线束插接器是否松动脱落；进气歧管上的真空软管是否断裂、脱落等。确认油品无问题。

2. 检查故障指示灯

要区分是怠速控制本身引起的怠速不良，还是个别气缸引起的故障，还是发动机整体性能下降引起的故障，应该可以借助仪器进行检查。

1）用故障诊断仪读取故障码，按故障码的指示维修。

2）阅读怠速控制阀、空调开关、动力转向开关信号，确定怠速不良是否是由于怠速控制本身引起的。

3）阅读空气流量计、进气歧管压力传感器、节气门位置传感器及点火正时等数据流，如果数据流不正确，查找故障原因。

4）可以借助执行元件动作测试判断哪个气缸工作不良。

3. 其他

1）检查进气歧管。检查进气歧管是否漏气，必要时测量进气歧管真空度。

2）检查点火正时及正时带。

3）检查气门间隙。

4）测量气缸压力。

[案例] 宝来轿车冷车时发动机抖动，有时熄火。

故障现象：宝来轿车冷车时发动机抖动，有时熄火。

故障诊断与分析：此故障现象在冬季第一次起动时尤其严重，原因是一些燃油中的胶质过多，胶质易沉积在气门附近，而宝来轿车发动机每个气缸有5个气门，因此在气门附近形成胶质的概率较大。发动机冷车工作时，气门附近的胶质引起气门与气门座圈密封不严，造成发动机抖动。随着发动机温度的上升，气门连续不断地工作，气门与气门座圈接触面的胶质逐渐被清除，发动机又可平稳工作。

故障排除：排除此故障除选择好的燃油外，也可选用优质的燃油清洗剂，定期清除气门上的结胶、积炭。

十、怠速不稳故障诊断的切入点

（一）故障现象

怠速不稳通常是指怠速忽高忽低，表现为以下三种类型：

1）仅怠速不稳，其他工况运转良好。

2）怠速转速有时高于800r/min，有时在400~900r/min之间抖动。

3）发动机在从其他工况转到怠速工况的过程中出现不能回到稳定的怠速工况的问题，有时转速过高，有时转速过低，甚至熄火。

（二）故障原因

一汽丰田卡罗拉维修手册中总结的2ZR-FE发动机怠速不稳的原因见表5-4。

表5-4 一汽丰田卡罗拉维修手册中总结的2ZR-FE发动机怠速不稳的原因

怠速不稳	压缩（发动机机械部分）
	空燃比传感器
	质量空气流量计
	点火系统
	空调信号电路
	燃油管路（阻塞）
	燃油泵
	进气系统
	PCV软管
	PCV系统

结合其他车型，总结导致这种故障的原因主要包括以下方面：

1）怠速控制不良。怠速控制阀或节气门体故障。

2）进气系统漏气或进气不畅等。

3）相关传感器工作不良。

①节气门位置传感器及其线路不良；②空气流量计、进气歧管压力传感器及其线路不良；③氧传感器及其线路故障。

4）气缸密封性不良。气门漏气、气缸垫破损、活塞及活塞环和气缸磨损等。

5）燃油管路阻塞，或燃油泵工作不良。

6）点火系统工作不良。

7）空调开关、动力转向开关信号不良。

8）PCV系统故障。

9）发动机控制单元损坏。

（三）故障诊断的切入点

切入点一：确定怠速不稳是由于怠速控制本身引起的，还是个别气缸工作不良引起的，还是发动机整体性能下降引起的，是判断故障的切入点。那这三个方面应如何区分？怠速控制本身引起的怠速不稳在发动机中、高速时正常；而个别气缸工作不良和发动机整体性能下降引起的怠速不稳，在中、高速时也会出现，这样，可以靠加速来区分。但应该注意，如果PCV系统故障或进气歧管上的各个真空管漏气等，也可能只在怠速时不稳，而在中、高速正常。

1. 属于怠速控制本身引起的原因

1）怠速控制阀或线路故障。

2）节气门体控制不良。

3）空调开关、动力转向开关信号不良。

2. 属于个别气缸工作不良的原因

属于个别气缸工作不良的原因有个别气缸不点火或点火不良；个别气缸不喷油或喷油不良；个别气缸气门间隙不正常；个别气缸密封性不良：气门漏气、气缸垫破损、活塞及活塞环和气缸磨损等。

3. 属于发动机整体性能下降的原因

1）点火正时不正常。

2）节气门位置传感器及其线路不良。

3）空气流量计、进气歧管压力传感器及其线路不良。

4）氧传感器及其线路故障。

5）发动机配气相位不正常。

6）节气门垫、进气歧管垫漏气；进气歧管上的各个真空管漏气，包括EGR阀常开、燃油蒸汽回收装置工作不良等。

7）油品不合格。

8）PCV系统故障。

9）燃油管路阻塞，或燃油泵工作不良。

10）点火系统工作不良。

11）进气不畅。

12）发动机控制单元损坏。

切入点二：读取故障码和数据流。

特别是数据流，通过数据流可以发现异常处。读取怠速控制阀、空调开关、动力转向开关信号，确定怠速不稳是否是由于怠速控制本身引起的。观察节气门开度、节气门负荷、喷油脉宽、氧传感器、空气流量计、进气歧管压力传感器及点火正时等数据流，如果数据流不正确，查找故障原因。

根据故障码和数据流进行检查。

1. 基本检查

打开发动机舱盖，检查线束插接器是否松动脱落；进气歧管上的真空软管是否断裂、脱落等。

2. 检查故障指示灯

1）用故障诊断仪读取故障码，按故障码的指示维修。

2）阅读怠速控制阀、空调开关、动力转向开关信号，确定怠速不稳是否是由于怠速控制本身引起的。

3）阅读空气流量计、进气歧管压力传感器、节气门位置传感器、点火正时、冷却液温度传感器、空调信号开关等数据流，如果数据流不正确，查找故障原因。

根据上述两个切入点，对下列部件进行检查：

1）检查进气系统。检查进气歧管是否漏气，必要时测量进气歧管的真空度；检查进气是否堵塞。

2）检查燃油压力。检查燃油压力是否忽高忽低。确定燃油管路是否阻塞，燃油泵工作是否正常。

3）检查 PCV 系统。

4）检查点火系统。

5）测量气缸压力。

6）检查发动机控制单元。

[案例] 大众车型怠速不稳的分析。

大众车型怠速不稳通常可表现为以下三种类型：

1）仅怠速不稳，其他工况运转良好。

2）怠速转速有时高于 800r/min，有时在 400~900r/min 之间抖动。

3）发动机在从其他工况转到怠速工况的过程中不能回到稳定，转速不稳，甚至熄火。

第一类怠速故障现象的原因，常常是节气门和节气门体脏了或怠速控制阀脏了。有时还可读到"00533 怠速调节超过自适应界限"。如果读取数据流 02 显示组，可发现节气门开度角都已大于 4°。

第二类怠速故障现象的原因主要个别气缸工作能力不良。而具体原因较多，燃油系统、点火系统、电控方面、机械方面（如个别气缸压缩比低）都可能造成个别缸工作不良。

第三类怠速故障现象的原因是"混合气自适应超限"，因此它必然伴有故障码"00561 混合气自适应超限"和"00533 怠速调节超过适应界限"。

值得注意的是，氧传感器老化、中毒（失效）也会引起或加重上述故障。

十一、加速无力故障诊断的切入点

（一）故障现象

发动机加速无力的故障现象如下：

1）踩下加速踏板后，发动机转速不能迅速提升，有的甚至出现抖动、排气管"突突"等故障现象。

2）车辆行驶时，踩加速踏板提速很小或不提速；加速踏板踏到底时仍感到动力不足，达不到最高车速。

（二）故障原因

导致发动机加速无力的故障原因主要如下：

1）供油不足。包括燃油泵供油不良，因燃油或燃油箱内有杂质造成燃油滤芯或燃油泵滤网堵塞等。

2）个别喷油器不喷油或喷油不良。包括喷油器本身有故障、喷油器控制电路故障和控制单元故障。

3）空气流量计、进气歧管压力传感器及节气门位置传感器等或控制单元故障。

4）个别气缸火花塞不点火或点火不良、点火正时失准。包括火花塞、高压线、点火线圈、点火控制器及线路等故障。

5）发动机机械。如气缸压力偏低、进排气门密封不良等。

6）排气管堵塞或进气不畅等。

（三）故障诊断的切入点

那么发动机加速无力故障诊断的切入点在哪里？

首先要做基本检查。检查燃油是否泄漏、燃油泵是否工作、进排气管路是否通畅、各电器元件、高压线连接是否正常。

切入点一：确定加速无力是发动机故障还是底盘故障。

底盘故障，如制动器拖滞、轮胎气压低及车轮轴承过紧等，鉴别方法是原地加速，发动机动力正常；行驶时加速踏板踩得很深，车速却提不上去。

切入点二：确定发动机加速无力是由于个别气缸工作不良，还是发动机整体性能下降引起的。

要区分是个别气缸引起的故障还是发动机整体性能下降引起的故障，应该可以借助仪器进行检查。

1）用故障诊断仪读取故障码，按故障码的指示维修。

2）阅读空气流量计、进气歧管压力传感器、节气门位置传感器及点火正时等数据流，如果数据流不正确，查找故障原因。

3）可以借助执行元件动作测试判断哪个气缸工作不良，如用诊断仪断缸。

其中，属于个别气缸工作不良的原因如下：

1）个别喷油器不喷油或喷油不良。包括喷油器本身有故障、喷油器控制电路故障和控制单元故障。

2）个别气缸火花塞不点火或点火不良、点火正时失准。包括火花塞、高压线、点火线圈、点火控制器及线路等故障。

属于发动机整体性能下降的原因如下：

1）供油不足。包括燃油泵供油不良，因燃油或燃油箱内有杂质造成燃油滤芯或燃油泵滤网堵塞等。

2）空气流量计、进气歧管压力传感器、节气门位置传感器等或控制单元故障。

3) 发动机机械。如气缸压力偏低、进排气门密封不良等。

4) 排气管堵塞或进气不畅等。

（四）故障检测与排除要点

1. 测试燃油系统压力

油压的检测分为怠速油压、大负荷油压和残余油压三个方面。

1) 怠速油压过低，会造成怠速运转不稳。

2) 大负荷油压过低，会造成急加速、高速时汽车动力不足。若油压较低，应检修燃油滤清器、燃油泵滤网是否堵塞；若燃油滤清器堵塞则应检查燃油箱是否较脏。若以上正常则检修燃油泵。

3) 残余油压过低或没有，会造成发动机短时间内起动困难（需要连续起动2次以上才能起动）。如果残余油压较低，为燃油泵单向阀故障或喷油器泄漏。

2. 检查喷油器及其控制电路

1) 喷油器作动试验。怠速时用故障诊断仪指令某气缸的喷油器不喷油（中止），发动机转速应下降，如果发动机转速不下降，说明此气缸的喷油器或喷油器控制电路有故障，应对其进行分别检查。

2) 喷油器断油试验。也可以进行人工喷油器断油试验。检查方法：怠速时，拔下某气缸喷油器的线束插头，使该气缸喷油器不喷油，发动机转速应下降，这表明该喷油器及其控制电路正常，否则应对喷油器及其控制电路进行分别检查，判明故障部位。

3) 用万用表测量燃油喷油器线圈电阻。

4) 用试灯测试喷油器控制电路，正常为试灯闪亮，不亮或不闪亮检查线路或控制单元。

3. 点火系统的检查

用火花塞试验器试火，无火或火花弱为点火系统故障。

4. 发动机机械方面的检查

1) 测试气缸压力是否过低。气缸压力测试是确定是否为机械故障的切入点。

2) 检查气门密封面是否泄漏、燃烧室是否有积炭。

5. 其他检查

检查三元催化转化器及排气系统是否堵塞，检查进气管系统是否堵塞。

[案例] 奥迪A6L轿车的车速超过80km/h时发动机加速抖动。

故障现象：奥迪A6L轿车，装备2.0T发动机，当车速超过80km/h时，发动机加速抖动。

故障诊断与分析：连接VAS5052诊断仪检查，有故障码00770 P0302：001-2缸失火。将火花塞及点火线圈互换后，失火情况仍然存在，判断为喷油器故障。

故障排除：清洗喷油器，故障消除。

十二、行驶加速耸车故障诊断的切入点

行驶加速耸车的故障现象是车轮在原地加速正常，而车辆在行驶过程中加速耸车，尤其是在换档时容易出现耸车。

行驶加速耸车大多与发动机大负荷时缺火有关，但要注意耸车是发动机故障引起的还是自动变速器的变矩器引起的，因此行驶加速耸车故障必须读取故障码和数据流。

切入点一：读取故障码和数据流。

如果是自动变速器的变矩器引起的故障，一般会有故障码，如果没有故障码，观察变矩器锁止离合器滑移率是否过大。

如果是点火系统缺火，不一定有故障码出现，但大部分数据流中会有缺火数据的记录，特别是在车辆行驶过程中。

切入点二：观察故障出现的时刻，如果故障在换档点出现，不管是手动变速器还是自动变速器，当在三档升四档或四档升五档时出现耸车故障，一般是点火系统，如火花塞、高压线的故障。

切入点三：燃油压力。

燃油管路堵塞、燃油泵控制电路接触不良和燃油泵性能下降均能引起行驶加速耸车。排除上述因素后，还要注意喷油器，如果喷油器堵塞，也会出现行驶加速耸车的故障，当然这种耸车必然伴随着加速无力。

十三、发动机回火故障诊断的切入点

发动机的正常运行，分为四个行程，即进气、压缩、做功和排气。回火，通俗点说，就是气缸内，活塞做功以后，应该从排气管排出燃烧后的废气，但是由于某种故障，排气门已经关闭，废气无法排出，或者说，来不及排出废气。那么废气就会从个别进气门、曲轴箱或节气门等地方排出，也就是常说的"倒灌"，亦即发动机回火。松开加速踏板减速时回火更频繁。现在在电控燃油喷射的车辆上，回火已经不常见。正因为不常见，有的维修人员在判断回火故障时不知如何下手。回火常见的故障原因如下：

1）进气门烧蚀或关闭不严。

2）点火系统出现问题。汽车发动机回火故障与点火系统有关的原因主要是点火能量不足或火花塞故障。

3）点火提前角过大。

4）配气正时故障。

5）混合气过稀。汽车发动机回火故障原因可能是油路或进气系统出现故障。油路故障主要是由于喷油器喷油过少所致，造成喷油器喷油过少的原因主要是油压过低和喷油器堵塞。进气系统故障主要是由于进气量过多所致，造成进气量过多的原因主要是控制进气量的传感器失效和进气歧管漏气。

6）温度传感器损坏。

7）三元催化转化器堵塞。

8）控制单元损坏。

切入点一：读取故障码和数据流。

切入点二：测量气缸压力。

如果故障码和数据流没有发现问题，而气缸压力又正常，则要检查点火提前角、点火正时和发动机控制单元。

十四、排气管放炮故障诊断的切入点

排气管放炮的故障现象是，由于可燃混合气进入排气管或消声器，遇到排气中的火星或排气管处于高温、高压状态，使可燃混合气迅速燃烧（因为排气管内空间有限），形成一股高压气体向外冲出，从而产生放炮现象。排气管放炮可能的故障原因如下：

1) 火花塞断续点火。当火花塞点火不良或断火时，未点火燃烧的可燃混合气进入排气管，遇到下一个燃烧工作循环排出的高温高压废气，被引燃造成放炮。

2) 点火线圈故障。点火线圈受潮或漏电，会造成点火不稳定或断火，导致放炮。

3) 配气正时故障。

4) 排气门烧蚀或关闭不严。

5) 点火时间过迟。在气缸内的可燃烧混合气未完全燃烧的情况下，排气口已经打开，致使未燃烧的可燃混合气在排气管中继续燃烧，引起放炮。

6) 混合气过浓。

7) 温度传感器损坏。

8) 控制单元损坏。

切入点一：读取故障码和数据流。

切入点二：测量气缸压力。

如果故障码和数据流没有发现问题，而气缸压力又正常，则要检查点火提前角、点火正时和发动机控制单元。

十五、回火且放炮故障诊断的切入点

汽车发动机回火且放炮的故障原因主要有点火系统高压线插错、分电器盖或点火线圈有裂纹；曲轴位置传感器间隙不合适或松动；温度传感器损坏；气门积炭或气门烧蚀；控制单元损坏。

切入点一：读取故障码和数据流。

切入点二：检查点火系统分缸高压线是否插错或点火线圈漏电。如果发动机既有回火又有放炮响声，且十分严重，则多因分缸高压线插错或点火线圈漏电。如果现象不严重，却断续发生，似有规律，则多因分电器盖有裂纹，使缸间窜火。

除了上述检查外，还需要检查发动机的积炭。如果冷车怠速抖动严重，冷车急加速时发动机有回火和放炮等异常现象，挂档行驶加速踏板踩下去发动机抖动，不行车。这些现象，等热车后会消失，一般是由发动机气门积炭造成的。

十六、排气管冒黑烟故障诊断的切入点

排气管冒黑烟的主要原因是混合气过浓、点火能力不足、点火正时不正确以及气缸压力低等。可能的故障原因有进气系统堵塞；喷油器雾化不良或喷油量过大；节气门控制故障；冷却液温度传感器故障；空气流量计故障；氧传感器故障；火花弱；气缸压力低；点火正时不正确。

切入点：读取故障码和数据流。特别是数据流要注意观察长期燃油修正、短期燃油修正、氧传感器、冷却液温度传感器、空气流量计等信号。

根据故障码和数据流进行检查，有故障码的根据与故障现象有联系的故障码进行检查，没有故障码的则根据异常的数据流进行检查。在检查中结合火花塞跳火试验、气缸压力测试、喷油器泄漏、喷射状态、喷油量检验及正时检查等。

十七、发动机冷却液温度过高故障诊断的切入点

客户到修理厂维修，是因为他看到仪表指示的冷却液温度高了。但维修人员不能以仪表指示为准，遇到此类故障，切入点是连接故障诊断仪，读取发动机控制系统里的冷却液温度值。若诊断仪指示的冷却液温度正常，则可能的故障原因是水温表或水温警告灯指示有误，如感应塞损坏，线路搭铁、脱落或指示表失灵、水温表控制电路故障等。若诊断仪指示的冷却液温度与仪表指示的冷却液温度一致，则可按照发动机过热故障诊断的切入点进行下一步的检查。

十八、冷却液泄漏故障诊断的切入点

发动机冷却系统主要由散热器、风扇、水泵、节温器、进出水管、水温感应塞等组成。这些部件均可能产生泄漏，这些泄漏可以通过目视或给冷却系统加压观察确定泄漏的部位。但有一类泄漏很难确定，那就是气缸垫或气缸盖泄漏。

气缸垫或气缸盖泄漏冷却液有三个地方：一是发动机表面，这容易观察到；二是进入机油内，拔出机油尺也能发现；三是进入燃烧室，这不好发现，尤其是少量的冷却液进入气缸，更难发现。

这里要讲的就是如何查找冷却液进入了燃烧室。

排气管排气、火花塞颜色和气泡是故障诊断的切入点。该故障发生时往往有排气管冒白烟（水蒸气）、发动机抖动（火花塞电极颜色发白）、散热器或膨胀水箱的冷却液冒气泡、冷却水管鼓胀等现象出现。注意这些现象并不是都会出现，如排气管冒白烟（水蒸气），在冬季排气管排的水蒸气本来就比较大，不能以此为根据。散热器或膨胀水箱的冷却液冒气泡，在很多车上也见不到。气缸垫稍微冲破，发动机也不会抖动，但火花塞电极颜色会发白，尤其是把所有火花塞拆下来放在一起比较，可分析出哪个火花塞电极颜色发白，以此来判断是哪个气缸的气缸垫冲坏了。

十九、发动机过热故障诊断的切入点

发动机过热的故障现象是发动机冷却液的温度超过了正常值，有的车辆伴有发动机冷却液沸腾的现象。导致发动机过热的故障原因主要如下：

1）冷却液泄漏。
2）冷却系统有空气。
3）散热器表面被污物堵塞、变形；冷却液水垢过多。
4）冷却风扇控制电路故障，导致风扇不转；风扇本身有故障，如风扇电动机损坏、传动带松弛或打滑、风扇离合器失效等。
5）传动带张紧力（传动带张紧轮）不足。
6）节温器失效，不能正常开启，致使冷却液大循环工作不良。
7）水泵有故障。如水泵的泵水量不足，水泵传动带过松打滑，水泵的轴承松旷，水泵轴与叶轮脱转，水泵的叶轮、叶片破损，水泵的密封面、水封漏水等。
8）气缸垫烧蚀。
9）气缸体或气缸盖有裂纹。

发动机过热故障诊断的切入点在哪里？

首先进行基本检查。发动机过热的故障，所需要做的基本检查包括：①冷却系统是否漏水、水管是否破裂；②风扇插接器是否连接良好；③确定冷却液温度是否真的过高；④水温表或水温警告灯指示是否有误，如感应塞损坏，线路搭铁、脱落或指示表失灵、水温表控制电路故障等；⑤检查散热器表面是否脏垢、堵塞；⑥检查传动带张紧力、传动带张紧轮，张紧轮是否正常工作。

切入点一：确定故障是否由冷却液泄漏引起。因为大多数发动机过热，伴随着冷却液缺少。有两大原因：一是冷却系统泄漏；二是发动机高温冷却液外溢。如是冷却液泄漏，可以按照"冷却液泄漏故障诊断的切入点"进行，如果是发动机高温冷却液外溢，则需要继续下一步检查。

切入点二：检查冷却风扇是否工作或工作不正常。

检查冷却风扇是否工作或工作不正常。若不工作，使用故障诊断仪指令风扇低速、高速转动，如果不转，则检修低速、高速对应的控制电路及风扇本身。

切入点三：检查上下水管的温度。

检查上下水管的温度，若上下水管温度不一致，主要检查节温器是否卡滞在关闭位置。小心打开散热器盖，加速时查看其内的冷却液是否循环。

切入点四：检查气缸是否漏气（气缸垫或气缸套破损）。该故障发生时往往有排气管冒白烟（水蒸气）、发动机抖动（火花塞电极颜色发白）、散热器或膨胀水箱的冷却液冒气泡以及冷却水管鼓胀等现象出现。

二十、机油压力过低故障诊断的切入点

发动机润滑系统由机油集滤器、机油泵、机油滤清器、机油压力传感器及油道等组成。

润滑系统检测的主要参数有机油压力、机油消耗量和机油品质。这些参数既可表征润滑系统的技术状况，又可反映曲柄连杆机构有关配合副的技术状况。

发动机润滑系统机油压力的高低首先取决于润滑系统的技术状况，如机油泵性能、限压阀的调整、油道和机油滤清器的阻力等，同时，机油压力还与机油品质和机油的温度、黏度有关，温度高、机油黏度低，则机油压力变小；反之，则油压升高。此外，机油压力还与曲轴主轴承、连杆轴承和凸轮轴轴承的间隙等有关，轴承磨损后间隙增大，轴承间隙处机油的泄漏量增大而使机油压力下降。若机油泵技术状况正常，则机油压力的降低主要由曲轴主轴颈和连杆轴颈磨损过大引起，因此机油压力常常作为诊断相关轴承间隙的重要参数。

（一）故障现象

机油压力过低的故障现象是发动机工作时，机油压力始终过低，机油压力警告灯亮；或车辆在行驶过程中，机油压力警告灯偶尔闪亮。第二点尤其要注意，有的车辆就因为机油压力警告灯偶尔闪亮不在意，导致发动机严重损坏。

（二）故障原因

导致机油压力过低的故障原因主要如下：

1）油底壳内机油不足或使用假冒伪劣机油。

2）机油进水或燃油，导致黏度小。

3）泄漏。机油进、回油管接头松动或油管破裂，曲轴前油封、后油封、凸轮轴油封等

密封不良，油底壳衬垫、气门室罩盖垫、正时齿轮室盖衬垫渗漏等。

4）机油滤清器旁通阀不密封，或其弹簧折断，或弹力不足。

5）机油集滤器堵塞。

6）机油压力表或其感传器失效。

7）机油泵磨损严重；限压阀调整不当，其弹簧折断或弹力不足，使供油压力过低。

8）曲轴主轴承、连杆轴承或凸轮轴轴承间隙过大。

（三）故障诊断的切入点

由于这个故障的诊断离不开机油压力检查，压力表的数值就是故障诊断的切入点。

技术状况良好的发动机在正常转速范围内，汽油机的机油压力应为196～392kPa，柴油机的机油压力应为294～588kPa。若中等转速下的机油压力低于147kPa，急速时低于49kPa（各车型的准确机油压力值详见其维修手册），则应停止发动机运转并检查润滑系统。

（四）故障检测与排除

首先要检查机油量是否不足。拔出机油尺检查油面高度，如过低应及时加机油。再检查机油是否变质或机油黏度是否过小。进行外观检查，重点查看机油压力传感器的插接器是否牢固，油底壳是否变形。如果没有问题就要测试机油压力了，值得注意的是，有的车辆的机油压力值可在汽车仪表板上的机油压力表上显示出来，但该类型机油压力表和油压传感器不能保证必要的测量精度，因此在定期检测时，应采用专用机油压力表检测机油压力。机油压力检测步骤如下：

1）拆下机油传感器，接入机油压力表，测量机油压力。机油压力值应符合维修手册的规定。若机油压力正常，则说明原机油压力传感器或表失效；若机油压力较低，则进行下一步检查。

2）检查机油滤清器的旁通阀是否堵塞不能开启。若有故障，则更换机油滤清器；若正常，则拆下油底壳，检查集滤器是否堵塞、机油进油管接头是否松动或油管破裂。若正常，则检查机油泵是否磨损严重。若机油泵工作正常，则油压过低的原因可能是曲轴主轴承、连杆轴承、凸轮轴轴承的间隙过大，应进行维修。

[案例]　2006年款奇瑞旗云轿车，急速时机油压力指示灯报警。

故障现象：2006年款奇瑞旗云轿车，急速时机油压力指示灯报警。

故障诊断与分析：可能的故障原因主要有两个，一是机油压力开关错误报警；二是机油压力低。引起机油压力开关错误报警的原因有很多，引起机油压力低的原因更多。那怎么判断呢？先拆下机油感应塞，安装机油压力表，测量机油压力，标准值是急速时为25kPa，加速到3000r/min时为170～550kPa。经检查该车的机油压力，急速时为60kPa，加速到3000r/min时为400kPa。可以判断机油压力正常，需要检查机油压力开关及线路。检查线路正常，故障应该在机油感应塞。

故障排除：更换机油感应塞，故障消除。

二十一、机油消耗过多故障诊断的切入点

（一）故障现象

机油消耗过多的故障现象：①机油消耗异常；②排气管冒蓝烟。

(二)故障原因

发动机机油消耗过多,有两种可能,即机油外漏或机油进入燃烧室烧掉。其可能原因如下:

1)机油泄漏。
2)废气阀损坏。
3)曲轴箱通风不良,导致曲轴箱内的气体压力和机油温度升高,气体压力升高容易造成机油渗漏、蒸发,进入气缸内燃烧,使机油消耗过多。
4)气门导管磨损过多,气门杆油封损坏,使机油容易进入燃烧室。
5)活塞环装配不当,如锥面环、扭曲环上下方向装反,则发动机工作时活塞环具有向燃烧室泵油的作用,不断地将润滑气缸壁的机油刮入燃烧室内燃烧。
6)机油压力过高,容易导致机油窜入燃烧室燃烧。
7)气缸壁间隙过大或活塞环密封性变差,使机油窜入燃烧室燃烧。
8)活塞环的端隙、背隙及边隙过大,以及活塞环安装时有对口现象,均容易使机油进入燃烧室。
9)涡轮增压器损坏。

(三)故障诊断的切入点

机油消耗过多故障的诊断需要技巧和经验,排气冒蓝烟的时间和多少是故障诊断的切入点。对于涡轮增压器的发动机,诊断时检查涡轮增压器至节气管是否有机油,是确定涡轮增压器是否损坏的点。

(四)故障诊断与排除

这个故障首先要检查发动机各部件外表面有无漏油处或漏油痕迹。应重点检查主要漏油部位,如曲轴前端和后端及凸轮轴后端油堵。若有漏油处,应进行检修排除;若没有漏油处,说明机油被吸入气缸燃烧而消耗过多。

1)检查机油是否被吸入气缸燃烧而损耗。发动机工作时,若排气管明显地冒蓝烟,则说明机油进入燃烧室参与了燃烧。当发动机高速运转或急加速时,排气管大量冒蓝烟,同时机油加注口也向外冒蓝烟,说明活塞、活塞环与气缸壁磨损过多,或者活塞环的端隙、边隙及背隙过大,或者活塞环卡死、开口转到一起、弹力不足,或者扭曲环方向装反等,使机油容易窜入燃烧室。若发动机大负荷运转时,排气管冒蓝烟而机油加注口不冒烟,则表明气门导管磨损过多,气门杆油封损坏,使机油被吸入燃烧室。

另外,通过冷热车也可以判断。早上可以观察排气管的废气情况。如果平日发动机工作时冒蓝烟少,而早上冒蓝烟多,那主要是由于气门油封老化或气门导管磨损造成的。因为车辆停放一晚,机油沿老化的气门油封或磨损的气门导管进入气缸,导致早上冒蓝烟多。

2)检查曲轴箱通风情况。汽油机采用强制封闭式曲轴箱通风装置。检查曲轴箱强制通风阀(PCV),若该阀堵塞或损坏或膜片破碎,特别是膜片破碎,会导致机油被大量吸入气缸而燃烧,这种情况一般伴有发动机怠速抖动。

3)对于采用气压制动的汽车,当松开湿储气筒放水排污开关后,若发现伴有大量油污排出,则表明空气压缩机的活塞、活塞环与气缸壁磨损过多。

4）检查机油压力是否正常。若机油压力过高，有可能引起烧机油，应检查发动机润滑系统，排除机油压力过高的故障。

第三节　底盘故障诊断的切入点

一、离合器打滑故障诊断的切入点

离合器打滑是指汽车起步时，完全放松离合器踏板，汽车不能起步或起步困难。汽车在行驶中加速时，车速不能随发动机转速的提高而增加；上坡时现象尤其明显，严重时会散发因摩擦衬片过热而产生的烧焦气味。这种情况首先要排除驾驶人操作的问题，如行驶中没有完全放开离合器踏板，过多使用半离合状态。

离合器打滑的主要原因是离合器摩擦片的摩擦力不足。故障诊断的切入点是检查离合器踏板的自由行程，若离合器踏板的自由行程过小，要找到原因，看看是调整不当还是离合器分泵不回位。若离合器踏板的自由行程正常，离合器分泵回位正常，则离合器打滑可能的故障原因还包括：

1）离合器摩擦片磨损减薄；表面硬化、烧蚀或沾有油污，使摩擦因数下降。
2）压盘磨损后太薄，使压紧力不足。
3）膜片弹簧过软，弹力不够；膜片弹簧内端不平。
4）离合器盖变形或与飞轮的连接松动，使压盘处于半分离状态，在传递动力时打滑等。

这些原因，需要拆下离合器进行检查，拆卸后哪里损坏就一目了然了。

二、手动变速器挂档困难故障诊断的切入点

变速器挂档困难，不要马上就拆检变速器，一定要分清是离合器的故障还是变速器的故障。变速器挂档困难的故障现象是挂档时，变速杆操作沉重，需费很大的力才能挂入档位。

产生故障的原因有很多，除了变速器的原因外，还有可能是因为离合器分离不彻底。那如何区分是变速器的原因还是离合器的原因呢？

切入点是发动机工作与否、挂档的难易程度。可以在不同状态下判断，发动机工作时，变速器挂档困难，而发动机熄火后挂档轻便，则为离合器故障。发动机工作时，变速器挂档困难，而发动机熄火后挂档仍然困难，则为变速器故障。如果排除了离合器的故障，可从以下方面检查变速器：

1）操纵机构失调，变速杆和拉杆弯曲变形，各活动连接处磨损松旷，使齿轮啮合不到位。
2）拨叉固定有松动、弯曲变形或严重磨损；拨叉端头严重锈蚀使变速叉轴移动困难。
3）拨叉轴弯曲、锈蚀或有毛刺，锁止弹簧过硬或互锁销被卡住，使拨叉轴无法轴向移动。
4）齿轮端面因摩擦产生飞边，或接合套花键磨损、起毛或损坏；新换齿轮齿端面倒角太小。
5）同步器锥环牙齿沿轴线方向磨损成凸形或断裂；摩擦锥面螺旋槽磨损或磨光，使齿环端面与齿轮端面的间隙缩小，甚至无间隙，降低了摩擦效果，同步器失效。
6）同步器总成在输出轴上的摆动太大。

三、自动变速器换档冲击故障诊断的切入点

自动变速器的结构和工作原理很复杂，当出现故障时，盲目拆卸分解往往找不出故障的真正原因，甚至会造成自动变速器不应有的损坏。因此，应利用各种检测仪器和方法，按照由外到内、由简到繁的步骤和程序，诊断出故障原因，有针对性地进行检修。自动变速器维修的原则是维修前全面的故障诊断，拆解时认真的检查及对故障的进一步证实。

自动变速器换档冲击的故障现象如下：

1）发动机怠速，踩住制动踏板，汽车起步时，由停车档或空档挂入倒档或前进档时感觉冲击严重。

2）行驶中，在自动变速器升档的瞬间汽车有较明显的冲击。

故障诊断的切入点一：应排除发动机及其他部位的故障，确诊换档冲击过大是由自动变速器原因所致。发动机怠速过高，节气门拉索调整不当，真空式节气门阀的真空膜片、软管破裂或松脱；节气门位置传感器、车速传感器故障，应首先排除。注意如果是发动机怠速过高引起的冲击，那么这种冲击不会导致行驶中的换档冲击，只是从 N 位到 D 位或 N 位到 R 位产生冲击。

切入点二：在排除发动机故障后，要确认自动变速器是电控元件故障还是机械元件故障，对电控自动变速器，若故障指示灯闪亮，应读取故障码，按提示检修并排除电控系统相关部位（传感器、油压电磁阀、控制单元及线路等）的故障。

切入点三：读取数据流，重点是检查节气门位置信号、加速踏板位置传感器信号，如果这些信号与发动机转速、车速不匹配，会产生冲击。检查输入轴转速传感器信号和输出轴转速传感器信号。

切入点四：油质检查，排除执行元件异常磨损。

切入点五：路试。路试注意以下方面：

如果加速踏板踩得越慢，冲击越大，这种情况不符合换档控制逻辑，因此故障原因可能在信号方面，需要重点检查节气门位置信号和车速信号。

如果每个档位都冲击，故障原因在公共部分，如油泵、阀体、主油路调节阀、节气门位置传感器、加速踏板位置传感器、车速传感器和控制单元等。

如果只是个别档位冲击，故障原因应该在与该档位相关的部件上。

切入点六：确定自动变速器是否需要自适应学习。大部分自动变速器具有自学习功能，对于在使用过程中出现的变速器零件磨损、变速器油脏污、油路堵塞等导致换档迟缓的情况，通过自适应学习，将变速器的换档规律适配在最佳状态，补偿上述偏差。但是在变速器经过维修后需要执行自适应程序，告诉变速器进行了哪些修理和调整。对某些车型，如果不进行自适应学习，就会产生换档冲击现象。具体讲，维修自动变速器、更换变速器控制单元、更换加速踏板位置传感器后，如果出现从 N 位到 D 位或 R 位的冲击，甚至在 D 位行驶过程产生换档冲击，则需要进行自适应学习。

切入点七：检测油路油压。检测可能导致故障的油路油压（包括主油路油压、蓄压器油压或某一离合器、制动器油路的油压、速控油压等），并检查升档瞬间油路压力的变化情况。如有异常，则应拆检阀体，检查蓄压器及相关调压阀等。对刚修过的车辆，要注意检查

单向节流阀是否错装或漏装。

切入点八：检查减振器工作是否正常。

四、自动变速器不能升档故障诊断的切入点

自动变速器不能升档的故障现象是汽车行驶中自动变速器始终保持在某个档位，不能升档。

故障诊断的切入点：确定故障是自动变速器失效保护还是不能升入某一档位。

故障检测时可按照以下顺序：

1）对电控自动变速器（ECT），应先读取故障码，按提示检修相关的传感器（车速和节气门位置）、档位开关、换档电磁阀、控制单元及线路等。

2）测量调速阀油压。若车速升高后调速阀的油压仍为零或很低，则为调速阀有故障或调速阀的油路严重泄漏，应拆检调速阀。调速阀如有卡滞，应分解清洗，并将阀芯和阀孔用金相砂纸抛光；若清洗抛光后仍有卡滞，应更换调速阀。调速阀油路的密封性可用压缩空气检查，如有泄漏，应更换密封圈和密封油环。

3）若调速阀油压正常，应拆检阀体；检修各换档阀，如不能修复，应更换阀体。

4）若电控系统和阀体无故障，应分解自动变速器，检查相关换档执行元件有无打滑；用压缩空气检查各离合器、制动器油路或活塞有无泄漏，视情况修复或更换。

[案例] 别克君威轿车高速不升档的故障诊断与排除。

故障现象：2005年款别克君威轿车，行驶里程为12万km，出现自动变速器高速不升档、油耗大的故障。

故障诊断与分析：该车采用4T65-E型自动变速器，该自动变速器可提供4个前进档和1个倒档。连接故障诊断仪，读取故障码，有关自动变速器的故障码有2个，分别是P0730，表明传动比不正确；P0741，表明变矩器离合器（TCC）系统卡滞关闭。

检查自动变速器液位，正常。检查油液品质，有变质迹象。清除故障码后进行路试，行驶50km后车辆开始出现高速不升档的现象，再次读取故障码，只有一个故障码为P0741。清除后车辆立即恢复正常，但故障很快又重现。

根据故障码确定可能的故障原因有TCC控制阀、TCC调节阀、TCC PWM电磁阀卡滞，电磁阀O形密封圈破碎，变速器油脏污以及阀体油道堵塞等。

首先将车辆举升起来，打开变速器油底壳，拆下滤清器，发现较脏。如图5-5所示，检查阀体上的TCC PWM电磁阀的密封胶圈完好无损，测量电阻值为11.2Ω（25℃），正常。随后检查了压力控制阀和两个换档电磁阀，没有问题。油泵总成侧有一个小滤网已阻塞三分之二，取下后清洗装复。

针对以上检查分析，出现该故障的原因有两个：一是TCC PWM电磁阀间歇性工作不良，造成TCC接合不良，导致打滑；二是滤清器脏、油泵滤网几乎堵塞造成油道不畅、油压不足，导致打滑。PCM识别到有过度打滑现象便禁止升四档、冻结换档适配值，造成发动机转速很高，但不升四档，车速不高，油耗增加。

故障排除：更换TCC PWM电磁阀和变速器过滤器。清洗阀体后装复，路试，故障现象消失。

第五章 故障诊断的切入点

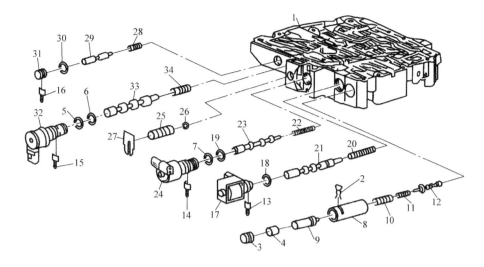

图 5-5 控制阀体总成之一
1—控制阀体 2—管路压力阀和轴套夹持器 3、31—孔塞 4—助力阀 5、6—TCC PWM 电磁阀 O 形圈
7—压力控制电磁阀 O 形密封圈 8—倒档助力阀衬套 9—倒档助力阀 10—压力调节阀外弹簧
11—压力调节阀内弹簧 12—压力调节阀 13—1—2、3—4 档换档电磁阀夹持器 14—压力控制电磁阀夹持器
15—TCC PWM 电磁阀夹持器 16—TCC 调节器啮合阀夹持器 17—1—2、3—4 档换档电磁阀总成
18—1—2、3—4 档换档电磁阀 O 形圈 19—压力控制电磁阀 O 形圈 20—1—2 档换档阀弹簧 21—1—2 档换档阀
22—转矩信号调节阀弹簧 23—转矩信号调节阀 24—压力控制电磁阀总成 25—泄压阀弹簧 26—泄压阀
27—夹持器 28—TCC 调节器接合阀弹簧 29—TCC 调节器接合阀 30—O 形圈
32—TCC PWM 电磁阀总成 33—TCC 控制阀 34—TCC 控制阀弹簧

小结：PCM 对于液力变矩器锁止离合器的接合、分离及受控打滑的控制是通过变矩器离合器（TCC）脉冲宽度可调（PWM）电磁阀、控制阀及调节阀等部件共同完成的。当车速达到预定值时，PCM 指令 TCC PWM 电磁阀控制油压以及使 TCC 接合，当 TCC 完全接合后，发动机即通过 TCC 与变速器直接相连。PCM 允许 TCC 有较小的、不会产生过度磨损的打滑，以便使 TCC 的接合与释放作用平稳。TCC 打滑速度限制在 20~50r/min 范围内。如果在 TCC 接合时，PCM 通过变速器输入与输出转速传感器的速率对比（即传动比），检测到 TCC 滑动速度两次超过 180r/min，且每次持续 7s，PCM 便识别到有过度打滑现象，就设置 DTCPO741。同时，如果变速器在热模式中，PCM 将禁止升四档、冻结换档适配值。

五、自动变速器不能行驶故障诊断的切入点

自动变速器不能行驶故障诊断的切入点也要按照上述两个故障的思路进行，下面以一个实例来详细说明。

[**案例**] 5L40E 型自动变速器故障的诊断。

故障现象：一辆装有 5L40E 型自动变速器的凯迪拉克轿车出现行驶中时走时停的故障。

故障诊断与分析：检查本着从简单到复杂、从外部到内部、先仪器后拆装的原则进行。自动变速器的故障，拆装前检查得越彻底，维修时走的弯路越少。

1. 基本检查

（1）自动变速器油位检查 5L40E 型自动变速器没有自动变速器油尺，因此检查应按照以下步骤进行：

1) 起动发动机,将变速杆置于各档位并停留数秒,然后返回 P 位。

2) 支起车辆并保持水平。

3) 用 TECH2 观察自动变速器油温,在 30~50℃时,拧下油面检查螺塞1,油位应和螺塞孔的底部平齐。

(2) 检查自动变速器油是否变质 自动变速器油添加了红色的染色剂,以便与其他油液区分,随着车辆的使用,油液会变为深浅色,这是正常的。如果油液为深褐色或黑色且有焦味,说明自动变速器油已经变质,需要更换;如果自动变速器油中有银白的金属粉末,说明自动变速器内部有机构部件磨损或损坏。

检查该车自动变速器油位正常,但自动变速器油已变成黑色,油中有银色的金属粉末。

2. 故障码检测

连接故障诊断仪,检查自动变速器电控系统没有故障码记忆。

3. 油压检查

1) 连接故障诊断仪。

2) 连接压力表至 5L40E 型自动变速器的油压测试孔。

3) 使发动机工作,预热自动变速器。

4) 用故障诊断仪使压力控制电磁阀的电流,从 0 增加至 0.1A。在每次压力变化后等待 5s,以使压力稳定,记录相应的管路压力。5L40E 型自动变速器油压规定值见表 5-5。

表 5-5　5L40E 型自动变速器油压规定值

PC 阀电流/A	管路压力/kPa	PC 阀电流/A	管路压力/kPa
0.1	1194~1355	0.8	654~819
0.3	1118~1296	0.9	453~611
0.5	1002~1166	1.1	288~440
0.7	804~966		

经检查该车油压低于标准值。

4. 路试

进行路试,5L40E 型自动变速器的换档点数据见表 5-6。

表 5-6　5L40E 型自动变速器的换档点数据

档位	节气门位置(%)	车速/(km/h)	档位	节气门位置(%)	车速/(km/h)
1-2 档换档	12	13	3-2 档换档	12	21
	25	16		25	21
	50	27		50	21
2-3 档换档	12	25	4-3 档换档	12	37
	25	31		25	37
	50	48		50	37
3-4 档换档	12	45	5-4 档换档	12	50
	25	48		25	50
	50	79		50	64
4-5 档换档	12	66	3 档 TCC 接合	12	39
	25	80		25	72
	50	111	4 档 TCC 接合	12	42
2-1 档换档	12	8		25	48
	25	8	5 档 TCC 接合	12	50
	50	8		25	120

该车的故障为时走时停，在车辆能行驶时检查换档车速高于标准值，3 档升 4 档、4 档升 5 档尤为明显。

5. 电磁阀及传感器的检查

拆下油底壳，检查电磁阀及传感器，标准值见表 5-7 和表 5-8。

表 5-7 电磁阀及传感器的标准值

元件	线路编号	线色	串接接头杆	20℃时电阻/Ω	70℃时电阻/Ω	地阻－变速器壳/kΩ
1-2 档换档电磁阀	1525	白	17	15.0~17.0	17.9~20.3	>50
	1222	黑	14			
2-3 档换档电磁阀	1525	白	17	15.0~17.0	17.9~20.3	>50
	1223	蓝	9			
4-5 档换档电磁阀	1525	白	17	15.0~17.0	17.9~20.3	>50
	898	灰	5			
压力控制电磁阀	1228	绿	13	3.5~4.6	4.2~5.5	>50
	1229	白	8			
TCC PWM 电磁阀	1525	白	17	10.0~11.5	11.8~13.6	>50
	422	黄	20			
输入转速传感器	1230	黄	18	325~485	385~575	>50
	1231	白	15			
输出转速传感器	400	橙	1	325~485	385~575	>50
	401	白	3			
自动变速器油温传感器	1227	红	10	关于自动变速器油温传感器的规格见表5-8		
	2762	白	6			
自动变速器变速杆开关	1039	粉	D	8200~8300	—	>50
	5526	紫	H			
自动变速器变速杆升档开关	1039	粉	D	4370~4470	—	>50
	5526	紫	H			
自动变速器变速杆降档开关	1039	粉	D	1450~1550	—	>50
	5526	紫	H			

表 5-8 自动变速器油温传感器的电阻值

温度/℃	自动变速器油温传感器的电阻值/Ω		温度/℃	自动变速器油温传感器的电阻值/Ω	
	最大	最小		最大	最小
-30	50 264	54 924	60	656	686
-20	27 439	29 725	70	459	479
-10	15 540	16 700	80	327	341
0	9097	9701	90	237	247
10	5493	5823	100	174	182
20	3418	3604	110	130	136
30	2185	2295	120	98	104
40	1430	1500	130	75	80
50	958	1002			

经检查，电磁阀及传感器均在标准值范围内。

6. 拆装检查

经过上述检查，认定故障在自动变速器内部，决定解体自动变速器。

（1）拆下油底壳　拆下自动变速器的油底壳，发现滤网被银白的金属粉末堵塞（图5-6）。

（2）解体自动变速器　将自动变速器拆下解体，发现摩擦片已经变黑、磨损（图5-7），但检查每一组离合器和制动器的摩擦片均无摩擦片的摩擦材料磨净露出金属的情况。检查钢片和其他金属部件也无过度磨损的情况。

（3）变矩器的检查　最后将变矩器在专用车床上切割，检查发现变矩器锁止离合器严重磨损（图5-8）。

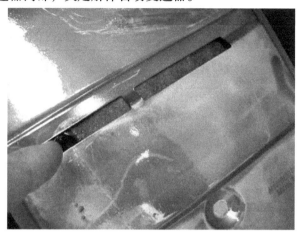

图5-6　滤网被银白的金属粉末堵塞

图5-7　摩擦片已经变黑、磨损

图5-8　变矩器锁止离合器严重磨损

故障排除：更换变矩器、整套摩擦片及密封件后将自动变速器装车，试车故障消除。

六、制动效果差故障诊断的切入点

1. 故障现象

制动效果差的故障现象是，在汽车行驶中，踩下制动踏板时，汽车不能立即减速和停车，制动距离过长。

2. 故障诊断的切入点

制动效果差故障的诊断要从基本检查开始，检查储油罐的油液是否太少或无油，若油液过少，说明制动系统内可能有漏油故障，可加满制动液后再诊断。切入点一是踩下制动踏板，观察制动踏板的变化。切入点二是观察制动系统放气时制动液的压力和状态。

1）连续踩几下制动踏板，踏板逐渐升高，但升高后不抬脚继续踩，感到有弹力。制动系统放气时，制动液中有气泡，说明制动液压系统内有空气。

2）一脚制动不灵，连踩几下制动踏板，踏板位置逐渐升高并且效果良好，说明制动踏板自由行程过大或制动摩擦片与制动鼓（盘）的间隙过大。

3）连踩几下制动踏板，踏板位置能逐渐升高，但升高后不抬脚继续踩，踏板则下沉至很低位置，说明制动系统中有漏油之处，可能是制动主缸、轮缸、管路、管路接头漏油或制动主缸、轮缸磨损严重、皮碗破裂损坏或主缸出油阀关闭不严。

4）当踩下制动踏板时，踏板位置很低，再踩几下踏板，位置还不能升高，制动系统放气时，制动液压力低，一般为制动主缸故障。

5）当踩下制动踏板时，踏板高度合乎要求，也深感有力且不下沉，但制动效果不好则为车轮制动器故障，多由摩擦片硬化、铆钉头露出、摩擦片油污、制动鼓（盘）磨损及变形引起；若踏板高度合适，但踩踏板时感到很硬，则故障可能是因制动油管凹瘪、软管内孔不畅通或真空助力器效能不佳所致。

[案例] 赛欧轿车制动效果差。

故障现象：2003年款赛欧轿车，装备自动变速器，制动时需要将制动踏板踩到很低的位置才会有制动力。

故障诊断与分析：使发动机原地怠速工作，缓慢踩下制动踏板，踏板会不断下降，快速踩下制动踏板，踏板在较低的位置时才会感觉有制动力，保持施加踏板力，制动踏板会下降，踏板感觉柔软。

进行路试。在车速为30km/h左右时缓慢踩下制动踏板，车辆仍然向前行驶，明显感觉制动效果不良，如果快速踩下制动踏板，车辆可以停住，但是制动踏板位置较低。为了排除制动系统存在空气的可能，进行制动系统放气，但是未见气泡，而且放气后制动踏板不能回位，这说明制动总泵已经不能建立油压。

故障排除：更换制动总泵后路试，故障消除。

七、制动跑偏故障诊断的切入点

1. 故障现象

制动跑偏的故障现象是，汽车在平路上制动时，向左或向右偏驶，紧急制动时跑偏尤为严重。

2. 故障诊断的切入点

制动跑偏故障的诊断应从基本检查开始，检查轮胎气压和轮胎的磨损程度，在基本检查无异常的情况下，再进行其他检查。确定单个车轮的制动效果是故障诊断的切入点。

1）进行路试。先进行减速制动，若汽车向左跑偏，则说明右边车轮制动迟缓或制动力不足；若汽车向右跑偏，则说明左边车轮有故障。再进行紧急制动，并观察车轮抱死后留在地面上的印迹。若同一轴两边车轮的印迹不能同时发生，其中印迹短的车轮为制动迟缓，印迹轻的为制动力不足。带ABS的车辆可将ABS的熔丝或插接器拔下。

2）找出制动迟缓或制动力不足的车轮后，应仔细检查该轮制动管路有无碰瘪、漏油的现象，检查该轮的轮胎气压是否正常，轮胎磨损是否严重。

3）检查并调整该轮制动摩擦片与制动鼓（盘）的间隙。调整后若制动跑偏现象消除，则说明故障为该轮的制动器间隙调整不当。

4）若上述制动器间隙符合要求，则应分解制动器和制动轮缸进行深入检查。检查制动器的技术状况，如制动盘或制动鼓是否变形严重，摩擦片是否有硬化现象或有油污等；检查轮缸活塞和皮碗的形态是否正常，油管是否畅通等，以确诊故障部位。

5）若上述检查均正常，而故障现象依然存在，则说明制动跑偏的故障不在制动系统本身，可能是由车身变形或其他系统（悬架系统、转向机构、行驶系统）的工作条件恶化所致。

八、制动拖滞故障诊断的切入点

1. 故障现象

抬起制动踏板时，全部或个别车轮的制动作用不能解除或解除缓慢，致使汽车起步困难或行驶无力，制动鼓发热。

2. 故障诊断的切入点

制动拖滞故障的诊断应从确定个别车轮过热还是全部车轮发热开始。若全部车轮的制动鼓都发热，则应确定是机械故障还是液压系统故障。

1）确定个别车轮过热还是全部车轮发热。汽车行驶一段里程后，用手触摸各车轮的制动鼓。若个别车轮的制动鼓发热，则故障在该车轮制动器。若故障在单个车轮制动器，应先拧松放气螺栓，若制动液急速喷出，制动蹄回位，则说明故障是由油管堵塞致使轮缸不能回油所致。若制动蹄仍不能回位，则应调整摩擦片与制动鼓的间隙。若全部车轮的制动鼓都发热，则进行下一步诊断。

2）确定是机械故障还是液压系统故障。支起车轮，拧松放气螺栓。如果车轮可以转动，说明是液压系统故障；如果仍然不能转动，说明是机械故障。

应先检查制动踏板的自由行程。若自由行程符合要求，则应检查制动主缸。可将主缸储油罐盖打开，并连续踩下和放松制动踏板，看其能否回油。若不能回油，说明回油孔堵塞；若回油缓慢，说明皮碗、皮圈发胀或回位弹簧无力，则故障在制动主缸。同时还应观察制动踏板的回位情况，若制动踏板不能迅速回位，说明回位弹簧过软或折断。若制动主缸回油正常，且制动踏板回位正常，则进行车轮转动试验。松开制动踏板，让各车轮悬空并用手转动车轮，若各轮的转动阻力很大，则说明故障为各轮制动摩擦片与制动鼓的间隙过小或调整不当；若经调整均无效（单个车轮），则应拆下制动器检查轮缸活塞、皮碗、回位弹簧、制动鼓和制动摩擦片的状况以及制动蹄片支承销的活动情况。

九、驻车制动不良故障诊断的切入点

1. 故障现象

1）将汽车停放在平坦的地面上，拉紧驻车制动器手柄，挂入低速档起步，若汽车很容易起步而发动机不熄火，说明驻车制动不良。

2）在坡道上停车时，拉紧驻车制动器手柄，汽车不能停止而发生溜车现象。

2. 故障诊断的切入点

切入点一是驻车制动手柄的行程。从驻车制动器手柄放松位置往上拉，直至拉不动为止。检查手柄的行程，若行程过大，说明手柄的自由行程过大，应调整。检查拉动手柄的阻力，若感觉没有阻力或阻力很小，说明手柄或绳索断裂或松脱，应更换或修复；若感觉很

第五章 故障诊断的切入点

沉，说明手柄或绳索及制动器发卡，应拆检修复。

切入点二是检查后轮制动器的间隙是否符合要求。若制动器间隙过大，应调整。注意：有的车辆的驻车制动器是单独的制动片。

如上述检查均正常，应拆检驻车制动器。检查制动蹄摩擦片是否磨损过多或有无油污；检查制动鼓是否磨损过多、失圆或有沟槽；检查制动蹄运动是否发卡，若有发卡现象，应修复或润滑；检查制动蹄摩擦片与制动鼓的接触面积是否符合要求，若接触面积过小，应更换或修整。

十、电控助力转向沉重故障诊断的切入点

转向系统包括机械式、液压助力式、电控液压助力式和电控电动助力式，现在大多转向系统或者是电控液压助力式，或者是电控电动助力式。对于电控液压助力式转向系统，如果出现转向沉重的故障，故障诊断的切入点是先检查转向助力液的液位是否正常，再连接诊断仪检查控制系统是否有故障码，最后检查转向系统。例如转向沉重，转向助力液的液位正常，连接诊断仪检查控制系统无故障码，然后对前桥进行检查。对于转向沉重或方向跑偏要注意检查转向节是否变形。

如果转向系统正常，则要继续检查车身是否变形、前后桥是否变形、减振器或减振器弹簧是否失效。

[案例1] 奥迪 A4L 轿车转向沉重。

故障现象：奥迪 A4L 轿车，装备 CDZA 发动机和 01J 变速器，出现转向沉重。

故障诊断与分析：进行基本检查，检查转向助力液正常，助力带张紧度正常，助力液压力正常。举升车辆，扭转轮胎十分费力，就此判断故障原因应在悬架系统。仔细检查车辆前悬架球头及摆臂未见异常，车辆下部无磕碰痕迹；断开转向柱与转向器的连接，扭转车轮，车轮活动正常，检查转向柱万向节，发现万向节在一个方向无法正常活动。

故障排除：更换转向柱万向节，故障消除。

[案例2] 奥迪 A4L 轿车冷车转向沉重。

故障现象：奥迪 A4L 轿车冷车转向沉重。

故障诊断与分析：连接 VAS5052 诊断仪检查，故障是电控转向助力系统电磁阀短路或断路。按照故障导航的提示检查电控转向助力系统电磁阀的导线。经检查从中央控制器单元 J519 到电控转向助力系统电磁阀的导线 T17q 插头松动。

故障排除：将从 J519 到电控转向助力系统电磁阀的导线 T17q 插头处理好，故障消除。

[案例3] 奥迪 A6L 轿车偶发性转向沉重。

故障现象：奥迪 A6L（C6PA），装备 2.8L CCE 发动机和 CVT 变速器。该车正常使用时突然转向沉重，但行驶一段时间后又正常了，此故障为偶发故障。

故障诊断与分析：连接故障诊断仪，检测无故障码。检查转向助力液的液液正常，测量转向助力泵压力正常，测量转向助力系统电磁阀 N119 至车载网络控制单元 J520 之间的线束插头供电均正常。

由于此故障属偶发故障，检查时无故障现象存在，尝试更换 N119 电磁阀及 J520 两个怀疑部件，故障仍存在。经仔细检查发现 17 芯红色插头连接，即左侧 A 柱接线板内的 N119 线束插头与线接触不良，存在供电时有时无的现象。

故障排除：处理转向助力系统电磁阀的线束，故障消除。

[案例4] 奥迪 A6L 轿车行驶时，有时转向沉重。

故障现象：奥迪 A6L（C6PA），装备 BPJ 发动机和 01J 变速器。该车行驶时，有时转向沉重，属于偶发故障，有时几天出现一次，故障出现后熄火，重新起动发动机后现象就消失了。

故障诊断与分析：检查转向助力液的液位正常，连接故障诊断仪，检测无故障码存储。检查转向助力泵油压，能达到 12MPa 左右，符合规定的标准值。

读取中央电器控制单元 J519 的数据流，在怠速状态下转向器随速电磁阀的供电电流不正常，约为 0.52A，正常状态下应在 0.8A 以上，判断供电控制单元故障。

分析供电控制单元自身故障，导致怠速时供给伺服电磁阀 N119 的电流不正确。

故障排除：更换供电控制单元 J519，故障消除。

[案例5] 奥迪 A5 轿车动态转向系统报警。

故障现象：奥迪 A5 轿车出现动态转向系统报警，EPC 报警故障。

故障诊断与分析：执行引导性故障查询功能，当执行到检查动态转向装置的温度时得知动态转向装置的温度为 22℃（正常为 50~60℃）。由于检查主动转向控制单元 J792、电动机相位导线的电压正常，初步判断以上故障应属动态转向系统转向柱内部短路/断路故障。

故障排除：更换动态转向系统转向柱后，系统恢复正常。

十一、汽车方向稳定性不良故障诊断的切入点

汽车悬架系统主要由弹性元件、导向装置和减振器三部分组成。其功能是传力、缓和并迅速衰减车身与车桥之间因路面不平引起的冲击和振动，保证汽车具有良好的行驶平顺性、操纵稳定性和行驶安全性。

1. 故障现象

汽车正常行驶时跑偏；转向盘路感差，行驶时转向盘左右晃动，制动时转向盘不稳定。

汽车的转向系统、悬架系统和轮胎与车轮及车身的故障，都能影响汽车的操作稳定性和行驶安全性。因此在对故障进行诊断时，必须全面考虑。

2. 故障诊断的切入点

切入点一是基本检查。

1）检查左、右轮胎的新旧程度、外径尺寸及气压是否一致。保证两转向轮外径尺寸一致，并按规定充气。

2）检查稳定杆和绝缘体是否损坏。若损坏，应予以更换。

3）检查下控制臂、球节、横拉杆是否磨损或变形，减振弹簧、减振器是否损坏，车身和车架是否变形，必要时进行矫正或更换。

4）检查车轮轴承/轮毂是否松动或有过度的横向跳动，检查所有车轮是否存在制动拖滞。若制动拖滞、轴承过紧、松动或有过度的横向跳动，应调整或更换轮毂或轴承。

5）检查车辆翘头高度是否符合要求，检查左、右轴距是否相等，以及左右减振器的工作性能是否一致。若不符合要求，应予以调整或修理。

第五章　故障诊断的切入点

6）检查转向装置和转向柱是否损坏或松动。若不符合要求，应予以修理。

切入点二是四轮定位。检查前束是否符合要求，两前轮主销后倾角、前轮外倾角是否相同。若不符合要求，应予以修理。

第四节　电气系统故障诊断的切入点

一、空调不制冷故障诊断的切入点

客户把车开到修理厂，对空调故障的表述是"我的空调不凉"。这个"不凉"，包涵了太多的内容。表5-9所列为一汽丰田卡罗拉轿车空调的常见故障及排除。从表中可以看出仅故障现象就可以细分为六类，因此接到一辆空调不制冷的车辆，应有六个切入点。

切入点一：将故障现象细分，看看是空调系统的所有功能不工作，还是空气流量控制故障或是温度控制故障。空气流量控制故障，还要看看是鼓风机不工作或者鼓风机控制功能失效，还是空气流量不足。温度控制故障，还要看看是无冷风还是出风温度比设置温度高或者响应慢。

切入点二：基本检查。看看空调压缩机的传动带是否打滑或断裂，检查风扇是否正常，检查插接器是否松脱等。

切入点三：读取故障码，发动机和空调系统的故障码均要读取。注意虽然是空调不制冷的故障，但一定要检查发动机系统有无故障码，因为首先要发动机系统可以满足空调系统的正常工作条件，空调才能正常工作。

切入点四：读取空调系统的数据流，看看哪些数据不正常。

切入点五：进行执行元件动作测试，看看哪些元件不动作，据此分析故障原因。这些工作简单易行，是首先要做的。

切入点六：进行制冷系统压力测试，进一步确定故障。

接下来，可以根据以上检查，有针对性地进行故障检查，直至找到故障原因。

表5-9　一汽丰田卡罗拉轿车空调的常见故障及排除

故障现象	可能的故障原因
空调系统的所有功能不工作	IG电源电路
	备用电源电路
	加热器控制面板电源电路
	LIN通信电路
	空调控制总成
	空调放大器
空气流量控制：鼓风机不工作	鼓风机电动机电路
	加热器控制面板电源电路
	LIN通信电路
	空调控制总成
	空调放大器

(续)

故障现象	可能的故障原因
空气流量控制：鼓风机控制功能失效	鼓风机电动机电路
	加热器控制面板电源电路
	LIN 通信电路
	空调控制总成
	空调放大器
空气流量控制：空气流量不足	鼓风机电动机电路
	空调放大器
温度控制：无冷风	制冷剂量
	制冷剂压力
	压力传感器电路
	压缩机电磁阀电路
	空气混合控制伺服电动机电路
	蒸发器温度传感器电路
	车内温度传感器电路
	环境温度传感器电路
	加热器控制面板电源电路
	LIN 通信电路
	膨胀阀
	空调控制总成
	空调放大器
	ECM（2ZR-FE）
温度控制：出风温度比设置温度高或低或者响应慢	制冷剂量
	制冷剂压力
	阳光传感器电路
	车内温度传感器电路
	环境温度传感器电路
	空气混合控制伺服电动机电路
	发电机信号电路
	前照灯信号电路
	PTC（正温度系数）加热器电路
	散热器单元分总成
	膨胀阀
	CAN 通信系统
	发动机冷却液温度传感器电路（2ZR-FE）
	空调放大器

[**案例**] 速腾轿车空调不凉。

故障现象：2013 年款速腾 1.4T 轿车，客户反映空调不凉。

故障诊断与分析：经检查该车起动发动机后，怠速运转，空调制冷效果良好，上路行驶一段距离，制冷效果逐渐变差，最后吹出的是自然风。停车检查发现空调不工作。

连接故障诊断仪，读取故障码，发动机和空调系统均无故障码。注意虽然是空调的故障，但一定要检查发动机系统有无故障码，因为首先要发动机系统可以满足空调系统的正常工作条件，空调才能正常工作。

读取空调系统的数据流也没发现问题。思考汽车上路行驶，除了有车速信号外，还要制动，因此观察发动机与制动有关的数据流，踩下制动踏板，机械真空泵立即接通，但制动助力泵中的真空度不大。观察正常车辆，踩下制动踏板，机械真空泵仍然关闭，制动助力泵中的真空度比故障车辆的大。

分析故障车辆真空有泄漏的地方，检查制动助力泵的气管有破损处。

故障排除：更换制动助力泵的气管后，故障消除。

二、空调间歇不制冷故障诊断的切入点

空调制冷系统的常见故障有制冷系统不制冷、制冷能力不足等。还有一类故障就是制冷系统间歇不制冷，即冷气时冷时热，正常时制冷效果正常，而发生故障时，无制冷效果或制冷效果变差。此故障原因较为复杂，判断起来也比较麻烦。根据日常维修经验，总结的故障原因主要有以下方面：

(1) 制冷系统的原因

1) 系统内有水分，当系统工作一段时间后，产生冰堵，引起系统不工作。
2) 制冷系统因有异物而堵塞。
3) 膨胀阀开度调节失效或感温元件泄漏，造成蒸发器结霜。

(2) 机械方面的原因

1) 压缩机传动带松弛，引起压缩机时而转动，时而不转。
2) 压缩机电磁离合器打滑。

(3) 电器方面的原因

1) 蒸发器温度传感器失灵，使蒸发器温度很低时也不能控制压缩机分离，造成蒸发器表面结霜。
2) 冷凝器的冷却风扇时转时不转。其原因包括：①冷凝器的冷却风扇电动机故障；②空调开关故障。
3) 线路故障。
4) 空调控制器故障。

上面所述的故障原因，若逐项检查会比较麻烦。

切入点一：读取故障码，发动机和空调系统的故障码均要读取。在空调间歇不制冷时，有时会留下故障码。

切入点二：读取空调系统的数据流，看看哪些数据不正常，主要是空调间歇不制冷时的数据流。如果故障很少出现，这项功能的作用就不大了。

切入点三：进行执行元件动作测试，看看哪些元件动作不正常，如有异响。

切入点四：基本检查。观察空调压缩机传动带是否打滑或断裂，检查风扇是否正常，检查插接器是否松脱等。

切入点五：观察故障发生时风扇是否转动，若不转动则检查电器方面的原因，如风扇电动机、空调开关及空调控制器等。

[案例] 宝来1.8T轿车的空调有时不制冷。

故障现象：宝来1.8T轿车的空调有时不制冷。该车空调为自动空调。

故障诊断与分析：经检查空调压缩机的离合器不吸合，风扇不转。用故障诊断仪 5051 查询故障记忆，发现无故障记忆。检查系统无泄漏，压力正常。由电路图可知空调压缩机和风扇都是由风扇控制器直接提供电源工作的，检查风扇控制器的电源和搭铁均正常，分析风扇控制器故障。

故障排除：更换风扇控制器，故障消除。

三、灯光故障诊断的切入点

灯光故障诊断的切入点，因车型或结构不同而不同。下面按照不同类型进行介绍。

1. 简单的开关把电流传递给灯泡

简单的开关把电流传递给灯泡，这样的电路有熔丝，如果单个灯泡不亮，灯光故障诊断的切入点应为单个灯泡的检查及电源检查。如果灯光均不亮（如制动灯，包括后部的左右制动灯和高位制动灯均不亮），故障诊断的切入点可以是熔丝。

2. 开关控制继电器，由继电器控制灯泡

开关控制继电器，由继电器控制灯泡，如果单个灯泡不亮，灯光故障诊断的切入点应为单个灯泡的检查及电源检查。如果灯光均不亮（如制动灯，包括后部的左右制动灯和高位制动灯均不亮），故障诊断的切入点可以是熔丝，熔丝正常，下一步可以把继电器作为切入点。当然了，如果开关检查方便，也可以从开关开始检查。

3. 灯光开关把信号传递给控制单元，控制单元控制灯泡工作

德系车辆的灯光与其他车系有所不同的是很多功能均为电控，并非简单的开关把电流传递给灯泡，或者是开关控制继电器，由继电器控制灯泡，而是灯光开关把信号传递给控制单元，控制单元根据开关传递来的信号和控制单元内存储的程序进行计算，从而发出相应的指令控制灯泡的工作。更复杂的是控制单元多了还会出现网络，控制单元之间通过网络进行通信，既节省了资源，又减少了线路的数量。

以迈腾灯光系统为例，前照灯远光、转向灯的控制走向为远光开关 E4、转向灯开关 E2→转向柱控制单元 J527→中央电器控制单元 J519→前照灯总成。其中，开关 E2、E4 和 J527 为总成。

转向灯开关 E2 和远光开关 E4 的电路图如图 5-9 所示。

转向柱控制单元 J527 与中央电器控制单元 J519 通过 CAN 总线进行信息传递，如图 5-10 所示。

中央电器控制单元 J519→前照灯总成的电路图如图 3-39 所示。

这类灯光故障，由于部件多，故障诊断较为复杂，把哪里作为切入点是至关重要的，故障码、执行元件测试、数据流均可作为切入点，从这些切入点可以找到具体的诊断部件，再结合万用表和一些简单直观的检查方法就可以找到故障原因。

读取故障码可以作为故障诊断的第一个切入点。

在诊断灯光系统故障时，可以用诊断仪进入中央电器控制单元 J519 读取故障码以缩小范围，中央电器控制单元 J519 的通道号为 09。如果在报的故障码中有关于总线 CAN 的故障，可能是两根总线出现了故障。因为总线传输是双线制，即 CAN – H 和 CAN – L 双向传递信息，所以一根总线出现故障时可能没有相应的故障征兆，只有两根总线同时出现故障时才会表现出明显的故障现象。

第五章 故障诊断的切入点

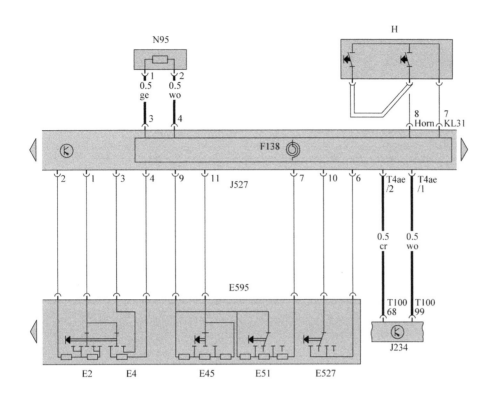

图 5-9 转向灯开关 E2 和远光开关 E4 的电路图
E2—转向信号灯开关　E4—手动防眩目功能和远光灯瞬时接通功能开关　E45—定速导航装置开关
E51—GRA 主开关　E527—GRA 暂时关闭按钮　E595—转向柱组合开关　F138—安全气囊卷簧和带滑环的复位环
H—信号喇叭控制　J234—安全气囊控制单元　J527—转向柱控制单元　N95—驾驶人侧安全气囊引爆装置
T4ae—4 芯插头连接　T100—100 芯插头连接

那怎样判断两根总线是否正常呢？

通过迈腾灯光系统的组成可以看出转向灯的控制走向和远光灯的控制走向相同，转向灯此时工作正常，说明转向柱控制单元 J527 和中央电器控制单元 J519 之间的 CAN 线通信正常。

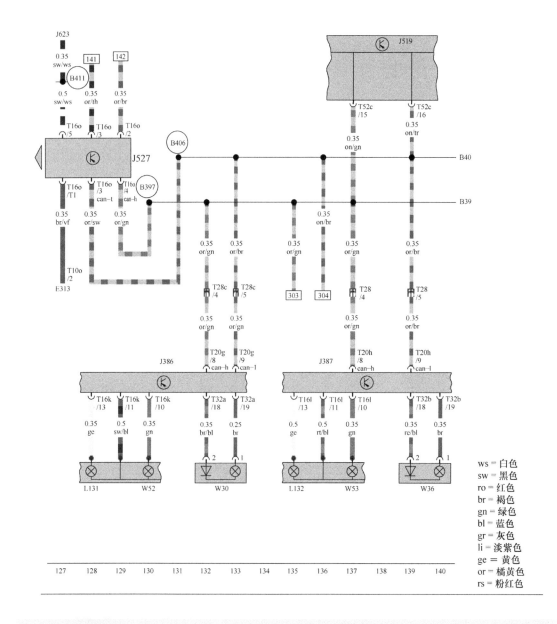

图 5-10 控制单元网络电路图

E313—选档杆　J386—驾驶人侧车门控制单元　J387—乘员侧车门控制单元　J519—中央电器控制单元　J527—转向柱控制单元　J623—发动机控制单元　L131—驾驶人侧外后视镜警告灯泡　L132—前排乘员侧外后视镜警告灯泡　T10o—10 芯插头连接　T16k—16 芯插头连接　T16l—16 芯插头连接　T16o—16 芯插头连接　T20g—20 芯插头连接　T20h—20 芯插头连接　T28—28 芯插头连接，接线站内，A 柱右侧　T28c—28 芯插头连接，接线站内，左侧 A 柱　T32a—32 芯插头连接　T32b—32 芯插头连接　T52c—52 芯插头连接　W30—驾驶人侧车门警告灯　W36—副驾驶人侧车门警告灯　W52—车外后视镜内的登车照明灯，驾驶人侧　W53—车外后视镜内的登车照明灯，副驾驶员侧

B411—连接（GRA），在主导线束中　　B397—连接 1（舒适/便携系统 CAN 总线，High），在主导线束中

B406—连接 1（舒适/便携系统 CAN 总线，Low），在主导线束中

第五章 故障诊断的切入点

故障诊断的第二个切入点是执行元件测试。

如果远光灯不亮,分析两个灯泡同时损坏的可能性应该很小,可以用 VAS6050A 诊断仪进行执行元件动作测试,以便验证远光灯泡是否亮,如图 5-11 所示。

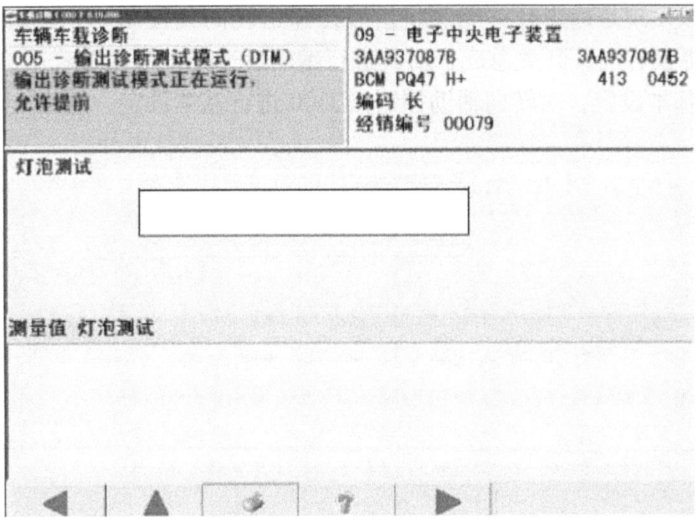

图 5-11 远光灯泡动作测试

测试时远光灯泡正常工作,说明中央电器控制单元 J519 可以发送命令给远光灯泡使其工作,因此中央电器控制单元 J519→前照灯总成的通信是正常的。

故障诊断的第三个切入点是数据流。

打开远光灯,连接控制单元进入引导性功能,选择转向柱控制单元 J527,测量转向开关远光输出信号。例如一辆迈腾轿车没有远光,测量转向开关无远光输出信号,测量值如图 5-12 所示,由此判断转向柱控制单元 J527 没有收到开关打开信号,由于转向开关和转向柱控制单元 J527 为一体,判断转向柱开关总成损坏。

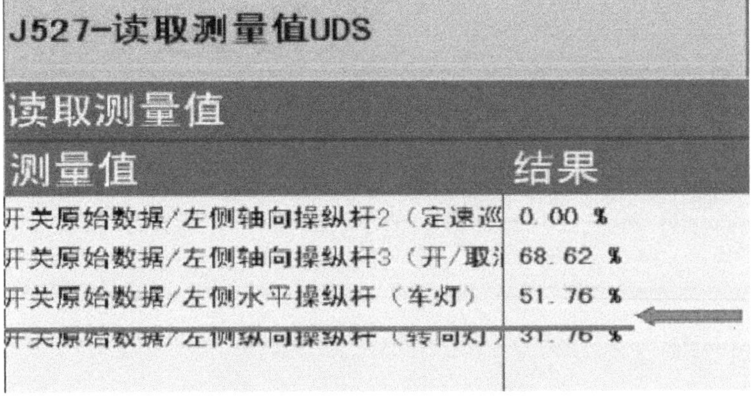

图 5-12 故障车辆远光开关的测量值

在摆动远光开关时图 5-13 所示箭头处的百分比没有变化,说明转向柱控制单元 J527 没有收到灯光开关的信号,从而无法传递信号给中央电器控制单元 J519,也就无法控制前照灯工作。

为了验证是灯光开关出现故障,在相同配置的车辆上读取正常车辆远光开关的测量值。如图5-14所示,摆动远光开关时箭头处的百分比是动态的、变化的,对比两个明显的动作测试很明显就可以发现是远光开关无法将信号传递给转向柱控制单元J527,从而无法控制远光正常工作。更换转向柱开关总成,对其进行编码后远光正常。接着连接控制单元用功能引导对G85进行基本设定,对转向辅助控制器J500进行基本设定,故障排除。

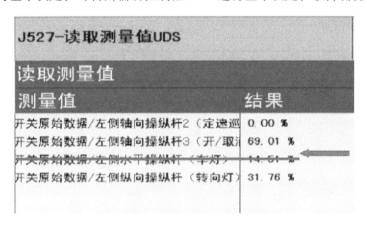

图5-13　正常车辆远光开关的测量值

第六章　简单、复杂和奇怪的故障

维修汽车，经常遇到各种各样的故障，有的简单，有的复杂，有的奇怪，有的故障按维修人员的说法是把所有零件都换了故障也没排除。其实不管是简单故障，还是复杂故障，或者是奇怪故障，都要以平常心对待，不要把简单问题复杂化，但也不能把简单问题简单化；要把复杂问题简单化，但也不能把复杂问题更复杂化；把奇怪故障平常化，不要把奇怪问题妖魔化。

说简单故障不简单，是要求大家维修车辆时全面考虑，不要只盯住一个点。有些故障看起来简单，实际上非常复杂。要多次才能找到真正的故障原因。说复杂故障不复杂，是要求大家从纷繁复杂的现象里，理出头绪。按照正确的思路去查找故障，减少走弯路，看似复杂的故障实际上很简单。说奇怪故障不奇怪，是要求大家不要被各种奇特的假象迷惑，不要被假象搞得一头雾水。

第一节　奇怪故障不奇怪

进行汽车维修时有时会遇到个别奇怪的故障，这些奇怪的故障使人百思不得其解。其实，奇怪故障并不奇怪，有故障就有故障原因，有时是自己把自己搞糊涂了。

一、电路"生怪病"

王志力先生在 2014 年 9 期《汽车维修技师》上发表的文章《我认识的技术总监——李志鹏》中，提到了一个奇怪的维修案例：接修的一辆奔驰 S 级轿车，该车仪表上的 AIR MATIC 系统升降报警。该车曾经维修过一次。刚开始维修时，由于发现 AIR MATIC 系统的分配阀损坏，便更换了一个分配阀。但没过几天仪表上的 AIR MATIC 系统升降又报警了。读取故障码，显示是右前减振器充气不足。进行压缩机的动作测试，发现压缩机不能加压。测量压缩机的电源线和搭铁正常。于是怀疑压缩机损坏了。可更换了一个压缩机，故障仍然存在。在之后的排除过程中，尝试与其他车辆更换了分配阀、储气罐、右前减振器、空气悬架控制单元等部件后，故障还是没有排除。最后排查线路，发现是线路老化后导致线束内的线路连在了一起。测量时电源线和搭铁正常，但系统工作时就会出现各种异常现象。

小结：这个故障是由于线路老化导致线束内的线路连在一起产生的，测量时系统没有工作，电源线和搭铁正常，但系统工作时线路发热，线束内的线路连在一起就会出现各种异常现象。

电路"生怪病"故障还有一种情况，即电路测量有电压，但部件不工作，这就是常说的"有电压不一定有电流"。在电路检测时经常使用万用表测量电压，一测某处有电压了，就以为这段线路没问题了，其实线路有电压不一定有电流，对一些异常情况，可以使用试灯，防止虚电产生。

二、"恐怖的烟雾"

维修时会遇到一些奇怪的现象，有时会被这些奇怪的现象迷惑，其实拨开迷雾，就会发现有些现象真的不奇怪。

[案例] 海南马自达福美来轿车行驶中发动机舱盖冒烟。

故障现象：2003年款海南马自达福美来轿车行驶中发动机舱盖冒出一股烟，接着发动机抖动严重，熄火后报修理厂。

故障诊断与分析：维修人员到达现场后起动发动机一切正常。后来这故障又会偶尔发生，频率是两三天一次，驾驶人称为"恐怖的烟雾"。检查发动机没有故障码，观看数据流正常，发动机工作也正常。看来一点故障也没有了，可驾驶人将车开走后"恐怖的烟雾"又出现了，万般无奈之下一个一个部件检查，当检查到冷却液温度传感器时，发现传感器上的插接器可轻微转动，在发动机工作时，轻微转动，发动机回火了。"恐怖的烟雾"就是这样发生的。

故障排除：拆下冷却液温度传感器，发现传感器上体与本体已经脱开，上体可以转动，分析是冷却液温度传感器上体的电阻由于振动容易发生变化，一会减少，一会增大，使发动机控制单元控制喷油器的喷油量也随之发生变化，当混合气过稀时引起发动机回火，并导致发动机熄火。

小结：这个故障在找到原因后，便会明白是怎么回事。但一开始时，可能大多数人会被故障现象所迷惑。遇到这种情况，我们必须按步骤进行检查，看看哪些地方正常，哪些地方不正常，只要认真查找，总会找到故障原因。

三、换散热器后风扇常转

有些奇怪的故障是在维修、保养后出现的，维修人员常常会说"我哪里也没动，怎么会出现这种奇怪的故障呢？"

[案例] 君越轿车更换散热器后风扇以中高速常转。

故障现象：2009年款上海通用君越轿车更换散热器后风扇以中高速常转。

故障诊断与分析：换散热器后怎么会引起风扇常转呢？检查散热器后面的风扇安装正常。难道是散热器不对？于是换了一个散热器，故障仍然存在。仔细检查发现散热器前面的冷凝器，其右前下部是空调压力开关，用手试试插头松动了。

原来是更换散热器时不小心碰到了空调压力开关，导致故障产生。这个案例比较特殊，一是因为空调压力开关安装的位置很特别，不同于其他车辆的位置，如果不将车辆举起来也看不到；二是以为更换时只动了散热器，故障是由更换散热器引起的，没想到更换散热器会碰到空调压力开关。

故障排除：将插头连接，故障排除。

第六章 简单、复杂和奇怪的故障

小结：维修后出现的故障，务必仔细检查动过的部位及其附近的部件。

四、无漏点却漏气

维修时知道故障的原因是什么，可把所有部位都检查了故障也没有排除，有的维修人员会认为：太奇怪，怎么所有部位都检查了也没找到故障。实际上，还是有些部位没有检查到。

[案例] 奥迪 A6L 轿车停一晚上，两个后空气悬架有时下降到最低位置。

故障现象：奥迪 A6L（C6）轿车，装备 3.0L BBJ 发动机和 01J 变速器。该车停一晚上后，两个后空气悬架有时下降到最低位置。

故障诊断与分析：连接 VAS505X 诊断仪，检查 J197 中记录有关于管路中有泄漏的故障码。读取数据流，高度传感器数据流显示正常。按照导航测试计划提示对系统进行默认高度设置，操作后试车正常，几天后客户反映故障依旧存在。试更换分配阀、压缩机及管路，故障仍存在。根据故障现象和检查过程分析空气悬架系统有泄漏点怀疑空气弹簧本身有问题，但是两后轮的弹簧和供气管路都是单独分开的，两个同时损坏的可能性不大，然而检查其他地方没有发现问题，确定需要检查后空气弹簧。

将后空气弹簧分解，去除防尘罩后对空气弹簧充入少许压缩空气，马上发现漏气点，原因是空气弹簧的橡胶材料在长时间过度折皱后已经出现裂纹，空气就是从细小的裂纹处泄漏出来的，而在检查时将空气悬架调到最高位置观察，此时空气悬架处于自然充气状态（未折皱），所以不易漏气。但客户取走车后，调整到舒适低位状态时就会出现漏气现象。

故障排除：更换后空气弹簧，故障消除。

小结：故障发生的原因有时与车辆的状态有关，这时需要注意变换车辆不同的状态，以确定故障原因所在。

五、就是把车上所有部件都换了也排除不了的故障

维修时有的维修人员会说："所有零件都换了，故障还是没有排除，真是奇怪了？"实际上，没有无缘无故的故障。

[案例] 红旗轿车行驶时发动机偶尔抖动。

故障现象：红旗轿车行驶至 80km/h 时发动机偶尔抖动，但发动机原地加速正常。

故障诊断与分析：用故障诊断仪修车王读取故障码，显示为过去故障，内容为"曲轴位置传感器故障"，将故障码清除，连接好修车王并上路试车，读取发动机的故障码和数据流，一直正常，以为是偶发故障，同意驾驶人将车开走。驾驶人走后不久发现发动机偶尔抖动的故障又出现，故障码仍为"曲轴位置传感器故障"，怀疑曲轴位置传感器线路故障或分电器内的曲轴位置传感器有时信号不良。首先检查曲轴位置传感器的线路正常。于是分析可能是分电器内的曲轴位置传感器有时信号不良，就更换了分电器，连接好修车王再上路试车，无故障出现。驾驶人将车开走，半小时后反映故障又出现，故障现象和原来一样。于是又更换了一大堆零件，上路试车，无论怎样试都没问题，但是驾驶人一试就有问题。后来考虑驾驶人试车的状态与维修人员有什么不同。将车恢复至驾驶人驾驶的状态，即拆下插在点烟器上的修车王，将原先插在点烟器上的空气净化器连接好，试车故障出现，将点烟器上的空气净化器拆下，无故障出现。

故障排除：分析空气净化器内部偶尔短路，造成发动机控制单元工作不正常，引发故障。拆除空气净化器后，故障再没出现。

小结：本故障由于受到外界因素（即后加的空气净化器）的影响而干扰了诊断思路，走了弯路，值得注意。

六、外来因素的影响

车辆的一些故障有时不是由于汽车上的部件有故障引起的，而是由外界因素引起的，这样的故障具有迷惑性。

［案例1］ MP3引起遥控车门失效。

故障现象：2011年款上海通用别克君威轿车，装备2.4L发动机和自动变速器。用遥控器锁车门时偶尔出现锁不上车门的现象。

故障诊断与分析：连接故障诊断仪，进入各系统读取故障码，结果无故障码显示。测试用遥控器锁车门时偶尔会出现锁不上车门的现象，再试有时用遥控开车门也没反应。

结合故障现象，分析引起故障的原因如下：

1）遥控器电池亏电或遥控器故障。
2）遥控接收器故障。
3）线路故障。
4）BCM故障。

更换遥控器电池，没有用。将遥控器重新编程，也没用。检查遥控接收器线路正常，最后试着更换了遥控接收器，故障仍存在。于是决定更换BCM，这时发现点烟器上插着一个MP3。

故障排除：拔下MP3，故障消除。

［案例2］ 奥迪A6轿车锁车后经常出现防盗报警的现象。

故障现象：奥迪A6轿车锁车后经常出现防盗报警的现象。

故障诊断与分析：连接故障诊断仪，进入防盗系统，读取故障码，结果无故障码显示。读取数据流，显示是内部监控系统触发引起的报警。分析引起故障的原因如下：

1）车内有移动的物体。
2）报警系统线路或部件故障。
3）控制单元故障。

检查车内有能飘动的饰物，将饰物固定。再试故障不存在。可以肯定故障是由饰物飘动引起的。但关上车窗后，饰物怎能飘起来呢？原来该车装备了太阳能天窗，锁车后太阳能天窗仍在工作，出风口会吹风，风吹动饰物，内部监控监测到有物体移动，于是触发报警。

故障排除：取下能飘动的饰物，故障排除。

［案例3］ 门禁卡引起2012年款上海大众途观SUV的1.8L发动机无法起动。

2012年款上海大众途观SUV的1.8L发动机无法起动，检查发现仪表板上显示"SAFE"警告灯，汽车进入防盗警戒状态。在仪表台上有一张门禁卡，取下门禁卡，起动机顺利起动。分析门禁卡为"IC感应卡"，它内部有IC芯片、感应线圈及天线等。门禁卡放在汽车防盗系统识读线圈的附近，识读线圈发射的能量在识读点火钥匙的同时，也激励了门禁卡，门禁卡发出无线电射频信号，这一信号与轿车的ID码相耦合，形成耦合辐射，干扰了汽车防盗控制单元对钥匙代码的正常识别，造成发动机无法起动。

七、正时标记都对但配气相位不对

发动机的正时是有标记的，曲轴轮上有，凸轮轴轮上也有，一般情况下，这些标记对了，正时也就对了，但正时标记正确，也不能保证配气相位正确。有的维修人员可能不理解，其实引起配气相位错误的原因还有以下几点：

1）曲轴带轮与曲轴的定位失准或凸轮轴带轮与凸轮轴的定位失准，造成这一现象的主要原因是定位销、半圆键等定位部件磨损或折断。

2）配气相位零部件，如凸轮轴、摇臂等制造存在误差。

3）正时带轮中的某个带轮磨损或带齿变形。

4）配气相位零部件，如凸轮轴、摇臂等磨损。

5）正时带或正时链磨损或齿数不对。

6）可变正时机构失效。如机油压力不足、滤网堵塞等。

在维修实践中曾遇到过一辆车的发动机加速不良，经检查发现是正式带跳齿了。更换后试车，还是同样的故障：发动机加速不良。检查正时标记都对，后来才发现是更换的新正时带的齿数不对。我们曾大修过一台捷达轿车，大修后怠速不稳，加速不良，发动机总是失火，一会是一缸失火，一会又是三缸失火，经检查是新的凸轮轴不好，引起配气相位失准造成的。

八、奇怪的发动机熄火

[案例] 福特蒙迪欧致胜 D 位发动机熄火。

故障现象：2010 年款福特蒙迪欧致胜轿车，装备 2.0T 发动机和 6 档直接换档变速器，行驶里程为 6 万 km。该车在等红绿灯或转弯时，出现发动机熄火的现象。在其他修理厂先后更换了火花塞、高压线、点火线圈、怠速阀和喷油器等零件，故障一直没有排除。

故障诊断与分析：连接故障诊断仪，读取故障码，发动机和变速器控制单元均未发现故障码。读取数据流，怠速时，空气流量为 2.4g/s，进气温度为 42℃，长期燃油修正值为 4.0，发动机负荷率为 20%，均正常。经过长时间观察，发现发动机怠速运转时，没有熄火现象，甚至发动机抖动的现象也没有出现。这可怎么办？于是想模拟一下将变速杆置于 D 位时的情况，结果发现发动机有时出现抖动的现象，观察此时的进气温度数据会突然升高，而其他数据变化不大。在进气温度升到 48℃ 时发动机抖动更严重了。分析故障原因在这里。

是进气温度传感器的故障吗？感觉不像。因为进气温度是逐渐升高的，虽然有突变，但突变后也是逐渐升高的。检查外部原因，观察数据流的进气温度升高时，散热器风扇运转。检查进气管路发现空气滤清器外壳没有盖严，再检查发现空气滤清器外壳用于固定上盖的内孔螺纹已经损坏。这时用手掀动上盖可以见到缝隙。

故障排除：修复空气滤清器外壳上的螺纹，将上盖固定牢靠。观察进气温度，此时最高温度仅为 41℃。反复试车确认故障彻底排除。

小结：空气滤清器的进气管是通到前保险杠下部的，这时吸入的空气温度与车外环境温度接近。而该车由于空气滤清器外壳用于固定上盖的内孔螺纹损坏，空气滤清器外壳封闭不严，使冷却风扇吹出的热风直接进入了进气软管，造成进气温度升高。进气温度升高，发动机控制单元须对喷油量、点火时间等做出调整，而此时变速器在 D 位，势必使发动机的输出转矩减小，这就造成了发动机熄火。

九、雨天打开刮水器发动机会熄火

[案例] 帕萨特轿车雨天打开刮水器时发动机会熄火。

故障现象：2012 年款上海大众帕萨特轿车，装备 1.8T 发动机。客户在雨天打来电话反映他的车不能打开刮水器，一打开发动机就熄火。再次起动，发动机能工作，但一打开刮水器，发动机马上抖动，立即关闭刮水器，发动机工作正常，客户不敢开车了，要求救援。

故障诊断与分析：维修人员开车赶到现场，试车发现确实如客户说述。连接故障诊断仪，读取故障码，无故障码显示。刮水器怎么会影响发动机呢？用万用表测量喷油器的电压，正常时为 13.6V 左右，但一打开刮水器，电压马上变到 7~8V，发动机开始抖动，一会就熄火了。分析故障是由于接触不良引起的。检查电源线的连接正常，熔丝、继电器没有松动的地方。其他地方不好检查，只好等雨停了，将车开到修理厂，在行驶过程中又发现，按喇叭时发动机也熄火。回厂查阅资料，原来刮水器、喇叭和点火线圈共用一个搭铁点，对照资料找到搭铁点在左前纵梁前部。

故障排除：在左前纵梁前部找到搭铁点，发现搭铁点松动了。紧固后，故障消除。

小结：一打开刮水器，发动机就熄火，听起来很奇怪，但一测量电压马上就明白了。打开刮水器时电压变到 7~8V，说明有短路或接触不良的地方。按照这一思路查找，故障很快就会找到。类似这样的案例还有不少，如按喇叭，音响打开，开前照灯、刮水器动作等，均与线路搭铁有关。

十、摆脱"奇怪"的心理

这里先介绍 2003 年修过的一辆标致 505 轿车的特殊点火故障案例。

一辆标致 505 轿车进厂维修，车主反映车辆原来没有高压火，在一维修厂更换了点火线圈和点火模块后，车辆可以正常起动，但怠速抖动，后来清洗了化油器，不仅怠速抖动，而且路试出现车辆加速无力、抖动的现象，再后来出现发动机有时能起动，有时不能起动的现象。

对该车进行检查发现发动机有时能起动，有时不能起动。起动后，发动机能工作一段时间，然后就熄火。熄火后再起动，发动机不能着火工作。发动机不能起动时，观察高压线无火花。看来故障与化油器无关，车主的一些看法未免有些武断。起动发动机，在高压线无火花时，用万用表电压档测量点火线圈正极柱上的电压为 12V，正常。在点火开关打开的情况下，用万用表测量分电器插接器的三根导线，一根有 12V 电压，为电源线；一根为搭铁线；剩下一根为信号线。据此，确定分电器为霍尔感应式。拔下中心高压线，将分电器的信号线搭铁，中心高压线跳火。按照常规，故障应在分电器。可更换分电器后，故障依旧存在。

观察点火线圈和点火模块都很新，车主提过这两个件已换过，按常规分析故障与这两个部件也无关。但能找到的零件均无故障，诊断一度陷入困境。突然，一个念头出现在笔者脑海，分电器是霍尔感应式还是磁电感应式？仔细一想，该车应为磁电感应式。而前面的检查显示该车的点火模块是适合霍尔感应式分电器的，显然不对。霍尔感应式分电器内的霍尔信号发生器是一个有源器件，它需要提供电源才能工作。而磁电感应式分电器不需要电源即可工作，此分电器也有三根线，一根为屏蔽线，两根为信号线。这两种分电器不能互换，点火模块也不能互换。

该车更换标致车用的点火模块后，故障排除。

这个车型虽然很老，但为对付奇怪故障提供了一点参考：

1）该车故障在原厂家更换点火线圈和点火模块时已产生，但由于发动机工作后怠速不稳而清洗了化油器，将故障点转移了，走了不少弯路。在排除故障时，一定要将各个系统的故障分清。例如一辆奥迪 A6 1.8T 轿车进行了大修，大修后发动机怠速抖动，有时还熄火。发动机大修时更换了气门等部件。而气门密封不良能引起发动机怠速抖动，有时还熄火的故障。那这个故障是大修前就有的，还是大修引起的，难以分清。在大修前要弄清大修的原因，同时要试车。如果试车了，就不会出现前面说的问题。

2）磁电感应式分电器与霍尔感应式分电器的点火模块互换后，发动机为什么还能工作一段时间？这也是该故障的奇怪之处。

十一、车辆产生如失火一样的耸车

在发动机故障中，有一种故障称为"耸车"，实际上是车辆在加速过程中出现的前后抖动。这种耸车一般与发动机失火有关，发动机失火能引起"耸车"，但"耸车"一定是由发动机失火引起的吗？

[案例] 奥迪 A6L 轿车车速超过 30km/h 时加速感觉连续耸车，但车速能达到 120km/h 以上。

故障现象：奥迪 A6L 轿车，装备 BDW 发动机。该车车速超过 30km/h 时加速感觉连续耸车，在连续耸车的情况下车速也能达到 120km/h 以上。

故障诊断与分析：连接故障诊断仪，读取故障码，各系统无故障码。读取数据流，显示发动机各缸无失火计数，观察变速器数据看不出异常，观察 ABS 四轮速度信号，显示四轮速度同步。路试感觉该车耸车与一般耸车不同。询问客户得知不久前在其他修理厂更换过两前轮轴承，拆下两前轮轴承与正厂件对比，外观并无区别，无意间发现故障件带磁性。

故障排除：更换两前轮轴承，故障消除。

小结：客户先前更换的故障件内圈有磁性，车辆行驶中会干扰两前轮速度信号，发动机（变速器）因而会不断进行功率及转矩调节、ESP 进行驱动防滑调节，导致耸车。该案例是两前轮轴承故障导致耸车的特例。

十二、轿车正时接二连三出现问题

[案例] 海南马自达轿车，起动机工作正常，发动机不能起动。

故障现象：一辆 2004 年款海南马自达轿车，起动机工作正常，发动机不能起动。

故障诊断与分析：连接故障诊断仪，读取发动机控制单元无故障码。检查火花塞不跳火，喷油器无喷油脉冲。因为 2010 年以前的很多车辆的曲轴位置传感器损坏没有故障码，所以该车在无油无火的情况下怀疑是曲轴位置传感器损坏，可更换了曲轴位置传感器，故障仍然存在。测量气缸压力，正常。最后怀疑是发动机控制单元损坏了，于是就更换了发动机控制单元，故障还是没有排除。这可奇怪了，尽管都检查了故障还是没有排除。突然想到应该检查正时标记，在前面的检查中只检查了曲轴转动时凸轮轴跟着转，当时只想到正时带没有断。现在把正时标记一对，发现正时标记不对，能差三个齿，拆下正时带护盖，发现正时带跳了三个齿。更换正时带后，发动机顺利起动。车辆交到客户手里，虽然这辆车的修理花费了三四天时间，但客户看到车修好了，也没多说什么。车出厂的第二天早上又无法起动了，赶到现场，客户说早上起动时，发动机工作了有五六秒就熄火了，再发动，发动机就不能起动了。一检查又是火花塞不跳火，喷油器无喷油脉冲。同样的故障现象，难道又是正时带损坏了？检查正时标记发现正时标记不对，能差三个齿，拆下正时带护盖，发现正时带跳了三个齿。真的很奇怪，又是正时带出现问题。将车辆拖回修理厂，拆下正时带护盖，发现正时带并没有损坏。那为什么正时带能跳三个齿呢？是维修人员没装好吗？这时想到曲轴转动阻力是否会很大。于是转动曲轴，正常，再转动凸轮轴，发现转动困难。拆下气门室盖，发现气缸盖上有很厚的油泥，拆下凸轮轴，发现凸轮轴化瓦（即指凸轮轴轴承熔化）了，凸轮轴已被划伤。凸轮轴轴瓦与气缸盖是一体的，因为凸轮轴轴瓦损坏严重，所以更换了气缸盖总成。

故障排除：更换气缸盖总成，故障彻底排除。

十三、一个 ABS 的通信系统故障码影响了 CVT

[案例] 东风日产天籁轿车行驶冲击。

故障现象：2012 年款东风日产天籁 2.3L 轿车，装备无级变速器（CVT），行驶里程为 12 万 km。该车行驶到 30km/h 时，变速器突然冲击一下，然后随着车速的提高，发动机转速维持在 3000r/min 不变，当车速达到 100km/h 时，发动机转速才下降到 2500r/min。

故障诊断与分析：连接故障诊断仪，读取发动机和变速器的故障码，显示发动机和变速器系统均无故障码。读取发动机的数据流，没有发现异常。读取变速器的数据流，发现主压力在怠速时为 0，分析 CVT 的阀体有故障。更换阀体后，该车行驶到 30km/h 时，随着车速的提高，发动机转速维持在 2400~2500r/min，但变速器仍然在 30km/h 时突然冲击一下。这时读取变速器的数据流，发现主压力为 1.25MPa。分析还有故障存在，但发动机和变速器均无故障码，而从数据流上也看不出什么问题。这时突然想到 ABS 有一个故障码，即 U1000：通信系统故障，因为 ABS 与 CVT 的故障不相干，当时也没在意。在故障诊断陷入僵局时想到了这个问题。

故障码 U1000：通信系统故障，应从哪里开始诊断呢？按照维修手册的诊断流程进行没有发现问题，这时想到四个车轮的 ABS 传感器，于是拆下右后轮的轮速传感器，发现轮毂轴承上有铁锈，就用清洗剂喷了几下，并用布擦拭，然后试车。路试，ABS 警告灯亮了，变速器的冲击却没有了。读取 ABS 的故障码，显示右后轮的轮速传感器故障。将右后轮的轮毂轴承拆下，发现轴承表面原来的铁锈没有清洗干净。

故障排除：重新清洗后，试车，所有故障都没有了。

十四、地理位置不好引发的故障

曾经遇到过一辆一汽丰田花冠轿车，起动不着车，将车辆拖回修理厂后，再起动，一切正常。检查没有发现异常。车辆开走后，第二天又在同一地方发动不着了。拖回检查又一切正常，第三天仍出现相同的问题，难道是"地气"不好？观察附近有一个变电站，将车往后退了 20 多 m，便可顺利起动。将车开到原地，熄火后，又不能起动。原来，变电站有电

第六章 简单、复杂和奇怪的故障

磁干扰,导致电控系统失效。

像这种情况,细细数来也不少,只不过遇到的不多罢了,以下情况可能对带遥控器、带智能进入和起动系统的产生影响,应该注意。

1) 附近有释放强电磁波的设施,如电视塔、发电站及广播站等。
2) 装有自动刷卡设施的地方(如加油站)。
3) 将电子钥匙与移动通信系统一同携带,如双向无线电通信设备或蜂窝电话。
4) 电子钥匙与金属物体接触或被覆盖。
5) 有人在附近的另一辆车上操纵无线遥控功能。
6) 电子钥匙在高压或发出噪声的设备附近。
7) 将其他有智能进入和起动系统的车辆钥匙,或其他能释放无线电波的仪器同电子钥匙一同携带时。
8) 钥匙表面粘附有黏着剂等会切断电磁波的物质。

十五、发动机部件的故障引起变速器的故障

[案例] 奥迪 A6L 轿车无级变速器档位显示红屏。

故障现象:2009 年款奥迪 A6L 2.4L 轿车,装备 01J 无级变速器,正常行驶时如果使用手动换档模式,仪表上的档位显示区会出现红屏现象。

故障诊断与分析:连接故障诊断仪,读取故障码,显示 18161:变速杆位置传感器 F189 不可靠信号,偶发。检查线路没有发现问题,更换传感器的"鱼鳞板"没有解决问题,更换变速杆总成也没有解决问题。

后来偶然用万用表测量蓄电池正极与车身的电压,发现电压不稳定,发动机熄火后,电压稳定。发动机一工作电压就不稳定,分析肯定存在电磁干扰。在发动机工作时能产生电磁干扰的主要部件是火花塞。

故障排除:更换火花塞,故障消除。

十六、宝马 X5 制动失效源于三元催化转化器堵塞

如果说制动失效是由三元催化转化器堵塞引起的,可能很多人都会不相信,下面给出一个具体的案例。

[案例] 宝马 X5 制动失灵。

故障现象:2008 年款宝马 X5 SUV,车型为 E70,配置 N52K 发动机,车辆行驶了 10 万 km。客户反映在高速公路行驶时踩制动踏板突然变得很硬,踩不下去,制动效果几乎没有。

故障诊断与分析:检查制动液位正常,制动片厚度正常。起动发动机踩下制动踏板,与客户反映的故障现象一致。测试真空助力,感觉没有真空助力了。

拔下真空助力泵的连接管,起动发动机,连接车辆真空泵的一端没有一点真空度。拆卸真空泵的前堵盖,发现真空泵链轮的固定螺栓已经断裂。真空泵链轮的固定螺栓怎么会断裂呢?检查真空泵内被类似纤维状异物卡滞。

那这些异物是从哪里来的呢?前期宝马发布了关于"N52K、N52T,中国,废气触媒转换器堵塞/真空泵失灵"的技术通告,内容主要是废气触媒转换器堵塞后引起真空泵机械损坏,从而造成没有真空助力,制动失效,严重的发动机内部旋转件及其他机构严重损坏。检

查该车三元催化转化器，果然堵塞了。

三元催化转化器由一个蜂窝状结构（陶瓷或金属）管道构成。管道的管壁内衬的薄层有铂、铑、钯稀有金属。三元催化转化器的蜂窝状小孔被堵塞时，产生排气背压，在排气背压的作用下，三元催化转化器内的支座衬垫中的纤维会散漏出来，进入燃烧室，通过废气阀进入曲轴箱和润滑系统。这些纤维随着机油道进入真空泵的旋转部件中造成卡滞。真空泵的链轮是由发动机曲轴带动的，真空泵内部卡住后，无法正常旋转，造成链轮的固定螺栓被拉断，真空泵失效。

故障排除：更换真空泵，可以解决制动失效的故障。更换三元催化转化器，可以防止真空泵的再次损坏。从故障原因分析，既然三元催化转化器中脱落的纤维可以随着机油道进入真空泵，也会随着机油道进入发动机的其他旋转部件。发生这种情况应该全面清洗发动机的润滑系统，更换机油和机油滤清器，并对凸轮轴、曲轴的连杆轴颈及轴瓦进行检查。

十七、挂前进档发动机熄火

[案例] 通用别克世纪轿车档位置于 D 位时车辆严重抖动，甚至熄火，而在 R 位正常。

故障现象：通用别车世纪 3.3L 轿车，装备自动变速器，行驶里程为 82 000km。该车变速杆置于 P 位时，发动机工作平稳，将变速杆从 P 换至 R 位，则车辆可倒退，无异常反应；若将变速杆换至 D 位，则发动机抖动严重，踩加速踏板车辆也可行驶，但不一会就熄火了。

故障诊断与分析：首先对发动机进行检查，读取发动机控制单元中的故障码，显示发动机正常。

分析自动变速器在 D 位时，发动机工作正常。难道是自动变速器中的某个部件阻碍发动机工作？

起动发动机，踩下制动踏板，将变速杆置于 D 位，车辆不前行，发动机仍严重抖动并熄火。试验说明：在自动变速器输出轴等部件不动作的情况下，发动机仍工作不正常。

发动机和自动变速器基本上均已检查，还没查到故障，那故障会在哪里呢？由于连续起动车辆，当点火开关转至"START"位置时，起动机转动无力，用手摸一下蓄电池，感觉温度很高，用万用表测量蓄电池正、负极两端的电压。只有 7~8V。蓄电池电压怎么能降得这么多，这么低的电压怎么还能转动曲轴？等待片刻再测量蓄电池正、负极两端的电压为11V，说明蓄电池的电压正在慢慢恢复。蓄电池的电压能自动恢复说明蓄电池没问题，那么，肯定是线路中有地方搭铁。

分析蓄电池电压降得如此大，应该是线路中有大电流放电处。顺着蓄电池正极线检查，发现正极线在从发动机到变速器之间经过处的固定夹掉落，正极线的包扎胶带已被磨破，磨破处距发动机机体很近，故障应该在这里。

一个人在车上起动发动机，挂档试验，另一个人在车下观察。该车发动机为横置式，当将变速杆置于 D 位时，发动机向后动了一下，发动机机体与裸露的正极线接触，并冒出火花，发动机开始严重抖动并熄火。

分析该故障的原因是发动机机体与裸露的正极线接触，使蓄电池迅速放电，影响了发动机传感器、点火系统、燃油系统的燃油泵等的正常工作，使发动机严重抖动并熄火。

故障排除：将蓄电池正极线重新连接包扎后，故障消除。

第六章 简单、复杂和奇怪的故障

第二节 复杂故障不复杂

一位在综合汽车修理厂的朋友说起他曾遇到的一个故障：一辆凯迪拉克轿车下雨时使用自动刮水器功能，发现不管在哪个档位上，刮水器的速度都是一样的，即自动雨水器失去自动功能。维修人员用故障诊断仪读取故障码和数据流均没发现问题，怀疑是雨滴传感器、刮水器电动机总成或者车身控制单元的某一元件损坏了，车主因为等待时间过长，就到4S店修理好了。车主回来告诉他们更换一副刮水器片就好了。朋友说他们当时也告诉车主刮水器片坏了，可车主说他要修理自动刮水器失去自动功能这个故障，他们也没坚持，错过了排除故障的机会。实际上这样的故障在其他修理厂也出现过，究其原因仍是对原理的不了解，一上来就以为是复杂故障。其实雨滴传感器是根据玻璃上雨量的多少来感应信号的，刮水器刮不净雨水，雨水就留在玻璃上，干扰了雨滴传感器获取正确的信号，这不正确的信号传递给车身控制单元，车身控制单元就不能按照雨量的多少来控制自动刮水器的动作，导致自动刮水器失去自动功能。

分析起来有很多看似复杂的故障实际挺简单的，那是什么原因造成这种简单问题复杂化的情况呢？

汽车在运行中所产生的故障是错综复杂的，一种故障现象有时是由多种原因引起的，而一种原因又因故障轻重程度及车辆技术状况不同产生不同的故障，这就要求在诊断故障时，运用科学的方法来准确、快速地判断故障所在。

一、复杂故障有时其实很简单

有时看似复杂的故障排起来也很简单。一次一辆2008年款上海通用别克君越轿车的车主打电话反映车辆不能起动，要求救援。维修人员赶到现场发现，该车为一键起动，按下一键起动按钮，仪表板出现"未发现遥控钥匙"的提示（图6-1）。将钥匙放在仪表板下方，仪表板仍然出现"未发现遥控钥匙"的提示（图6-2）。以为钥匙里的电池没电了，就更换

图6-1 仪表板出现"未发现遥控钥匙"的提示

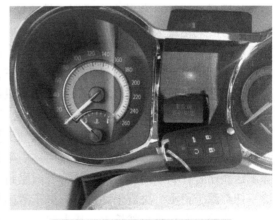

图6-2 钥匙放在仪表板下方仍然出现"未发现遥控钥匙"的提示

了一块新电池,但更换后,仪表板仍然出现"未发现遥控钥匙"的提示。君越的钥匙没电了,有应急起动模式,可以找到扶手盒的相关位置(图6-3),放钥匙放在槽内(图6-4)。这样一放,可以顺利起动发动机了。这是怎么回事?是钥匙坏了?考虑需要换钥匙了。抬头一看,原来车辆停在银行门口,银行的门是自动感应门。那会不会是感应探头干扰了钥匙信号?将车往后推一下,仪表板上"未发现遥控钥匙"的提示没有了,发动机可以正常起动了。复杂故障一下子变得简单了。

图6-3 应急起动模式在扶手盒的位置

图6-4 放钥匙在槽内

二、配件都换了故障还存在

在维修中有时会遇到这样的情况,即配件都更换了,故障却没有排除。造成这种情况的原因,主要有更换的配件质量有问题和线路故障没有排除。

[案例] 景程轿车的配件都换了,发动机还熄火。

故障现象:2008年款上海通用雪佛兰景程轿车,装备2.0L发动机和自动变速器。该车行驶转弯时偶尔熄火,故障发生频率是一天两三次。该车到过两家修理厂维修多次故障也没有排除。据客户介绍该车曾经更换了火花塞、高压线圈、高压线、怠速电动机以及曲轴位置传感器等部件,清洗了节气门体、喷油器、三元催化转化器等,可故障一直没有排除。

故障诊断与分析:因故障是偶发故障,只能先连接故障诊断仪看看。连接故障诊断仪,读取故障码,无故障码显示。观察数据流也正常。此时的故障只能根据客户的描述来查找了,单从熄火这个故障来说原来修理厂做的更换火花塞、高压线圈、高压线、怠速电动机以及曲轴位置传感器等部件,清洗节气门体、喷油器、三元催化转化器等工作,是有道理的,除了这些还有什么原因呢?有人认为气门密封不严、气缸壁间隙过大等都可能引起熄火。但这一切都源于猜测。决定上路试车,试车时感觉发动机动力充足、加速良好,无任何异常。在一转弯处,发动机突然熄火,接着起动发动机,又顺利起动了。再试车辆又一切正常了。回想刚才发生故障的过程,转弯时松开了加速踏板,发动机处于怠速状态,此时发动机的转速应该由怠速电动机控制。结合在熄火前发动机动力充足,分析故障就应该在怠速电动机。

可客户反映在原来的修理厂已经更换过怠速电动机,这是怎么回事?仔细检查了怠速电动机的线路,没有发现问题,这时可以确定故障就在怠速电动机。

故障排除:更换怠速电动机,故障消除。

小结:这是一起典型的配件质量误导诊断思路的故障。在实际维修中经常会遇到把可能的零件换遍了,故障还没排除的情况。这时就需要按照正确的思路排除干扰,最终拨开迷雾。

三、两个或多个故障部件或故障原因引起的故障

一个部件损坏或一个故障原因引起的故障较好排除,而两个或多个故障部件或故障原因引起的故障,往往需要花费不少精力。

[**案例1**] 奥迪A6L轿车发动机易熄火,熄火后能够勉强起动,但提速无力。

故障现象:奥迪A6L轿车,装备BPJ发动机和01J变速器。该车发动机易熄火,熄火后能够勉强起动,但提速无力。

故障诊断与分析:该车曾因易熄火,更换过燃油泵,换完以后试车没有发现异常,但车主将车接走后行驶了200km左右又熄火了。维修人员到现场用VAS5052诊断仪检测发动机控制单元有关于燃油系统压力过低和混合气过稀的故障码,将车辆拖回修理厂,用燃油压力表检测燃油管路压力,发现系统压力不到0.2MPa,难道刚换的燃油泵有问题?为了排除其他可能,决定先换一个燃油滤清器。换完后压力没有变化。在拆解燃油泵的过程中发现引流泵脱落,立即询问上次更换燃油泵的维修人员,反馈安装时肯定安装到位了。

将引流泵安装到位后,重新检查燃油压力,这时压力很快上升,观察发现有时燃油压力会逐渐升高到8~10Bar,且压力表指针间歇性抖动厉害,引流泵脱落是否与此有关呢?查找过程中无意发现燃油箱瘪了很多,当拧开加油盖后有一股很强的吸气声,再看油箱也恢复了不少。难道是因为油箱内的透气孔堵塞形成真空?检查油箱透气系统没有发现异常,那为什么油箱会瘪?燃油压力为何会这么高?A6L轿车的燃油箱在设计时考虑了透气和燃油蒸气回收系统,即当加油时,由于汽油注入油箱,里面的空气会通过一个透气阀活性炭罐吸附机油箱中的燃油蒸气;被挤压出来当发动机运转时,如果活性炭罐电磁阀开启,则在进气歧管真空吸力的作用下,新鲜空气将从活性炭罐罐下方进入,经过活性炭吸附后再从活性炭罐的出口通过软管进入发动机进气歧管,把吸附在活性炭上的汽油分子(重新蒸发的)送入发动机燃烧。

如果活性炭罐进气口堵塞,当发动机运转时,电磁阀开启,由于进气歧管真空吸力的作用,油箱内会逐渐形成真空,长时间会导致油箱变形,因变形部位正好在燃油泵下方,势必会间接造成燃油泵的压力升高,如果长时间处在高速工况下可能会导致引流泵脱落,最后出现发动机熄火。分析该车故障是由于活性炭罐进气口堵塞造成的。

故障排除:更换一个新的活性炭罐,试车100km以上,停车检查燃油箱没有出现吸瘪现象,把燃油压力表接上观察一段时间也没有出现压力过高的现象。车主把车辆提走后,故障也再没出现。

小结:更换了燃油泵,燃油压力却很低。又发现引流泵脱落,将引流泵安装到位后,燃油压力会逐渐升高到8~10Bar,且压力表指针间歇性抖动厉害。又发现油箱瘪,最终找到故障的真正原因——活性炭罐进气口堵塞。这个故障看起来复杂,但根据故障现象顺藤摸

瓜，抽丝剥茧，最终也能找到故障原因。

[案例2] 燃油滤芯堵塞加空气流量计故障。

一辆2002年款丰田6缸霸道越野车，行驶10万km，车辆起动后不踩加速踏板发动机抖动严重，几乎就要熄火了，但是还能维持运转，如果踩下加速踏板发动机不能提速。查了维修履历，燃油滤芯没更换过，于是更换燃油滤网和滤芯，症状有所缓解，但还是加不上油，缓加速还可以，急加速有放炮声，以为是喷油器堵塞，清洗喷油器，也不见明显好转。恰巧车间有辆老款霸道，就把两车的喷油器调换一下，装上之后故障依然存在，最后判断是空气流量计，接上故障诊断仪查看数据流，发现数据流有异常，其实之前用诊断仪查过，没注意到进气量有问题，更换空气流量计后故障排除。

四、表面看起来正常，内部不一定正常

[案例] 捷达轿车的起动机运转无力。

故障现象：2006年款捷达春天轿车的起动机不能正常工作，有时能起动，有时不能起动。该车在第一次起动时起动机运转正常，如果第一次发动机不能起动，第二次将点火开关转至"START"位置，起动机就运转无力了，而且以后会越来越无力。若等一会再起动，又会重复上述现象。

故障诊断与排除：根据故障现象及维修经验，感觉该车症状极像蓄电池电压不足或线路接触不良。

检查蓄电池电压，正常。检查起动线路：将蓄电池至起动机的正接线柱、变速器至车身的搭铁线、蓄电池负极的搭铁线拆下，用砂纸打磨后装复，故障症状仍存在。

外部可能的原因已经排除，应拆下起动机，检查其内部。

起动机运转无力的原因如下：

1) 起动机电刷磨损过大或电刷弹簧的弹力不足。

2) 单向离合器部分打滑，使传递转矩减小。

3) 起动机电枢绕组搭铁。

4) 起动机电刷与换向器接触不良。

将起动机拆下，进行以下检查：

1) 检查起动机电刷与换向器接触良好，换向器表面无失圆或烧蚀现象。

2) 检查单向离合器驱动小齿轮无磨损。沿顺时针方向转动齿轮能转动自如，沿逆时针方向转动时能锁止，说明单向离合器正常。

3) 检查电刷的高度和电刷弹簧的弹力，正常（电刷标准高度为16mm，极限高度为4mm）。

4) 检查起动机电枢绕组。将万用表的"-"端接在换向器的换向片上，另一端接电枢铁心，测量其电阻值。如果电阻为∞，则正常；如果电阻为0，则电枢线圈短路。经检查，电枢绕组正常。

没发现问题，将起动机装配后装到车上，故障仍然存在。

可能的故障部位均已检查了，但仍未找到故障原因。仔细分析，故障应与起动时电流过大造成局部过热有关。检查起动机内部各线接头，表面正常，仔细检查发现电刷铜线连接部

第六章 简单、复杂和奇怪的故障

位是用锡焊的,用电烙铁将锡化开,发现里面有虚焊现象。将电刷铜线打磨处理,再将铜线铆在其连接部位。将起动机装复,再打开点火开关,起动机转动五六次也没发生运转无力的现象,故障排除。

小结:现在轿车起动机电刷的固定采用铆接的方法,这样可使接触良好,避免电刷过热,消耗电流。该起动机更换过电刷,用电烙铁焊接电刷,造成电刷接触不良。第一次起动时造成电刷铜线焊接处发热,电阻增大,再起动时,焊接处增大的电阻消耗了很大电流,起动机就运转无力了。

五、只换损坏的部件不一定成功

一辆宝马 X5 SUV 第一次冷却液储液罐爆了,更换冷却液储液罐。过几天冷却液温度又高,检查发现风扇不转,换了风扇后故障消失。过了几天冷却液温度又高了,而风扇则时转时不转,最后检查风扇继电器的触点端有烧蚀,更换继电器。

在实际维修中这种坏啥换啥的做法并不可取,要找到故障的真正原因。有的维修人员靠换件排除故障,结果越排越乱。有的没有找到真正的故障原因,换件后几天又坏了。

还有的维修人员在换件后,又发现了新的故障,让人头痛。有的维修人员常常在问自己到底错在哪里?先看看下面的案例。

[**案例**] 宝马 X5 SUV 换件后出现新的故障。

一辆 2010 年款的宝马 X5 SUV,燃油箱的浮子指示不准,拆下浮子发现浮子上的电路板有破损的痕迹,于是更换浮子。更换后燃油表的指示准了,但客户反映更换浮子后车辆出现起动困难的故障,尤其是刚加满汽油后。难道更换浮子时动了哪里?检查时发现车辆行驶一段时间后出现燃油箱盖打开费力的情况。这说明燃油箱里有真空出现,而出现这种情况,大多是炭罐通气孔堵塞,造成空气不能有效地将活性炭上的汽油蒸气吹掉。空气从炭罐通气孔不能进入炭罐,燃油箱上部的空气就进入炭罐,使燃油箱内出现真空,并使汽油进入炭罐,导致车辆出现起动困难的故障。而燃油箱内出现的真空使打开燃油箱盖费力,分析原来浮子上的电路板出现破损的痕迹,也是由于燃油箱内出现真空使燃油箱变形,挤压浮子造成的。

更换炭罐,故障排除。

小结:上述两个故障,即浮子指示不准和起动困难是由于同一个故障部件引起的。巧合的是,刚修好浮子指示不准的故障,又出现了起动困难的故障,让人怀疑是更换浮子引起的,增加了排除故障的难度。

六、机械故障当成电器故障排除

不要以为机械故障没有故障码,其实机械故障有时也会有故障码出现。如果错把机械故障当成电器故障来排除就会走弯路。

[**案例 1**] 奥迪 A6L 轿车的制动灯常亮。

故障现象:奥迪 A6L 轿车,装备 2.4L BDW 发动机和 01J CVT 变速器。该车制动灯常亮。

故障诊断与分析:连接故障诊断仪,检测 ABS 有故障码 00526:制动灯开关不正常信号。

· 193 ·

检查制动灯线路连接正常，检查制动灯信号和制动器测试信号正常。

试更换开关后故障依旧。

下一步怀疑是 ABS 控制单元 J104 故障，根据 VS5052 诊断仪的导航提示需要更换 ABS 控制单元 J104。可更换 ABS 控制单元 J104 后故障还是未排除。

最后，再次检查制动灯开关时发现制动踏板晃动，经检查制动踏板螺栓松动造成制动信号错误。

故障排除：重新固定制动踏板后，故障消除。

小结：制动踏板晃动造成制动灯开关信号不稳定，控制单元为了提高行车安全一直给制动灯供电，造成故障。

[案例2] 奥迪轿车的 ABS 警告灯和侧滑灯亮，EPB（电子驻车制动）警告灯同时报警。

故障现象：奥迪 A6L 2.4L 轿车的 ABS 和侧滑灯亮，EPB 警告灯同时报警。

故障诊断与分析：用 VAS5052 诊断仪读取故障码，显示右后轮速传感器 G44 电路电器故障。4S 店的 VAS5052 诊断仪给出的故障导航提示如下：

1）对轮速传感器进行机械检查和目视检查。

2）检查轮速传感器和转子是否损坏和脏污。

3）检查车轮轴承间隙是否太大。

4）检查发动机转速传感器是否已正确安装。

5）检查连接到轮速传感器的插接器是否松动。

检查线路插接器正常，拆下右后轮速传感器时发现传感器有油污，对其进行清理仍无法排除故障。转动轮胎感觉转动不正常。拆检轴承发现轴承支架破碎导致传感器感应环脱出，引起右后轮感应的信号不准。

故障排除：更换损坏部件后故障消除。

小结：此故障的显示为电器故障，但在实际检测中为轴承机械故障。4S 店的诊断仪有故障导航，可以指引检查车轮轴承间隙是否过大，一般修理厂的诊断仪只有读取故障码的功能，无故障导航功能，因此在判断故障时不能单一相信仪器检测，要全面检查。

七、烦人的异响

现在的客户对车辆的舒适性要求提高了。

中国质量协会、全国用户委员会发布全国汽车用户满意度测评，测评针对 2014 年销量较大的 153 个品牌车型，包括轿车、SUV、MPV 及微型车等。

中国质量协会负责人介绍，消费者提及汽车发生率较高的十大故障问题是"燃油消耗过高""档位不准、入档困难（手动档）""加速反应迟缓、无力""风噪声大""内饰异味重""发动机有杂音""行驶中轮胎噪声大""变速器有异常噪声（手动档）""制动有异响"和"空调开启后，发动机无力"。其中，汽车噪声、异响问题已占到十大故障的一半。

这就对维修人员提出了一个问题，即如何判断鉴别汽车噪声、异响。

[案例] 一辆丰田卡罗拉轿车，刚做完首次保养没多长时间，客户反映底盘前部有异响，到店检查，把底盘螺栓都检查了一遍，均没问题，也没发现其他地方有异响，然后试

车，异响消失，客户将车开走。没过几天，客户又打电话反映仍有异响，还提到自己到其他的修理厂去检查，修理厂的人把一个下臂螺栓拧松了一点，故障就消失了几天，然后又开始响。再到店进行检查，这次准备把下臂和副车架的联接螺栓拆下来，在拆的过程中发现不太对劲，最后用撬杠撬着才拆下来，原来副车架里边的螺母已经脱焊，与副车架碰撞导致异响。

八、更换控制单元要仔细

更换价值高的配件，如控制单元等要特别仔细。因为这些配件如果积压了，再销售的机会很少，会给公司造成很大的损失。以奥迪车系为例，奥迪公司的主要产品有 A 系（包括 A1、A2、A3、A4、A5、A6、A7、A8）、Q 系（包括 Q3、Q5、Q7）、R 系、TT 系（包括 TT、TTS、TT RS）等。一个奥迪 4S 店要备齐奥迪车系的各种控制单元恐怕要四、五千万。以奥迪 A6 为例，A6（C5）有 1.8L、1.8T、2.4L、2.8L 四种排量的发动机，A6（C6）有 2.0T、2.4L、2.8L、3.0L、3.2L、4.2L 六种排量的发动机，A6（C7）有 2.0T、2.5L、2.8L、3.0L 四种排量的发动机，其中有些排量的发动机年款不同，又分了若干种，这样算下来发动机的控制单元就有很多种。

[案例] 发动机无法起动。

故障现象：奥迪 A6L 2.4L 轿车的发动机无法起动。

故障诊断与分析：用故障诊断仪读取发动机系统的故障码，有两个故障码，分别是 01671：主继电器 J271 对正极短路和 05464：节气门体 G186 电路电器故障。

检查主继电器 J271 正常，检查节气门体 G186 的线路正常。清除故障码后再读取故障码，仍有故障码 05464 无法清除。读取数据流，显示节气门不工作，检查加速踏板位置传感器工作正常。检查线路正常，怀疑发动机控制单元损坏。

故障排除：更换发动机控制单元，故障消除。

九、清洗进气系统、喷油器和三元催化转化器后的设定

[案例] 上海通用雪佛兰景程轿车免拆清洗后发动机故障灯亮。

故障现象：2010 年款上海通用雪佛兰景程轿车，装备 2.0L 发动机和自动变速器，行驶里程为 16 万 km。该车发动机加速不良，免拆清洗了进气系统、喷油器和三元催化转化器，出现发动机故障灯亮的现象。

故障诊断与分析：连接故障诊断仪，读取故障码，显示发动机控制单元有故障码 P0172：燃油调整系统浓。读取数据流（图 6-5），前氧传感器和后氧传感器（即 HO2S1 和 HO2S2）在 900mV 左右，不变化，由此可以看出混合气浓了。再看短期燃油调整为 -32.03%，也说明混合气浓。再看长期燃油调整为 57.03%，怎么和短期燃油调整正好相反呢？

笔者决定先不理会长期燃油调整，按混合气浓排除故障。开始时笔者怀疑是喷油器清洗后产生了滴漏，但拆下喷油器检查，喷油器正常。

突然想到燃油设定这一功能，于是进入动作测试（图 6-6），执行重设定功能（图 6-7）。设定后重新读取数据流（图 6-8），一切正常。

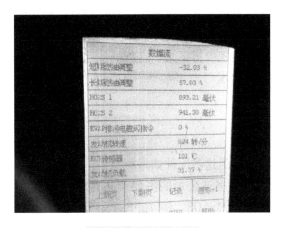

图 6-5 读取数据流

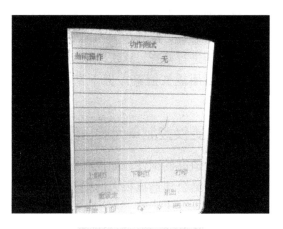

图 6-6 进入动作测试

图 6-7 执行重设定功能

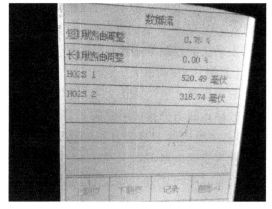

图 6-8 读取数据流

十、诊断仪不能进入电控系统

现在诊断故障,很大程度上要依靠仪器,如果诊断仪不能进入电控系统,该怎么办?

诊断仪不能进入电控系统,除了仪器自身的原因外,还有其他三方面的原因:一是诊断接口;二是控制单元的电源、搭铁和线路方面的原因;三是控制单元故障。

[案例] 一汽-大众宝来轿车 ABS 报警。

故障现象:2009 年款一汽-大众宝来轿车,装备 1.6L 发动机和手动变速器,出现 ABS 报警的故障。

故障诊断与分析:连接故障诊断仪,想进入 ABS,结果诊断仪不能进入。这时有些人可能感觉无处下手了。实际上静下心来,仔细考虑,诊断仪不能进入也是一个故障现象,结合 ABS 报警这一故障现象,本故障实际有两个故障现象,分析引起这两个故障现象的原因如下:

1)诊断接口故障。
2)ABS 控制单元电源故障。
3)ABS 控制单元搭铁故障。
4)ABS 控制单元自身故障。

故障原因分析到了,那怎么排除呢?很简单,第一步,用诊断仪进入其他控制单元,如发动机控制单元,结果能进入,说明诊断接口没问题;第二步,检查 ABS 控制单元的电源和搭铁,检查电源没问题,检查搭铁,发现搭铁处锈蚀。

故障排除:将搭铁锈蚀处处理后,故障消除。

第三节　简单故障不简单

说简单故障不简单,是要求维修人员在维修车辆时应全面考虑,不要只盯住一个点。有些故障看起来简单,实际上真正的故障原因隐藏很深。如果不仔细,要多次才能找到真正的故障原因。

一、看似简单的故障排除很难

烟台市汽车修理工大赛的题目是在空气流量计上设置了一个故障,原本以为故障很简单,结果很多参赛选手没有做出来。大赛选取的车型是 2007 年款一汽丰田卡罗拉轿车,该车空气流量计和进气温度传感器合成在一起,插接器上有 5 根线(图 6-9),从右到左依次为 1 – THA 进气温度传感器信号线,粉色;2 – E2 搭铁线,棕色;3 – +B 电源线,黑色;4 – E2G 搭铁线,浅绿色;5 – VG 空气流量计信号线,灰色。

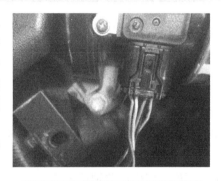

图 6-9　正常的进气温度传感器和空气流量计插接器

题目是这样设计的,将插接器上的 1 – THA 进气温度传感器信号线端子和 5 – VG 空气流量计信号线端子对调,如图 6-10 所示。故障现象是发动机起动困难,起动后发动机怠速抖动,加速不良,发动机故障指示灯亮。读取故障码(图 6-11)和数据流,空气流量计显示 0,进气温度显示 -40℃。有的选手上来就说空气流量计坏了,有的则说发动机控制单元坏了。现场提供的电路图,很多人都没有看。实际上这个故障,只靠分析可能会分析出来,但如果借助电路图,会很简单地找到故障点。

由这个故障的经验可知,排除故障时一定要借助相关工具书或资料。

图 6-10　进气温度传感器信号线和空气流量计信号线的端子对调

图 6-11　读取故障码

二、哪里漏油不一定就要处理哪里

提起简单故障,还要说说"三漏"。一般提到的"四漏"是汽车的常见故障,掌握"四漏"检查是每个汽车维修人员的必修课,特别是其中的漏油、漏水、漏气的检查。由于漏电检查较为复杂,在以后的章节会详细介绍,这里主要介绍"三漏"的检查。

发动机在使用过程中,最常见的故障就是"三漏",即漏油、漏气、漏水。发动机的"三漏"使发动机的技术状态变差,配件加速磨损,故障频发,起动困难,油耗增加,功率下降。如果这类故障反复修理,会影响修理厂的信誉,处理不当还会引起更大的故障,因此,对发动机的"三漏"现象必须重视,并及时检查排除。

漏油故障看起来很简单,但处理起来有时很麻烦。

[案例1] 2010年款宝马520i发动机的气门室盖漏油。

故障现象:2010年款宝马520i轿车,发动机的型号为N46T,故障现象为发动机漏油。第一次发现漏油,检查并更换了气门室盖垫、真空泵垫。过了几天,气门室盖垫又出现漏油,再次进行维修。维修后几天,气门室盖垫、真空泵垫又出现漏油。

故障诊断与分析:刚换的气门室盖垫、真空泵垫反复出现漏油,是装配质量有问题还是故障点没有找到?

按常理来说,发动机漏油的故障是机械故障,没必要读取故障码。这辆车因为多次出现漏油,就连接故障诊断仪读取故障码,有一个故障码2889:DME(数字式发动机电子控制系统),进气门积炭。进气门积炭能引起发动机漏油?气门积炭能使气门关闭不严,而气门关闭不严又能引起曲轴箱压力过高。发动机怠速状态下,测试曲轴箱的压力为100.78kPa,标准值为95kPa。再测试环境压力,为100.72kPa。从上面的测试可以看出曲轴箱内部为正压状态,曲轴箱压力高于环境压力。而正常情况下,曲轴箱内部应为负压状态。反过来分析,曲轴箱内部的负压状态,可能是气门积炭引起的。

故障排除:免拆清洗气门积炭,维修漏油部位,故障再没发生。

[案例2] 五菱荣光面包车漏机油。

故障现象:2009年款五菱荣光面包车漏机油。

故障诊断与分析:检查凸轮轴油封漏油,更换后再检查不漏油了。可没过几天曲轴的前后油封都漏油了。检查曲轴箱通风阀被人为堵死了。曲轴箱通风阀堵死了,曲轴箱里的废气压力增加,引起凸轮轴及曲轴的油封先后漏油。

故障排除:将堵塞物清除,更换曲轴的前后油封,客户将车开走。可没过几天,客户反映先前的故障又出现了,即车速达到30~40km/h时,踩下离合器,发动机转速达到4000r/min。于是更换怠速电动机,并清洗了节气门体,故障消除。

小结:分析五菱荣光面包车有车速达到30~40km/h时,踩下离合器,发动机转速达到4000r/min的故障。上一个接手的维修人员没有正确诊断故障,发现气门室盖有个单向阀通过真空管连接到进气歧管,于是想个办法,将单向阀堵死,这时踩下离合器,发动机的转速正常了。但没想到出现了新的故障。

[案例3] 迈腾轿车正时罩盖多次渗油。

故障现象:迈腾B7L轿车,正时罩盖渗油,滴到排气管上产生烟雾。维修两次也没修好,该车行驶里程为 1 万 km。

故障诊断与分析:检查发动机外观,发现正时罩盖的密封垫移位(图 6-12),导致机油渗出。

分析渗油的原因如下:

1)正时罩盖及密封垫存在质量缺陷。

2)发动机气缸盖密封面的平面度不达标造成密封垫预紧力不够。

首先更换正时罩盖总成,试车 5km,密封垫又移位,出现机油渗漏。

图 6-12 正时罩盖的密封垫移位

根据密封垫移位的状态,判断正时罩盖内压力过高。分析罩盖内部零部件的润滑方式为飞溅润滑,排除机油压力高造成密封垫漏油的可能性。分析曲轴箱通风系统废气排出不畅,可能造成曲轴箱内废气压力过大。

迈腾 CEA 发动机曲轴箱通风装置中的油气分离器是关键装置,更换油气分离器并修复漏油部位,试车 5km,检查密封垫及渗油情况:密封垫未出现移位,但还是存在明显渗油现象(图 6-13)。

图 6-13 有明显渗油现象

读取故障码,发动机电控系统无故障码显示。读取发动机的数据流,在急速状态下,拔出机油尺或打开机油加注口盖,数据有明显变化,并和正常车辆的数据对比一致(图 6-14 和图 6-15),说明急速状态下曲轴箱通风系统基本工作正常。

为进一步查找故障,根据发动机曲轴箱废气空气循环管路图(图 6-16)分析曲轴箱废气空气循环的工作原理。

发动机在急速、小负荷状态下,节气门后部处于负压状态,此时的曲轴箱通风主要由油气分离器到进气歧管的管路完成。当发动机处于中、高负荷状态时,涡轮增压器开始工作,此时节气门后部的压力高于大气压力,而涡轮增压器的进气口处由于增压器的工作而处于相对的低压状态。此时的曲轴箱通风由油气分离器至涡轮增压器进气口的管路完成。如果通风不畅,会导致曲轴箱废气压力增高。

分析该车每次试车时都是急速正常,而出去路试 5km 就出现渗油。分析故障是在发动机处于中、高负荷状态,涡轮增压器开始工作时出现的。

拆卸检查油气分离器至涡轮增压器进气管的管路，发现内部有类似塑料片状物体堵塞。分析这些异物使曲轴箱通风不畅，产生较高压力，造成正时罩盖的密封垫移位，进而渗油。

图 6-14　正常怠速数据

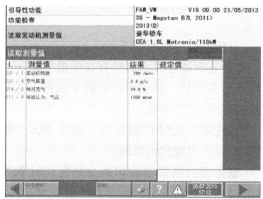

图 6-15　拔出机油尺或打开机油加注口盖的数据

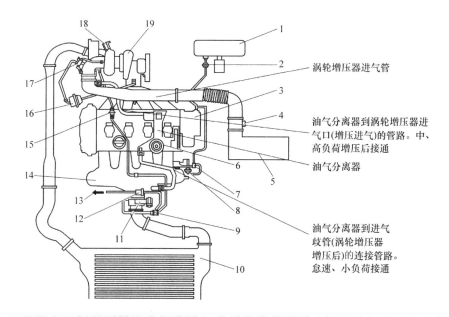

图 6-16　发动机曲轴箱废气空气循环管路图
1—助力制动器　2、15—止回阀　3—真空泵　4—空气流量计　5—空气滤清器　6—压力调节阀
7—进气歧管翻板转换阀　8—真空罐　9—双止回阀　10—增压空气冷却器　11—节气门控制单元
12—活性碳罐电磁阀　13—连接至活性碳罐　14—进气歧管　16—增压压力调节阀
17—增压压力限制电磁阀　18—涡轮增压器循环空气阀　19—废气涡轮增压器

故障排除：更换油气分离器至涡轮增压器进气管的管路，试车 30km 未出现渗油现象。连续跟踪 7 天，未出现渗油现象，故障彻底排除。

小结：遇到此类故障应从发动机的工作原理及曲轴箱通风压力方面进行分析判断。

[案例4]　奥迪 A6L 汽油机气缸盖的前部漏机油。

故障现象：A6L（C6）的 2.4L 和 3.2L 汽油机在发动机前部能见到少许机油从气缸盖

堵盖处渗出，某些车辆此位置干脆就没有堵盖（该堵盖零件号为06B 103 113C，在发动机上共装有3个）。这样就会由于密封不好造成进气量数值错误，可能出现混合气浓度太稀的故障记忆。故障记忆内容见表6-1。

表6-1 故障记忆内容

故障码		故障码内容
17544	P1136	气缸盖1，混合匹配系统（增加）过稀
17546	P1138	气缸盖2，混合匹配系统（增加）过稀

可能存在此隐患的发动机号码区间见表6-2。

表6-2 可能存在此隐患的发动机号码区间

发动机	起始号码	结束号码
BDW	0000001	0021783
AUK	0000001	0015899
BKH	0000001	0017318

故障诊断与分析：堵盖密封材料改成硅树脂材料（此种材料的颜色为黑色），这种材料可使与其相接触的起粘接作用的硅树脂黏结剂粘接效果降低，造成堵盖内陷，影响密封效果，甚至导致脱落。

故障排除：当发动机气缸盖处渗油或出现17544、17546故障码时，可按照以下步骤进行。

1）检查三个堵盖是否装配到位。在气缸盖1的进气侧有一个孔有堵盖，在排气侧的孔上则装有真空泵。气缸盖2的排气凸轮轴的两个孔都有堵盖，因为这两个孔是在冷却液管的后面，如图6-17所示，所以不易看到。

2）若发现相应的孔上没装堵盖，应检查原来的堵盖是否滑到孔里面了。

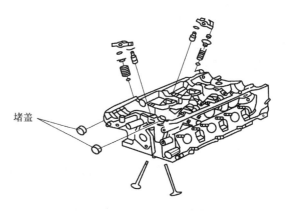

图6-17 排气凸轮轴的堵盖位置

3）请拆下有问题气缸盖的罩盖，检查堵盖是否掉在里面，若发现请取出。

4）把孔清洁干净。

5）在缺堵盖的孔上涂胶，然后按照下面的步骤装上一个新堵盖。

6）在按照每隔90°的四个位置上涂一点胶。

7）平齐地把堵盖装上。

8）为了安全起见，另外两个堵盖也重新更换并涂胶安装。堵盖正好装在孔中间橡胶密封垫的下面，用一个一字螺钉旋具敲堵盖中部将其敲出，或者用一个硬点的焊丝弯成钩，穿过橡胶密封垫，将堵盖拉出。

9）为了避免必须拆下气缸盖2上的冷却液管，对冷却液管后面的两个堵盖，可直接在堵盖上涂胶来密封，用抹刀或者手指在堵盖上抹一圈胶，然后将堵盖装好。

堵盖滑入气缸盖内部不会造成气缸盖损坏，但还是要检查堵盖是否在气缸盖内。

若三个堵盖都不缺少，而故障存储器中存储上面的故障信息，则需要检查发动机的进气量是否错误，进气装置和曲轴箱通风是否密封完好，然后才能判断是否为控制单元的软件诊断错误。

三、零件坏了就换不一定可行

零件坏了就换，可能有的维修人员会这样想。其实不是那么简单，零件坏了，要找到原因再更换。

[案例1] 奥迪 A6L 轿车左侧半轴油封漏油。

故障现象：奥迪 A6L 2.0T 轿车，装备 BPJ 发动机和 CVT 无级变速器，左侧半轴油封漏油。

故障诊断与分析：第一次更换半轴油封后没几天，又漏油了。用举升机将车辆顶起检查左侧半轴油封漏油，发现左侧半轴法兰未装到位，将半轴法兰拆下，发现短轴上无卡簧，并且卡簧两侧驱动齿已相对错开。分析左侧半轴法兰无卡簧导致法兰脱出，造成漏油。

故障排除：重新更换左侧半轴卡簧、油封，试车后故障排除。

[案例2] 皇冠轿车左后制动片异常磨损。

故障现象：2008 年款一汽丰田皇冠轿车的左后制动片异常磨损，更换一副后制动片后，不到一个月，左后制动片又异常磨损了。

故障诊断与分析：检查发现左后制动分泵的滑动销锈蚀，制动片不回位。分析车辆在积水路面行驶，积水由防尘套处进入后制动分泵的滑动销，产生锈蚀。

故障排除：拆解制动分泵，更换新的防尘套，涂抹纯正的润滑脂。然后更换一副后制动片，故障消除。

四、处理冷却系统漏水要多思考

发动机在使用过程中，由于零件产生磨损，出现裂纹或连接松动等原因，会造成冷却系统漏水。冷却系统漏水了，将漏水的地方处理好，加水就可以了吗？当然不行，这里面要考虑两个问题，第一个问题是为什么漏水，漏水可能由部件损坏引起，也可能由冷却系统压力过高引起，后者是隐性故障，需要特别注意；第二个问题是漏水能否引起其他故障，如漏水引起发动机高温，高温又引起发动机损坏等，那也是很有可能的。

漏水会使发动机过热，影响发动机的正常工作。漏水是柴油机冷却系统的一种常见故障。漏水不仅给发动机冷却带来麻烦，严重时会导致气缸盖裂纹。气缸套阻水圈漏水，会冲淡油底壳的机油，使零件锈蚀而加剧磨损，严重时还会烧毁轴瓦。柴油机各种漏水的原因如下：

1）水泵水封失效密封不良。冷却液从水封处漏入齿轮罩壳内，从而使机油油面升高。

2）喷油器护套胶圈密封不良。冷却液进入气缸盖上部，从回油孔进入油底壳，造成机油油面升高。

3）气缸套胶圈起着使机体冷却腔的冷却液不进入油底壳的作用。如果气缸套胶圈密封失效，则直接造成冷却液进入油底壳。

4）气缸盖裂纹：当气缸盖底板或进、排气道发生裂纹后，冷却液从气缸盖的水道进入活塞顶或进气道、排气道，再进入气缸，使油底壳的油面升高。

五、奇怪的转向系统异响和漏油故障

转向系统的一些故障，看似很简单，但有时也出乎预料。例如转向异响，转向助力泵与转向器之间的膨胀软管质量差或堵塞、变形都能引起异响。

有些奥迪 A6L 轿车，转向器进油管的固定螺栓有裂纹，从转向器进油管的固定螺栓处能产生漏油现象，拆卸后可发现裂纹，有些车拆卸时发现油管螺栓断裂（图6-18）。

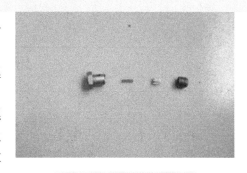

图 6-18 断裂的油管螺栓

六、简单故障处理不好会引起复杂故障

简单故障要仔细处理，如果处理不好会引起复杂故障。发动机的冷却液温度高，检查是水泵坏了，更换好水泵后试车冷却液温度正常了。那么更换水泵就没事了吗？可以先看下面的案例。

[案例] 奥迪 A6L 轿车更换水泵后，发动机抖动，废气警告灯报警。

故障现象：奥迪 A6L 轿车，装备 2.4L 发动机和 01J 变速器。该车早上起动时发动机抖动 1min 左右，伴有废气警告灯报警。

故障诊断与分析：询问客户得知，该车前段时间由于水泵漏水，引起发动机超温，在一家修理厂更换了水泵，更换水泵后出现了发动机抖动，废气警告灯报警的故障。连接故障诊断仪，检测发动机控制单元有故障码，内容为 5 缸检测到失火，偶尔发生；2 缸检测到失火，偶尔发生。检查火花塞正常，检查点火线圈正常，怀疑是积炭引起的故障。清理气门积炭后，冷车起动发动机工作正常，客户将车辆取走，第二天早上故障又重新出现，连接故障诊断仪，检测发动机控制单元有故障码，故障码和之前的一样。检查气缸压力正常。检查线路正常。清洗喷油器后，冷车起动正常。但客户回去后，故障依旧。将车辆放在厂里，第二天冷车起动发动机，故障出现，还是发动机抖动，用故障诊断仪检测故障码依旧。

这时拆下火花塞，发现 2 缸和 5 缸的火花塞潮湿，用手摸时有点发黏的感觉。将 6 个火花塞全部拆下放在一起检查，发现 2 缸和 5 缸的火花塞头部发白。怀疑 2 缸和 5 缸有冷却液。将 2 缸和 5 缸分别转至上止点，用手电筒照 2 缸和 5 缸，气缸内很潮湿。

分析该车应该是水泵漏水产生发动机超温，造成气缸垫损坏，虽然更换了水泵，发动机的冷却液温度暂时正常了。但气缸垫损坏，还是有少量的冷却液会漏入气缸中，导致冷车时 2 缸和 5 缸的工作不好或处于不工作状态。拆解发动机，检查气缸体和气缸盖，未发现明显的故障，检查气缸垫，2 缸和 5 缸的气缸垫有轻微的水痕。

故障排除：更换气缸垫后试车，故障消除。

第七章 如何避免误诊断

导入案例：老板把配件发给工人抵工资，是谁的错？

有些维修人员在维修汽车时，仅凭一些表面现象判断故障，结果出现误诊断，找不到故障原因，订错配件给企业造成损失，延迟了交车时间，引起客户不满。

一位维修人员对一辆宝马车的故障进行诊断，判断是发动机控制单元坏了，老板就定了一个发动机控制单元。谁知换上后，故障仍存在。老板很生气，因为一个控制单元需要一万多块钱。老板斥责维修人员，维修人员便提出辞职，老板于是把那台发动机控制单元当工资发给了他。当初我是维修人员时也认为老板狠心，后来我也参与了企业经营，虽然反对那位老板的做法，但也体谅他的苦处，一个控制单元价值一万多块钱，这样压到厂里就成了死库存，谁不心痛？汽车维修人员要避免误诊断的发生，这是对企业负责，也是对自己负责。

第一节 逻辑思维和惯性思维

一、两道智力测试题

这里给出两道智力测试题。

第一题：口加多是什么字？思考一下，回答是"哆"字，发音为"duo"。那么口加少又是什么字？

第二题：一位聋哑人士到商店买锤子，他左手贴在墙上摆出握钉子的姿势，右手做出手握锤子钉东西的样子。店主拿出一个钉子，聋哑人士摇摇头。店主又拿出一把锤子，聋哑人士点点头，付款满意地走了。一会有位失明人士来买剪子，你说他该怎么办？

这两个测试题，第一题有人会念成"shao"，实际上"吵"这个字念"chao"。第二题，很多人说他张开两个手指做出要剪东西的样子，店主就会明白了，实际上失明人士会说话。

这是流传很久的两个智力测试题，为什么很多人答错？这是因为惯性思维。

在汽车故障诊断中，需要逻辑思维。如果在车辆故障诊断中使用惯性思维，会造成误诊断，或使维修人员深陷其中。

二、机械故障引发上海通用别克新世纪和君威（旧车型）轿车漏电

不少人认为漏电是由于电器故障造成的，殊不知机械故障也能引起漏电。

有部分上海通用别克新世纪和君威（旧车型）轿车停一晚上，全车就没电了。这两种车型经常发生这种故障，早在2006年我就在上海通用别克售后服务站遇到过这种故障。开始怀疑是漏电，可一检查没有漏电的地方，折腾半天客户将车开走。连续几天早上发动机起动正常，可忽然有一天，故障又出现了，还是全车没电，又是折腾半天找不到故障，车开走后连续几天早上发动机起动正常，可是忽然有一天，故障再次出现了。开始以为是某个接触不良的部件，折腾一番就好了。把所有可能的部件重新固定、插牢，可故障依旧。在故障又一次出现时，认真研究了车辆的每个状态，发现全车没电时，点火开关不在LOCK（锁止）位置，而是在ACC位置。点火钥匙只有在LOCK（锁止）位置才能拔下，那在ACC位置怎么会拔下钥匙呢？将点火钥匙插入钥匙孔中试验，发现点火钥匙在LOCK（锁止）位置和ACC位置均可拔出。原因找到了，分析全车没电是由于客户停车熄火时不小心将点火钥匙在ACC位置拔出造成的。和客户沟通后，更换了点火锁，故障再没发生。

小结：点火钥匙在ACC位置上拔出，这和点火开关关闭后开着前照灯把蓄电池的电量耗掉一样。前照灯开关在打开位置很容易发觉，可点火钥匙拔出，点火开关停在ACC位置却有很强的隐蔽性。此故障提醒维修人员在检查漏电时，要观察每个电器元件的状态。

三、螺栓松动引起上海大众帕萨特领驭轿车的发动机故障指示灯亮

发动机故障指示灯亮了，要读取故障码，然后按照故障码的内容查找故障，这是一般的惯性思维，但有时会遇到一些意想不到的干扰。

[案例] 上海大众帕萨特领驭轿车的发动机故障指示灯亮。

故障现象：2011年款上海大众帕萨特领驭轿车发动机故障指示灯亮。

故障诊断与分析：连接故障诊断仪，读取发动机故障码，显示混合气过稀。故障码可以清除，但车辆行驶几天后同样的故障码又出现了。观察数据流，空气流量计、氧传感器、喷油脉宽、节气门开度均正常。连续几次清除故障码后让客户将车开走，已经造成客户不满，决定好好试车观察。原地连续踩几次加速踏板后，发动机轻微抖动起来。观察数据流，空气流量计在2~6g/s之间变化，氧传感器调节达到25%，达到了最大值。发动机电控单元如此大的往稀调节发动机肯定要输出混合气过稀的故障码，问题应该在这里。引起混合气过稀的原因有很多，如进气多、供油少、传感器提供的信号不良等。因为故障现象偶发，提供的信号不良和接触不良引起故障的可能性较大。分析漏气、喷油器堵塞等可能性较少，因为发动机轻微抖动时观察数据流，空气流量计在2~6g/s之间变化，就试着更换了空气流量计，可更换后故障仍然存在。再测量发动机轻微抖动时各传感器和执行器的供电电压，当测量喷油器的供电电压时，发现故障时电压在10~13.8V之间波动。这个电压波动是由什么引起的？检查发电机输出电压正常。查找电路图发现，喷油器的供电是由继电器盒的燃油泵继电器提供的，检查继电器时发现继电器盒侧面的504螺栓松动，而504螺栓连接的线路正是用于喷油器供电。

故障排除：紧固504螺栓，清除故障码。试车，故障再没出现。

小结：继电器盒侧面的504螺栓松动，导致喷油器供电不足，电压低时，喷油量减少，混合气就过稀了。另外在维修帕萨特轿车时也发现过燃油泵继电器不良可导致混合气过稀故障码出现的问题。故障千变万化，像这种燃油泵继电器损坏或供电螺栓松动导致混合气过稀的，基本只在帕萨特领驭轿车上见过，在其他车型上还没有遇到。

四、一喷油就着车却不是燃油系统的故障

2008年款江陵全顺面包车,该车发动机进行了大修,大修后发动机不工作。起动时,发动机着火后马上熄火。如果此时将化油器清洗剂喷入进气管,发动机可连续工作一会。看来点火没问题,凭经验这是典型的燃油系统不供油或供油不足的故障。于是按照燃油系统不供油或供油不足的故障一直检查。可查来查去,发现喷油器不喷油,怀疑发动机控制单元坏了,但在更换后故障依旧存在。这时想起发动机有时出现"曲轴信号不明确"的故障码,因为这个故障码不总是存在,加上原来的思路是按照燃油系统不供油或供油不足的故障检查,这个故障码就没在意。于是拆下曲轴位置传感器,检查没有问题,可发动机仍不工作。试着换了一个新的曲轴位置传感器,故障仍没有解决。最后用示波器测量曲轴位置传感器,发现曲轴位置传感器没有信号输出。拆下曲轴位置传感器,用手拿着,起动发动机,这时曲轴位置传感器有信号了。仔细检查发现,安装曲轴位置传感器的支架变形了,将支架整形安装,故障排除。

小结:这个故障是因为按照惯性思维,认为出现上述现象就是典型的燃油系统不供油或供油不足。其实曲轴位置传感器无信号,不同的发动机控制单元有不同的症状。有的发动机既不喷油也不点火;有的发动机不喷油,但点火;有的发动机喷油,但不点火。

五、有油有火有压缩压力,正时正确发动机未必能工作

2011年款广州本田雅阁轿车熄火停十几分钟才能重新起动。这个故障现象很像点火系统,如点火线圈,或燃油系统,如燃油泵等的故障,很难想到会是三元催化转化器堵塞造成的。因为三元催化转化器堵塞会造成发动机加速无力,不会出现发动机熄火停十几分钟才能重新起动的故障现象。

有些维修人员在排除故障时,常有的一个逻辑是有油有火有压缩,正时正确发动机肯定能工作。如果这些条件都具备了,故障还没排除,那就束手无策了。

实际上,对于汽油机来说,在起动系统正常的前提下,发动机工作必须具备四个条件:①防盗系统无故障;②足够的点火电压及正确的点火正时;③正常的气缸压缩压力;④恰当的混合气空燃比。而这些条件没有具体到哪个部件,如果具体到部件,可参见表7-1列出的内容。

表7-1 故障现象与故障原因表

现象	原因	
	系统	部件
发动机可以正常运转: 1)发动机有起动征兆 2)发动机无起动征兆	点火系统故障	点火线圈故障 点火正时不准确 曲轴位置传感器故障 电控单元故障

第七章 如何避免误诊断

(续)

现　象	原　因	
	系　统	部　件
发动机可以正常运转： 1）发动机有起动征兆 2）发动机无起动征兆	供油系统故障	供油系统线路短路或断路 燃油泵故障 进油管泄漏或堵塞 喷油器损坏或堵塞 主继电器或油泵继电器损坏 电控单元故障
	机械系统故障	气门故障 活塞与气缸间隙过大 气缸漏气 进气系统漏气 排气系统堵塞

从表中可以看出，发动机能够工作，不仅要有油、有火、正时正确，混合气也要合适。

六、发动机失火的感觉

发动机失火是一种什么样的感觉，相信不少人会说是发动机抖动，或者车辆在行驶过程中，车辆会一耸一耸的。那么反过来问：发动机抖动，或者车辆在行驶过程中，车辆会一耸一耸的，是由于发动机失火引起的吗？先来看看下面的案例。

[案例] 散热器风扇动不平衡引起类似于发动机失火的故障。

一汽-大众速腾轿车怠速开空调时，车内出现规律性的抖动感，用手摸转向盘可感到抖动，坐在座椅上感觉像发动机失火的故障现象。连接故障诊断仪，读取故障码，无故障码显示。读取测量值块，也没有失火记录。多次开关空调后发现，故障只在打开空调时才出现，怀疑开空调时发动机功率不足，于是读取打开空调时的数据块，结果正常。又怀疑火花塞点火能力不足，试更换后故障依旧，再试着清洗喷油器，依然无效。

检查发动机支撑及相关的连接件均未发现问题。用手感觉发动机的工作状态很平稳。在诊断过程中，无意间发现一个规律，故障现象在关闭空调一段时间后才消失，也就是在风扇停转后故障才消失，分析是散热器风扇动不平衡引起的故障。更换散热器风扇，故障排除。

小结：关闭空调故障现象消失，这是故障存在与否的一个条件。如果没有这个条件，很容易把车辆的抖动与发动机工作状况的好坏联系在一起进行判断。

七、颠覆传统的热车起动困难故障

在以前的故障诊断中经常可以见到起动困难故障原因表（表7-2）。但有了这些原因故障就能诊断出来吗？先来看看下面的案例。

表 7-2 起动困难故障原因表

现 象	原 因	
	系 统	部 件
（1）热车起动困难 （2）冷车起动困难 （3）任何时候都起动困难 （若只是冷车起动困难，应先检查冷却液温度传感器，或模拟冷热车工况检查）	供油系统故障	空气滤清器堵塞 燃油滤清器堵塞 油压调节器破损 油压调节器真空管脱落、破损 燃油泵供油压力不足 燃油变质或含水 喷油器雾化不良或堵塞 电控单元故障
	点火系统故障	火花塞故障 点火正时不准确 分火线顺序不对 霍尔元件损坏或线束松脱 电控单元故障

[案例1] 奥迪 A4L 轿车热车起动困难。

故障现象：奥迪 A4L 轿车，发动机型号为 CDZ，该车热车起动困难。

故障诊断与分析：连接故障诊断仪，读取故障码，显示 4106 P218800（101）气缸列 1 燃油计量系统怠速时混合气过浓。根据导航分析存在的故障原因有喷油器泄漏、炭罐电磁阀 N80 发卡、发动机机油中混有汽油。从最简单处入手，检查发现机油中混有汽油，汽油从哪里来吗？燃油系统的保持压力，标准值应为 0.3MPa。将燃油压力表安装在燃油泵和高压泵之间，起动发动机然后熄火，燃油压力不下降，说明从开关至燃油泵无泄漏。打开开关，压力慢慢下降，说明燃油系统的高压部分有泄漏点。这些泄漏点中能使汽油进入机油的，只有喷油器和高压油泵。喷油器泄漏，汽油进入气缸，汽油顺着气缸壁也能进入油底壳。拆下喷油器，做压力试验，喷油器正常。拆下高压泵，发现高压泵驱动杆松旷。

故障排除：更换高压泵后，故障消除。

小结：高压泵漏油，使汽油进入了机油，一个机械故障竟然可以引起热车起动困难，而在起动困难故障原因表中却没有给出。另外，以前的惯性思维是混合气过浓是由于进气量少或喷油器喷油量大造成的，而往往忽视了高压泵漏油。这个故障造成思维错误的另一个原因是该车发动机采用了缸内直喷技术。

传统的发动机是在进气歧管中喷油再与空气形成混合气，最后进入气缸内。在此过程中，因为喷油器与燃烧室之间还有一定距离，微小的油粒会吸附在管道壁上，而且燃油与空气的混合受进气气流和气门关闭影响较大。

而缸内直喷则是将燃油直接喷射在气缸内，并与空气混合，如图 7-1 所示。缸内直喷系统构造图如图 7-2 所示。控制单元可以根据吸入的空气量精确地控制燃油的喷射量及喷射时间，高压的燃油喷射系统可以使油气的雾化程度和混合效率提高，使符合理论空燃比的混合气燃烧更加充分，从而降低油耗，提高发动机的动力性能。

第七章　如何避免误诊断

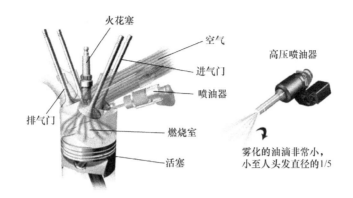

图 7-1　缸内直喷原理示意图

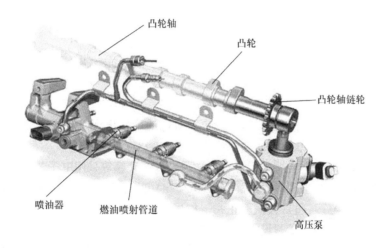

图 7-2　缸内直喷系统构造图

缸内直喷要求有很高的燃油压力，因此，结构与以前见到的进气歧管内喷射技术有很大区别，这就要求维修人员不断学习掌握。

[**案例 2**]　奥迪 A6L 轿车热车起动困难。

故障现象：奥迪 A6L 轿车，装备 4.2L 发动机，该车热车起动困难。

故障诊断与分析：用故障诊断仪读取故障码，显示 16825 EVAP 排放控制系统错误。经检查活性炭罐电磁阀关闭不严。

故障排除：更换活性炭罐电磁阀，故障消除。

小结：活性炭罐电磁阀关闭不严，导致大量油箱里的燃油蒸气进入发动机，造成混合气过浓，引起发动机热车起动困难等故障。

八、其他有异议的故障诊断方法

有些资料上的故障诊断方法只列举了某些原因和可能的故障部件,忽视了一些其他原因和可能的故障部件,下面以发动机怠速不稳和加速不良简要说明。

1. 发动机怠速工况不良 (表7-3)

表7-3 发动机怠速工况不良诊断表

现象	原因	
	系统	部件
(1) 发动机怠速过低 (2) 发动机怠速不稳: 1) 暖机过程不稳 2) 暖机结束不稳 3) 部分负荷时不稳(开空调等) (3) 发动机怠速过高	供油系统故障	油压调节器破损 油压调节器真空管脱落、破损 燃油泵供油压力不足 喷油器雾化不良或堵塞
	点火系统故障	火花塞故障 点火正时不准确 分火线顺序不对 分火头故障 分火盖故障
	其他	节气门无法完全回位 进气系统可能漏气 怠速执行器故障 机械故障 控制单元故障

这里需要说明一下,有的车辆在断电或更换蓄电池后,出现发动机怠速不稳,这是因为控制单元断电后未进行自学习。那么如何进行自学习呢?

这里以日产天籁轿车为例说明如何进行自学习。日产天籁等采用电子节气门的车型,在清洗完电子节气门体后有时会出现怠速过高(1500r/min)的现象,这时可以让车辆继续行驶1~2天,控制单元"自学习",通常会恢复正常。如果怠速还是过高,就必须完成电子节气门的学习设定,怠速才会降下来。学习设定的方法包括三个步骤:加速踏板释放位置学习、节气门闭合位置学习和怠速空气量学习。设定之前必须确认系统没有漏气,控制单元没有记忆故障码,电子节气门及其他电控元件正常。自学习可以用诊断仪进行,也可以人工设定。

2. 发动机加速工况不良 (表7-4)

表7-4 发动机加速工况不良诊断表

现象	原因	
	系统	部件
(1) 发动机转速上不去 (2) 加速反应慢 (3) 加速无力、性能差	供油系统故障	供油压力不足 (燃油泵、燃油滤清器、喷油器等)
	点火系统故障	点火能量不足 点火正时或点火顺序不正确 (火花塞、点火线圈、分火线分火头、分火盖等)
	节气门无法完全回位	
	电子元件故障	节气门位置传感器、进气压力温度传感器、控制单元等

这里要指出的是，在修理前进行诊断，看看是否有离合器打滑、轮胎气压异常、轮胎尺寸异常、制动拖滞以及四轮定位不正确的情况存在。

第二节 误诊断原因分析

在维修故障时不能出现误诊。因为客户付了维修费就意味着车必须修好，如果修不好，客户就要讨个说法。结果就是，要么会损失这个客户，要么把误诊所收的费用退给客户。

为什么会出现误诊断呢？

一、不了解结构和工作原理

汽车的结构多种多样，同一部件在不同汽车生产厂家的车辆上结构会有所差别；就是在同一汽车生产厂家生产的车辆上，因为年款不同也会有所差别。

现在不少电控系统的工作原理与以前不同。例如以前的大众轿车发电机上的插接器只有一个端子，这个端子连接到蓄电池指示灯上，而现在的大众轿车的发电机上却有两个端子，一个连接到蓄电池指示灯上，另一个连接到发动机控制单元。到发动机控制单元的是监控发电机负荷。这种结构的变化也要求故障诊断思路随之变化。

[**案例1**] 上海大众途安多用途车热车怠速高。

故障现象：2010年款上海大众途安多功能车热车怠速高，可达1000r/min左右，而正常怠速约为680r/min。

故障诊断与分析：连接故障诊断仪，读取发动机系统无故障码。读取数据流，观察喷油脉宽、进气压力、点火提前角、节气门开度等均正常。清洗节气门体，故障仍存在。以前遇到过怠速高是由于节气门有问题，于是决定购买一个节气门体。谁知更换节气门体后，故障仍存在，出现了误诊断。这时怀疑发动机控制单元有问题，但又想到是否是因为发动机控制单元得到某些负荷数据使发动机怠速提高。再次观察数据流，发现53组4区的发电机负荷率始终保持在80.5%以上，此时车上的前照灯、空调等大部分电器设备没有使用。而打开车上的前照灯、空调等电器设备，负荷率也不变化。发电机的负荷率是通过调节器与发动机控制单元之间的LIN线传输的。因此检查发电机与发动机控制单元之间的LIN线，发现其断路。

故障排除：修复断路，怠速稳定在680r/min，这时观察数据流53组4区的发电机负荷率为13%。

小结：此误诊断是由于对发电机结构不熟悉造成的，以前发电机线路断路或损坏不会对发动机的怠速产生影响，而现在发电机的负荷率会传递给发动机控制单元进而影响怠速。该车发电机与发动机控制单元之间的LIN线断路，使发电机的负荷率变得很大，发动机控制单元误以为发电机负荷率增加，因此提高了怠速，产生了故障。

[**案例2**] 自动刮水器不动作。

宝来轿车装有雨滴传感器，能根据雨量的大小控制刮水器动作的频率。个别车辆出现自动刮水器不动作的现象，多为雨滴传感器损坏。雨滴传感器安装在风窗玻璃与内视镜之间，如果故障在更换风窗玻璃后出现，很可能是拆装时损坏了雨滴传感器或粘结雨滴传感器的胶使用不合理，又或者是雨滴传感器漏装了。

二、没掌握基本电路和原理

在维修过程中经常要用到一些基本电路和原理，如串并联电路等。

串联电路的电流处处相等，即 $I_总 = I_1 = I_2 = I_3 = \cdots = I_n$；

串联电路的总电压等于各处电压之和，即 $U_总 = U_1 + U_2 + U_3 + \cdots + U_n$；

串联电路的总电阻等于各电阻之和，即 $R_0 = R_1 + R_2 + R_3 + \cdots + R_n$。

并联电路中，电阻大小的计算公式为 $1/R = 1/R_1 + 1/R_2 + 1/R_3 + \cdots$（$R_1$、$R_2$、$R_3\cdots$表示各支路电阻的大小）；

并联电路的电压及各支路两端的电压都相等，即 $U_1 = U_2 = U_3 = \cdots = U_n = U$；

并联电路的电流等于各电流之和，即 $I_总 = I_1 + I_2 + I_3 + \cdots + I_n$。

掌握这些公式，对我们判断故障会有很大的帮助。

[案例] 红旗 CA7180AE 轿车偶尔熄火。

故障现象：一辆红旗 CA7180AE 轿车，行驶里程为 6.5 万 km。该车行驶中偶尔出现熄火现象，熄灯后有时能立即起动发动机，有时需要等待一两分钟，有时则需等待一两个小时。发生熄火故障无规律可循，有时一天也不出现一次，有时一天就出现两三次。

这类间歇性的熄火故障，有时叫人无从下手。若将车辆放在修理厂等待故障出现，客户可能没有这个时间。若将可疑的部件更换，也不一定能解决问题。

故障诊断与分析：第一次出现故障时，维修人员到现场转了几下点火开关，发动机就可以着火工作了，于是怀疑是点火开关故障，谁知更换后故障依旧。

第二次出现故障时，将发动机控制单元的插头拆下，再重新插上，发动机也能着火工作，于是认为是发动机控制单元插接不牢。检查插接没发现问题，根据客户要求，更换了控制单元。

第三次出现故障时，决定不破坏车辆部件的状态，用万用表进行检查。

检查分电器及凸轮轴位置传感器的 3 号端子（图 7-3），其与控制单元的 45 号端子相连，而检测结果电压只有 1~2V。按图 7-4 所示测量点火线圈的 3 号端子，其与控制单元的 38 号端子相连。正常情况下，也应有 12V 电压，检测结果确实有 12V 电压。按图 7-5 所示再进行检查，凡由控制单元输出的电压均不正常，说明故障是由控制单元不能输出正常电压引起的。

因控制单元已经更换过，这样就需要检查控制单元的输入电压。检查控制单元的 23 号端子，只有 4~5V 电压，正常情况下此处应有 12V 电压。通过上述检查，表明故障在主继电器及其线路。

图 7-3 检查分电器及凸轮轴位置传感器的 3 号端子
（图中数字代表端子）

图 7-4 测量点火线圈的 3 号端子

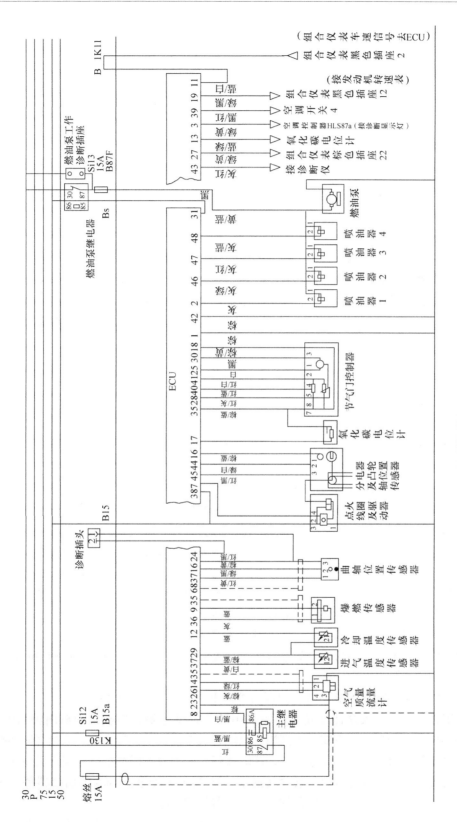

图 7-5 电路图

检查主继电器正常，测量其插座的 30 号端子的电压只有 4～5V，说明此处电压过低。顺着线路往前找，发现此线路上外加有防盗器，当时分析故障可能在这里。将防盗器线拆除，再测量主继电器 30 号端子有 12V 电压，发动机也顺利起动了。

经客户同意，将防盗器全部拆下。仔细研究防盗器的线路发现，防盗器是并联在主继电器电源线上的，按电工原理可知，并联的电器只能影响电流，不会影响电压。只有串联的电器才可能影响电压。当时认为故障可能还未排除，可能主继电器 30 号端子至主电源线间有电阻过大处。

故障排除：后来该车发动机又熄火了。这次顺着主继电器的 30 号端子线查至配电盒下，发现一单孔插接器，拔下插接器，发现插接处已氧化，造成了接触不良。正是这个接触不良造成发动机偶尔熄火的故障，将此处理后，故障再未出现。

小结：

1) 此类间歇性故障较难查找，注意在其发生时，不要改变电控元件的状态，应用万用表先测出传感器、控制单元等元件的电压状态。否则，在故障发生时，动动这、碰碰那，也可能使接触不良处又接触正常，将故障隐藏起来，延长了维修时间。

2) 线路中用电设备的基本状态，如串联并联等，一定要弄清楚，这在维修时能够提供很大的帮助。

三、位置不熟悉

有时出现误诊断主要是因为对位置不熟悉。例如用诊断仪检查经常有氧传感器的故障码，故障码没有指出是哪个传感器的，只是指出 1 列 1 缸或 1 列 2 缸或 2 列 1 缸或 2 列 2 缸等，这里没有指明是哪个气缸，尤其是六缸发动机，这时就需要判断是哪个氧传感器出现了故障。再如车上有些插接器的位置接近，容易插错，产生让人想不到的故障。

[案例1] 奥迪 A6L 轿车无钥匙进入功能失效。

故障现象：2008 年款奥迪 A6L 轿车，装备 2.4L 发动机，该车无钥匙进入功能失效。

故障诊断与分析：用 VAS5052 诊断仪进入无钥匙进入系统，读取故障码，显示驾驶侧天线、无钥匙进入系统电路电气故障。首先检查驾驶人侧天线，将左后门内衬板拆下，检查驾驶侧天线插头与天线读入单元 J723 的线路无断路。后来检查发现驾驶侧天线插头与左后门高音喇叭插头相似，再检查左后门高音喇叭不响。通过查阅相关资料得知高音喇叭的插头为黄色，驾驶侧天线的插头为黑色。而该车正好插反。

故障排除：将高音喇叭的插头与驾驶侧天线的插头互换，故障消除。

此故障的排除走了一些弯路，如果以后遇到类似情况，检查时听一下音响喇叭，故障马上就可以找到。

[案例2] 捷达轿车 01M 自动变速器换档冲击严重，不能升入高档。

故障现象：一汽-大众捷达轿车，装备 01M 自动变速器，更换发动机曲轴后油封后，自动变速器换档冲击严重，不能升入高档，只能升入二档行驶，且在一、二档之间转换。

故障诊断与分析：连接故障诊断仪，读取故障码，无故障码显示。检查自动变速器油正常。检查发现原来自动变速器上的转速传感器 G38 和车速传感器 G68 的插接器插反了。两个传感器一个是黑色的，一个是棕色的，与插接器的颜色相对应。

故障排除：将自动变速器上转速传感器 G38 和车速传感器 G68 的插接器重新连接，故

第七章 如何避免误诊断

障消除。

小结：自动变速器上转速传感器 G38 和车速传感器 G68 的插接器互换，导致故障的产生，这是由于对部件位置不了解造成的，同时也是工作不仔细造成的，对不熟悉的部件应做好记号。

四、故障码引起的误诊断

汽车维修人员通过读取故障码，在一些情况下能判明故障以及故障可能发生的原因和部位。但仅仅靠故障码寻找故障，往往会出现判断上的失误。在遇到以下三种情况时，故障码易出现错误信息，希望引起维修人员的注意，维修时不要出现误诊断。

1) 主要故障的故障码没出现，却出现了次要或无影响的故障码。如果按照次要故障码去判断排除故障就容易出现误诊断。

2) 由于发动机工况故障现象相似，控制单元监测失误，自诊断系统可能显示错误的故障码。例如有三元催化转化器的电控汽车，在进行检测时，有时会发现故障码显示的是"冷却液温度传感器断路或短路"故障，而发动机的转速始终不提高。显然这些故障与冷却液温度传感器的关系并不十分密切，在对冷却液温度传感器进行单体测量后并未发现任何故障。但是，当从汽车上拆下三元催化转化器并剖开后发现，三元催化转化器内部严重堵塞，因此可以断定发动机的故障是由此引起的。因此当自诊断系统出现故障码后，还应与发动机的实际故障症状进行分析比较，以得到正确合理的判断，不应该将故障码当作排除故障的唯一依据。

又或是燃油泵工作不良引起的故障，有时有空气流量计的故障码。这是因为燃油泵工作不良，供油不足，引起混合气过稀，发动机控制单元误以为是空气流量计的故障，输出错误的故障码。

3) 电控汽车使用维修不当也可能引发错误的故障码。在对电控汽车实施维修时，由于维修人员维修不当或者操作失误，也会导致自诊断系统输出错误的故障码。

例如在发动机运转过程中，随意或者无意把传感器的插头拔下，每拔下一次传感器的插头，自诊断系统就会记录一次故障码。另外，若在上一次汽车维修时，由于操作不当未能完全清除旧的故障码，那么控制单元也同样将原来旧的故障码保存。因此在对电控汽车进行维修时也要加以注意，不应造成不必要的人为故障码，给维修工作带来混乱和困难。

五、数据流给人错觉

这个原因在数据流诊断中会详细介绍，这里给出两个因为数据流给人错觉导致误诊断的案例。

[案例1] 一汽－大众宝来轿车出现 ASR 故障指示灯报警故障。

故障现象：2004 年款一汽－大众宝来轿车，装备 1.8T 发动机和自动变速器。该车出现 ASR 故障指示灯报警的故障。

故障诊断与分析：连接故障诊断仪，读取故障码，有故障码 0102——空气流量计信号过小。观察数据块，怠速时空气流量计的最低值有时为 1.9g/s，标准值为 2.0~5.0g/s。怀疑是空气流量计的故障，更换空气流量计后，ASR 故障指示灯熄灭，以为故障排除。但行驶一段时间后故障又出现，后来发现节气门的开度过大。

· 215 ·

故障排除：清洗节气门体，故障仍存在。更换节气门体，故障消除。

小结：本故障虽然是数据流给人错觉，但与对数据流观察、分析不彻底有很大关系。

[案例2] 奥迪 A6L 轿车在行驶车速保持 60～80km/h 时有明显耸动。

故障现象：奥迪 A6L 轿车，装备 BPJ 发动机和 01J 变速器。该车在行驶车速保持 60～80km/h 时有明显耸动。

故障诊断与分析：连接故障诊断仪，读取故障码，无故障码显示。读取数据流正常，在试车时用故障诊断仪监测数据流发现车辆耸动时空气流量计的数据有明显变化，对车辆的真空管及曲轴箱通风阀进行检查，没有发现任何故障，于是更换空气流量计，故障没有变化。又检查火花塞、点火线圈，没有发现故障。这时想到与进气有关的还有涡轮增压器，于是拆卸断路阀进行检查，发现断路阀内部全是机油。

故障排除：更换涡轮增压器断路阀后，故障消除。

六、思想简单，想当然

在汽车故障诊断维修过程中，要从多角度来思考问题，不能思想简单，想当然。

[案例1] 一汽-大众奥迪轿车自动变速器换档冲击。

故障现象：2008 年款一汽-大众奥迪轿车，装备 2.0T 发动机，出现自动变速器换档冲击的故障。

故障诊断与分析：连接故障诊断仪，读取自动变速器故障码，无故障码显示。读取发动机故障码，有关于节气门的故障码。清洗节气门体后，故障排除。但行驶一段时间后，故障又出现，后来听说该车有节气门插接器容易松动的故障。

故障排除：将节气门插接器固定牢固（图7-6），故障再没发生。

小结：2.0T 发动机的节气门插接器有的时间长了，容易发生松动现象，引起自动变速器换档冲击故障，如果仔细体会还会发现同时伴有发动机加速无力的故障。本故障虽然是发动机节气门的故障，但这一故障对自动变速器造成的影响大于对发动机的影响。如果想当然，就会偏离正确的诊断方向。

图7-6 将节气门插接器固定牢固

[案例2] 北京现代伊兰特轿车发动机机油警告灯报警。

故障现象：北京现代伊兰特轿车，在一次长途行驶中出现发动机机油警告灯报警的故障，客户没在意继续行驶，直到车辆无法行驶，最后检查发现出现了曲轴抱轴、化瓦的现象。在分析引起故障的原因时，发现机油液面很低，再检查发现机油滤芯漏油，以为是机油滤芯漏油引起的故障。在更换曲轴及大、小轴瓦后，车辆开走，但几天后，发动机机油警告灯又报警，检查机油滤芯又漏油，刚刚更换的机油滤芯怎么会漏油呢？

故障诊断与分析：分析故障是由于机油压力过大引起的，机油压力过大的原因有机油道堵塞和机油泵限压阀卡死在高压位置。检查机油泵限压阀被铁屑卡死，这是造成机油泵压力过大的原因。

故障排除：检查曲轴没有拉伤，更换机油泵，装车试车，故障消除。

小结：第一次误诊的发生是只看了两步，第一步是发动机机油警告灯报警，曲轴抱轴、化瓦；第二步是发现机油滤芯漏油。这里没有看到第三步，即机油泵限压阀卡死，机油泵压力过大。故障诊断和下象棋一样，至少要看三步，而高手能看五步、六步。

七、假冒配件害人不浅

假冒配件害人不浅，这是汽车维修人员的共识。故障原因找到了，确定了需要更换的配件，可更换后，故障现象还是存在，或者又出现了新的故障现象，这一下子就把人弄糊涂了。如果出现了新的故障现象，哪里还能想到是配件质量的问题。如果还是原来的故障现象，那么就要费一番周折了。

[案例1] 上海通用别克GL8商务车的发动机故障灯亮。

一辆上海通用别克GL8商务车，其发动机故障灯亮。连接故障诊断仪，读取故障码，显示P0420：催化系统效率低于阀值。分析是三元催化转化器的故障，更换后清除故障码，发动机故障灯熄灭。可车辆行驶十天后，发动机故障灯又亮了，连接故障诊断仪，依旧显示故障码P0420：催化系统效率低于阀值。于是又更换了前氧传感器、后空燃比传感器，而且都是更换后清除故障码，发动机故障灯熄灭。可车辆行驶十天后，发动机故障灯又亮了，连接故障诊断仪，还是显示故障码P0420：催化系统效率低于阀值。后来实在没办法了就更换发动机控制单元，可故障还是没有排除。

回过头来仔细想想，问题应该出在三元催化转化器上，于是又买了一个新件换上，故障再没出现过。

后来，听人谈起故障码P0420，发现很多人都有过这样的遭遇。长安福特福克斯轿车、广州本田、新大众系列轿车等都有过这样的情况。如果再遇到这种情况，真要仔细看看三元催化转化器的质量。

[案例2] 机油滤芯引起机油灯报警。

一辆上海通用别克君威轿车，高速行驶时，有时机油灯报警，经修理厂检查，测量机油压力正常。后来更换了机油泵，故障也没有排除。经仔细询问客户得知，该车在故障发生的前几天，曾经更换过机油滤清器。于是拆下机油滤清器，剖开检查发现里面已经扭曲变形。更换机油滤清器，故障排除。

[案例3] 空气滤芯引起进气不畅冒黑烟。

一辆一汽丰田卡罗拉轿车的发动机冒黑烟。询问驾驶人得知，这辆车前段时间刚刚进行了保养，更换了机油滤清器、空气滤清器等零部件。拆下空气滤清器检查，发现空气滤清器透气性很差，更换后故障排除。

八、假经验作祟

以为有经验,实则是假经验,世上没有一成不变的经验。先看看下面的案例。

[**案例**] 一汽丰田锐志轿车加速无力,最高车速只能达到90km/h。

故障现象:2005年款一汽丰田锐志轿车加速无力,最高车速只能达到90km/h。

故障诊断与分析:连接故障诊断仪,读取故障码,无故障码显示。读取数据流,各个数据均正常。试车,发动机无抖动现象,只是感觉动力不足,车速到了90km/h就提不上去了。测量燃油系统压力正常,检查点火系统无异常。观察排气管的排气量不是很大,根据以前的经验是三元催化转化器堵塞了。拆下后果然发现三元催化转化器堵了50%,以为找到故障了。该车的三元催化转化器分左、右两个,花8000多元定订购了两个,谁知更换后故障仍旧存在,观察排气

图7-7 隔音棉已经塌陷变形

管的排气量仍不大。怀疑排气管还有堵塞的,于是拆下中节排气管,发现里面的隔音棉已经塌陷变形(图7-7),将隔音棉去掉,试车故障仍旧存在。分析肯定有部分隔音棉被顶到了后节消声器里。割开后节消声器,果然发现不少隔音棉。

故障排除:将隔音棉清理干净,重新焊好后节消声器,试车故障消除。

小结:这是传统思想在作祟,即在维修车辆时,如果排气量少,有99.9%是三元催化转化器堵塞了,很少有人想到是消声器堵塞了。因此在诊断故障时一定要放开眼光。

第三节 如何避免误诊断和假经验

一、适应各种变化

1. 时间变了

记得2000年左右,在一汽轿车售后服务站有个修奥迪车的高手,那时对于五缸、六缸奥迪的维修社会上真正掌握这门技术的很少,很多修不好的,又到服务站维修,他一试就知道是哪里的故障,一修就好,为企业创造了很多利润。后来,奥迪推出了A6轿车,这些车型与以前的车型相比变化很大,发动机、自动变速器、ABS等,特别是电器方面变化极大,这时他调到了其他服务站,对新款车的故障就拿不准了。

2. 车型变了

三元催化转化器堵塞是目前车辆常见的一个故障,这种故障的现象是加速不良。这种加速不良,没有发动机抖动、耸车的现象,而是发动机转速升得慢,车速升得也慢。

在丰田4S店时曾遇到过一辆有类似故障现象的车辆,但结论却不一样。

故障现象:2006年款一汽丰田皇冠3.0L轿车,装备A760E六速手自一体变速器。该车加速不良,发动机转速为4000r/min,车速才能到达100km/h。该车在其他修理厂更换了燃

第七章 如何避免误诊断

油泵、火花塞，清洗了喷油器，还更换了自动变速器油和滤网。

故障诊断与排除：连接故障诊断仪，读取故障码，无故障码显示。观察数据流也正常。进行路试，发动机提速很慢，车速也升得很慢。这是典型三元催化转化器堵塞的症状，以前有很多车辆出现过这种现象，更换三元催化转化器可以解决。回到车间立即拆下三元催化转化器检查，皇冠车的三元催化转化器有左、右两个，经检查左侧的堵塞了50%，右侧的堵塞了60%。以为故障找到了，告诉客户要更换两个三元催化转化器，总费用为八、九千元，客户同意了。

谁知，更换两个三元催化转化器后，虽然有好转，但车速仍然提不起来。看来老经验不好用了。

于是又重新试车，连接故障诊断仪，读取数据流，发现自动变速器只能升到4档，不能升到5档和6档。难道是自动变速器的故障？决定做自动变速器失速试验。踩下驻车制动器，踩下制动踏板，自动变速器挂入D位，急加速，发动机转速上升很慢。正准备将自动变速器挂入R位再试一下，发现从排气管排出来一小块毛茸茸的东西，怀疑排气管里有异物。将排气管后的消声器割开，发现里面的消音棉已经将管道堵塞，将消音棉清除，重新将消声器焊好，故障排除。

小结：一汽丰田的皇冠和锐志轿车都有车辆出现过这种故障，而在其他车型上暂时没见到。本故障走的弯路在于以其他车型同样故障现象维修的经验来指导另一种车型的维修，而没有对具体车型、具体机构进行分析。

3. 故障现象变了

[**案例**] 上海通用别克荣御轿车在车速为70~80km/h时耸车严重。

故障现象：2005年款上海通用别克荣御轿车在车速为70~80km/h时耸车严重，而在其他车速时车辆行驶正常。客户在一家修理厂检查说是自动变速器的故障，要拆检维修，费用要一到两万元。

故障诊断与分析：试车发现该车冷车时故障现象不明显，随着冷却液温度的上升，故障现象明显。连接故障诊断仪，读取故障码，无故障码显示。读取数据流，观察各个传感器，只有氧传感器变化的频率略微慢点，其余无不正常的。更换氧传感器，故障仍旧存在。再次试车，观察到车速在70~80km/h时，发动机的转速只有1500r/min，此时正是4档升5档的时候，分析故障是由发动机动力不足引起的。测量燃油系统压力正常，检查火花塞，发现火花塞间歇过大。

故障排除：更换火花塞，故障消除。

小结：本故障的判断是根据故障点的现象得出的，故障出现时车速在70~80km/h，正是4档升5档的时候，此时需要大的发动机功率，火花塞间歇过大减少了发动机的功率，引起故障。

二、熟悉不同车型的不同结构

这里以燃油泵的故障检测与排除为例，燃油泵的控制方式不一样，其检测方法也有差别。这里主要介绍继电器和专用控制单元控制燃油泵的方式。

（一）由继电器控制燃油泵的方式

以上海通用别克君威2.5 L（LB8）轿车为例，其燃油泵控制电路如图7-8所示。

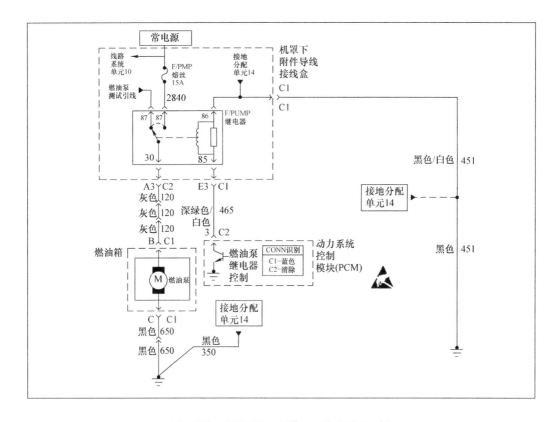

图 7-8　君威 2.5 L 轿车燃油泵控制电路图

电路说明：

当点火开关首次打开时，动力系统控制模块（PCM）使燃油泵继电器通电，燃油泵继电器使燃油箱内的燃油泵通电。只要发动机运行或转动且动力系统控制模块接收参考脉冲，燃油泵继电器就一直接通。若不存在参考脉冲，在点火开关接通或发动机熄火后的 2 秒内，动力系统控制模块将燃油泵继电器断电。燃油泵将燃油供至油道和喷油器而后至燃油压力调节器，燃油压力调节器使多余的油返回燃油箱以控制燃油压力。

一般检测方法如下。

（1）检查油泵是否工作

方法一：将点火开关转至 ON 档或起动档，在后排座椅处仔细查听有无燃油泵的响声。

方法二：连接诊断仪，用诊断仪驱动燃油泵工作。

若有燃油泵的响声，说明燃油泵工作，接下来测量燃油压力；若无响声，则应先检修燃油泵控制电路，无异常再检修燃油泵。

（2）测量燃油压力　油压的检测分怠速油压、大负荷油压和残余油压三个方面。

1）怠速油压过低，会造成怠速运转不平稳。

2）大负荷油压过低，会造成急加速、高速时汽车动力不足。

3）残余油压过低或没有，会造成发动机短时间内起动困难（需要连续起动 2 次以上才能起动）。

若油压较低,应检修燃油滤清器、燃油泵滤网是否堵塞;若燃油滤清器堵塞应检查燃油箱是否较脏;检修燃油泵。

若残余油压较低,则为燃油泵单向阀故障,应更换燃油泵。

(二) 由专用控制单元控制燃油泵的方式

采用这种控制方式时,为了对燃油泵进行控制,特别是对转速进行控制,专设一个控制单元,如图7-9所示。燃油泵控制单元对燃油泵转速(泵油量)的控制,也是通过控制加到燃油泵电动机上的不同电压来实现的。

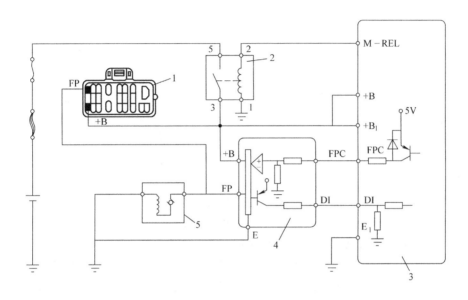

图7-9 燃油泵转速控制电路(专设燃油泵控制单元式)
1—检查插接器 2—主继电器 3—发动机控制单元 4—燃油泵控制单元 5—燃油泵

当发动机在起动阶段或高速、大负荷下工作时,发动机控制单元向燃油泵的FPC端输入一个高电位信号,此时燃油泵控制单元的FP端向燃油泵电动机供给较高的电压(相当于蓄电池电源电压),使燃油泵高速运转。发动机起动后,在怠速或小负荷下工作时,发动机控制单元向燃油泵控制单元的FPC端输入一个低电位信号。此时燃油泵控制单元的FP端,向燃油泵电动机供给低于蓄电池的电压(约9V),使燃油泵低速运转。当发动机的转速低于最低转速(如120r/min)时,燃油泵控制单元断开燃油泵电路,使燃油泵停止工作,此时尽管点火开关处于接通状态,燃油泵也不工作。皇冠3.0轿车和凌志LS400轿车采用这种控制方式。

[案例] 在早期对专用控制单元控制燃油泵的方式进行检测时,当燃油泵低速运转,燃油泵控制单元的FP端向燃油泵电动机供给低于蓄电池的电压(约9V)。有的维修人员不懂得这种控制方式的工作原理,在检查燃油系统压力低的故障时,以为这是燃油泵控制单元产生了故障,盲目更换燃油泵控制单元,更换后故障也没有排除,最后才确定是燃油泵本身故障。

三、掌握不同车龄的不同故障的特点

故障的发生也有特点，车辆和人体一样，有少年、青年、老年之分。车辆的少年是它的新车阶段，即磨合期到使用两三年的阶段，青年是使用三年到五六年的阶段，老年则是使用时间超过七八年。因此要掌握不同车龄的不同故障的特点。

[案例] 上海大众帕萨特 B5 1.8L 轿车升档有冲击。

一辆2002年款产上海大众帕萨特 B5 1.8L 轿车，装备01N型4速电控自动变速器。客户反映该车变速器挂入 D 位行驶时，存在升档有冲击的现象，且此故障时有时无，当变速器升至最高档后，车辆行驶完全正常。询问客户得知，该车变速器在1个月前因烧片进行了大修，大修后在行驶5000km后便出现了现在的故障。根据客户反映的情况，先对车辆进行了路试。在路试过程中发现，车辆在节气门开度较小（经济模式）的情况下行驶时，故障现象时有时无；但在大节气门开度（动力模式）的情况下行驶时，故障现象则会频繁出现。为此先连接故障诊断仪，对变速器的电控系统进行检测，在读取自动变速器电控系统和发动机控制系统的故障存储时，均未发现故障码。为确认发动机系统是否存在故障，又读取了发动机控制系统的动态数据流。在发动机怠速停车状态下，进入01-08-001数据组观察，第2项喷油器为1.00~2.50ms，第3项节气门开度为0~5°；进入01-08-002数据组观察，第4项数据空气流量计的进气量数值为2.0~3.7g/s，也在正常范围内。随后又随车读取了行车时的动态数据，也未发现异常。检查发动机无缺油缺火现象。综合以上情况，判定发动机工作正常，这样故障范围基本锁定在自动变速器部分。

试车时用故障诊断仪读取自动变速器电控系统的动态数据，进入02-08-001数据组读得节气门位置传感器的信号电压值正常，进入002数据组读得N93电磁阀的电流以及007数据组的锁止滑差等都在正常值范围内。发现2-3档时的冲击感较其他换档点更明显些。考虑到变速器2档升3档的转换是负荷的过渡段，负荷变化较大，控制单元的调节容易出现问题，于是怀疑变速器控制单元的控制程序可能出现问题。更换后，故障依旧。对电磁阀及线束进行了一一测量，检测结果均正常。将液压控制阀体（图7-10）拆下进行检查清洗。装复后试车，故障现象未消失。

重新整理思路。在01N型自动变速器中，2档执行元件是N88电磁阀断电控制K1机械阀使1-3档离合器K1进油，N89电磁阀通电控制B2控制机械阀使2/4档制动器B2进油；3档执行元件是N88电磁阀断电1-3档离合器K1继续进油，N90电磁阀断电控制K3机械阀使3/4档离合器K3进油；因此2-3档切换的元件是N89、N90两个电磁阀，机械阀K1和K3动作后改变油路上的切换。在保证变速器内部机械元件没有问题的前提下，还应该从电控和阀体方面入手。01N型自动变速器阀体不容易出现问题，但电磁阀却很容易出现问题。分析7个电磁阀中，N91、N93两个线性电磁阀不可能产生这种故障。检查5个开关电磁阀中有3个是新的，另外2个是原车的，检查2个电磁阀阻值正常。怀疑这2个电磁阀因使用时间过久，虽然静态下测量时数值是正常的，而在动态下因电流的变化大导致换档时工作出现不稳定的状态。

在将2个旧电磁阀更换，试车，变速器升档冲击正常，故障消除。

总结：对于01N型自动变速器，因电磁阀工作性能下降而导致换档质量的问题此后又遇到两例，建议在维修此款变速器时一定要注意对电磁阀进行检查。

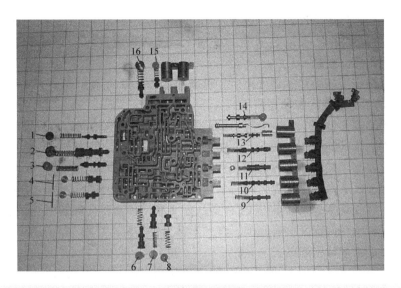

图 7-10　阀体

1—变矩器压力调节阀　2—主调压阀　3—油压调节阀　4—K3 协调阀　5—K1 协调阀　6—K1 供油泄油转换阀
7—B2 供油泄油转换阀　8—B2 协调阀　9—N89 控制阀（B2 供油控制阀）　10—N88 控制阀（K1 供油控制阀）
11—N92 控制阀（协调）　12—K3 供油泄油转换阀　13—N91 锁止离合器控制阀　14—B2、K3 供油阀
15—防四挂一阀　16—减压阀

四、不被表面现象迷惑

1. 冷却风扇常转不一定就是冷却液温度高

发动机过热就是常说的发动机冷却液温度过高，冷却液温度过高，冷却风扇就会转动。但冷却风扇常转就是冷却液温度高吗？

冷却风扇常转是一个故障现象，有些即使点火开关转到 OFF 位置，冷却风扇也不会停止。

冷却风扇常转主要有两个原因，一是冷却液温度过高；二是控制系统有故障。

冷却液温度是否过高，可通过冷却液温度表或故障诊断仪读取实际的温度，如果冷却液温度过高，就要查找冷却液温度过高的故障原因。如果实际的温度不高，则应对照电路图查找故障。这里面有两个常见的原因应引起注意。

[案例 1]　冷却风扇控制盒或控制单元进水。

一汽 - 大众捷达轿车、上海大众桑塔纳轿车等冷却风扇的控制有风扇控制单元，控制单元进水能引起冷却风扇常转。北京现代伊兰特轿车发动机舱内的熔丝、继电器盒进水也会引起冷却风扇常转。

[案例 2]　空调系统的压力开关不良。

空调系统的压力开关接触不良、插接器不良或压力开关不良，均会引起空调控制单元得不到制冷剂的压力数据，为保证空调系统安全运行，会命令一个或两个冷却风扇常转。

故障现象：2009 年款上海大众途安 2.0L 多用途车的副冷却风扇常转。

故障诊断与分析：检查发动机冷却液温度低时，副冷却风扇也常转，说明冷却风扇控制系统有故障存在。连接故障诊断仪,进入发动机系统,无故障码显示。进入空调系统,有空调高压开关断路的故障码。读取数据流,03组1区的数据无显示,即无高压压力信号。检查空调高压压力传感器接触不良。

故障排除:将高压压力传感器处理后,重新连接,故障消除。

2. 转向异响不一定是转向助力泵不好

以转向助力油罐为例,它是一个容易被忽视的部件。车辆转向时出现类似吹哨的异响,更多想到的是助力泵有问题,但实际上,助力油罐有问题也会引起转向异响。那这类故障应如何判断呢?这要靠经验,如上海通用别克君威轿车的助力油罐引起的异响,可以打开助力油罐盖,观察油液。上海通用别克君威轿车转向时有异响,起初怀疑是助力泵响,可更换后异响没有排除。仔细观察助力油罐内的油液总有气泡,转动转向盘排气,一会感觉没气泡了,但停一会再转动转向盘又会有气泡。有的车甚至停一晚上,第二天还会出现气泡。这个故障实际是由于助力油罐引起的。

上海大众帕萨特轿车的助力油罐,正常时观察油液高度不会有大的变化,异常时油液高度会随着转向盘的转动有大的变化。若是油液高度变化大,则需要清洗或更换转向助力油罐。

3. 发动机异响故障点不一定来自发动机

发动机异响故障点一定就来自发动机吗?答案是不一定。

[**案例**] 奥迪A6L(C7)轿车开空调时发动机发出嗡嗡的噪声,车速在25~110km/h时噪声明显。

故障现象:奥迪A6L(C7)轿车,装备2.5L发动机,车辆开空调时发动机发出嗡嗡的噪声,车速在25~110km/h时噪声明显。

故障诊断与分析:在试车中发现,该噪声应该和发动机的负荷有很大关系,踩加速踏板提速或打开空调时,噪声尤为明显。拆下发动机传动带,车辆噪声消失。装上发动机传动带,打开空调,使转速在800~1200r/min之间,车辆即使在静止状态下发动机仍然发出嗡嗡的声响,关闭空调压缩机噪声明显减小。怀疑是压缩机的问题,于是更换压缩机,故障仍然存在。怀疑压缩机支架存在问题,再次拆下压缩机仔细检查,发现压缩机支架的一个螺栓松动。

故障排除:紧固压缩机支架螺栓后故障消除。

4. 不要被假动作迷惑

有的维修人员在判断故障时依靠拔下插接器观察故障现象是否存在,这对有些传感器和执行器可能好用,但对某些传感器是不适用的。例如判断氧传感器好坏的方法是拆下氧传感器的接头,如果故障现象消失,那就是氧传感器损坏。这是错误的。同样,空气流量计拔下后故障现象消失,从而判断是空气流量计的故障也是错误的。

五、避免故障码引起的误诊断

对于诊断仪器的使用仅仅限于读码、清码,却忽略了数据流检测这最重要的检测方法。其实对于故障的诊断,有时出现故障并不一定有故障码出现,为避免故障码引起的误诊断,可以借助数据流分析的方法进行判断。同时采取多种方法进行检查、验证。

以空气流量计为例,由于现代电控发动机控制单元具备自学习和记忆功能,能对空气流量计的污染情况进行记忆修正（用输入值反馈信号修正）。因此在对系统进行检测时，要注意检查空气流量数据的变化情况，因为进气道漏气及节气门脏污将造成空气流量计数据失准，时常也会记忆故障码，所以不能单凭故障码判断空气流量计是否损坏。

1）节气门过脏，气缸及气门严重积炭造成发动机控制单元记忆空气流量计故障及氧传感器故障，这个故障在大众系列I车系较多（捷达、桑塔纳和奥迪等）出现。之所以会这样，是因为节气门过脏后直接影响了进气通道的截面积，从而使进气量减少。为了稳定发动机怠速转速，控制单元只能将电动节气门开度调大，以满足发动机怠速工况下对空气量的需求。控制单元一方面接收来自空气流量计的进气量信号，另一方面通过节气门开度与发动机转速判断空气流量计的准确程度，当两个计算差值超过预设值时，判断为空气流量计失准，便报空气流量计超值。当节气门严重污染时，节气门势必开得更大，但此时的实际进气量并未增加，故节气门位置传感器信号值会高于空气流量计信号值。而同时控制单元也会修正空气流量计的差值，但随着时间的延续，当修正值超过控制单元预设值时，将报空气流量计失准故障。因此，应适时清洁节气门体，以保证空气流量计的准确性。

在车辆发生此类故障后，不要急于更换空气流量计，应首先对进气道、节气门、气缸和气门进行免拆清洁，然后再用专用设备清除控制单元中的故障记忆（故障码和运行数据记录），并重新运行车辆进行初步设定，故障一般便可排除。

2）空气流量计格栅故障。很多维修人员一般认为热线式空气流量计有了自洁功能后，热线部分便不易被污染，应该说这个观点是不对的。原因在于，曲轴箱蒸气及空气滤芯若过脏，空气流量计格栅也易受到污染。由于热线式空气流量计是取中间部分空气进行采样计算的，就要求进入空气流量计通道内的空气须均匀。而当格栅过脏时，因空气在高速流动时产生扰流，空气不能被准确计量，从而导致发动机加速时混合气过稀产生回火现象。这种情况就需要正确清洁空气流量计的格栅。

总之，当控制单元报空气流量计故障后，不能单一用更换的方法进行简单处理。要进行分析，找出影响空气流量计失准的原因，才能彻底解决故障，否则故障还会再次发生，造成返修事故。

避免故障码引起的误诊断在第二章中有详细的介绍，这里不再赘述。

六、正确使用零件替换法

1. 保证零件品质良好

在实际维修中，有时会遇到这样一种情况：判断出是某个零部件发生了故障，可更换一个新件后故障仍然存在。这时，有些维修人员往往就转移了视线，去检查其他部位，这样查来查去也找不到故障。这时应该注意的是更换新件的质量是否可靠，另外保证替换零部件的型号一致。

2. 保证替换方法正确

更换时应注意正确的更换方法。例如一辆汽车的发动机不工作，怀疑发动机控制单元损坏，从另一辆状态良好的车上拆下发动机控制单元换上，发动机仍不工作，这时不能说明原车上的控制单元没有问题。发动机控制单元更换后，需要做匹配，才能使用。而有些车型由于有防盗功能，发动机控制单元不能互换。

七、多分析多思考

遇到故障要多分析多思考，像下象棋一样，要考虑三步棋。例如前照灯的灯泡烧坏了，更换一个后又烧了，怎么办？继续换，还是找找原因？这就要分析了，前照灯的灯泡烧坏的原因如下：

1）灯泡接触不良。

2）灯泡质量差

3）发电机电压调节不当或失调，使发电机输出电压过高。

这时需要测量蓄电池的电压，应为 13.0~14.5V。若电压过高，则应检查发电机或控制线路；若电压正常，则应检查灯泡接触和灯泡质量。

假如电压在测量时正常，而发电机的电压瞬间过高怎么办？可以利用故障诊断仪，进入灯光系统、ABS、安全气囊、电子系统或舒适系统等，看看有没有关于系统电压过高的故障码，如果有则证明前照灯的灯泡烧坏与电压高有关系，应该认真检查。

第八章 疑难故障诊断技巧

汽车故障里有一类故障被称为"疑难故障","疑难故障"是特别难以诊断的故障。

第一节 间歇性故障诊断技巧

当故障出现时故障现象也就产生了,但故障的出现有两种形式。一种是间歇性故障,也叫偶发性它的特点是时有时无;另一种是持续性故障,它的特点是一旦发生就持续存在。

在故障诊断中,间歇性故障称为软故障,而持续性故障则称为硬故障。间歇性故障可能重现,但它的发生常常没有规律可循,重现的时间长短也不确定。而持续性故障则始终存在。因此持续性故障比较容易判断,而间歇性故障则难以判断。因为要重现间歇性故障产生的状态,有时很困难,可能需要很长时间来捕捉间歇性故障的重现或需要人为地创造可重现故障的条件,如加热、晃动等,同时又需要诊断仪、示波器等检测设备来捕捉故障瞬间各种参数数据的变化才可以诊断出间歇性故障。以下通过几个案例说明间歇性故障的诊断技巧。

一、间歇性故障考验智力、耐心和信心

在一汽-大众4S店服务站工作时,曾遇到过一辆捷达出租车出现的一个间歇性故障,这个故障比较棘手。

这辆捷达出现的故障比较古怪,偶尔会熄火,开始熄火后停一会就可以重新起动,后来时间能长一点,可等维修人员到达现场,发动机也能起动了。把车开到服务站,检查一点问题也没有。如此反复了两三次,没办法,只好根据驾驶人描述的故障现象来判断。驾驶人回忆,车辆熄火前先是感觉加不上油,然后仪表板的指示灯就都亮了。根据这一现象,判断是燃油系统的故障,于是把燃油泵、燃油泵继电器都换了。

可没过几天,故障又出现了。客户又再来到服务站。这次维修人员找了一辆同款车,把可能的部件,像发动机控制单元、点火线圈、曲轴位置传感器都换了。

车辆出厂后两天,故障重现。客户表示非常不满意,要求想尽一切办法也要找到故障。

有人提出再找辆同款车,把线束、继电器盒、防盗的一切部件都换上,但这个方法行不通。于是根据以前的诊断过程,重新梳理了思路,认为先前的判断没有错,即驾驶人在车辆熄火前先是感觉加不上油,然后仪表板的指示灯都亮了,这是燃油系统故障的现象,不能因为更换燃油泵、燃油泵继电器没有排除故障,就怀疑先前的思路。燃油泵、燃油泵继电器更

换了，线路、插接器、继电器座怎么样呢？维修人员几乎运用了查找间歇性故障的所有方法，如振动法、加热法等，可时间一点点过去了，问题一点也没发现。直到有人提出更换熔丝，才想到熔丝虽然先前检查过没问题，但熔丝座呢？于是拔下燃油泵熔丝，观察熔丝座，看到熔丝上端两个金属弹片间的间隙比下端的宽，试着把熔丝插入，感觉下端发紧，而上端有松弛感。用螺钉旋具将上端两个金属弹片间的间隙调小，熔丝插入有发紧的感觉。感觉问题就在这里。

将车装复，第二天交给了客户。这辆车出厂后，再没发生熄火的故障。

小结：在维修时经常被一些外来因素干扰诊断的思路，排除外来干扰，要理清思路，不放过任何细微之处，这是找到间歇性故障原因的根本。

另外，在故障原因还未彻底搞清之前，就根据故障现象轻率地更换零件，不但不能彻底解决故障，而且会降低维修厂家的维修信誉。正确的做法是，在故障判断过程中，应对故障现象充分了解，同时结合系统的工作原理，做深入的剖析，在此基础上，要善于利用厂家提供的技术资料和使用故障检测仪读取相关的动态数据，而不要急于拆装或更换零件，这种"非侵入"式检查非常有用，它可以帮助发现间歇性故障或信号异常，既节省诊断时间又可精确判断故障点的位置。

二、间歇性故障产生的原因

间歇性故障产生的原因主要如下：

1）电器元件工作一段时间后，由于发热导致其性能衰退产生故障。

2）传感器故障记录到一定次数后，导致发动机故障警告灯亮。例如氧传感器失效引起的发动机故障警告灯亮，在清除故障码后，发动机故障警告灯不亮了，可车辆行驶一段时间后，发动机故障警告灯又会亮。这种间隔时间，因车而异。

3）多数间歇性故障都因电气连接或线束所致，因此要检查下列项目。

① 检查绝缘套中的导线是否断裂。

② 检查端子是否正确接触，检查插接器凸凹端子之间是否接触不良。在更换可疑部件前务必测试部件和任何直列插接器上的端子接触是否良好，要确保端子接触良好。检查插接器上的凸凹端子之间，是否因污染或变形出现接触不良。

③ 如果没有采用合适的接头探测插接器端子，或频繁断开可导致凹端子接触凸舌出现变形，导致端子接触不良形成开路或间断开路。

④ 端子与导线接触不良。例如压接不良、焊接不良、导线压接在绝缘皮上而未压接在导线上、导线与端子接触部位腐蚀等。

[案例] 曾经遇到过一辆江陵小货车，起动机不转，检查发现负极电缆氧化严重，就新做了一根蓄电池负极电缆，结果导线压接在绝缘皮上而未压接在导线上，做好后起动机仍然不转动。于是又更换蓄电池和起动机，最后才发现问题所在。

⑤ 导线绝缘层磨穿，其裸露部位接触车辆上的其他线束或零件而导致间歇短路。

三、常用的八种间歇性故障诊断方法

在故障排除中，困难的是顾客反映有故障存在，而检测时没有发现任何故障现象，或偶尔发现了故障现象而检测时又一切正常。针对此类故障，首先要有基本的检查方法，然后采

取模拟方法进行检测，一般需用模拟法模拟客户陈述故障出现时的条件和环境，使故障再现，以便根据故障现象查明故障原因。

模拟检测时，要先确定好故障现象和可能的故障部位，然后采取模拟方法，使故障再现。主要的模拟方法包括以下8种。

1. 振动法

如果故障现象，特别是客户的描述与振动有关，为了再现故障现象，可进行以下操作：

1）上下左右摇动怀疑的故障部件或线束。
2）断开插接器并重新连接。
3）挤压插接器的机械连接。
4）拉动线束或导线以识别绝缘层内是否断开或折断。
5）重新布置线束或导线。

所有这些操作的执行都要有针对性，摆动导线，用万用表测量电压或连接故障诊断仪，读取故障码和数据流，观察电压变化或数据流的变化，可能这些变化就是导致故障产生的原因。

[案例1] 奥迪A6L 2.0L轿车的安全带警告灯间歇报警。

故障现象：奥迪A6L 2.0L轿车的安全带警告灯间歇报警。

故障诊断与分析：连接故障诊断仪，读取前排乘员座椅占用情况，进入安全气囊系统15，读取数据流08，03组第二区，显示前排乘员座椅占用情况，试车发现，在驾驶人侧安全带系好，前排乘员侧安全带不系，且前排乘员侧的座椅不坐人的情况下，有时03组第二区显示前排乘员侧的座椅被占用，用手拍打座椅，故障会偶尔消失。拆下座椅占用传感器的插接器，发现插接器内有水，将水处理干净，再检查座椅占用传感器正常，座椅占用传感器的阻值在未坐人时为430～480Ω，坐人时为120Ω或更小，超过480Ω为断路。分析座椅占用传感器的插接器内有水，有时引起短路，使传感器传给安全气囊控制单元的信号发生变化，安全气囊控制单元误认为座椅上有人，安全带警告灯也随之报警。

故障排除：将座椅占用传感器插接器内的水处理干净，故障再没出现。

小结：本故障通过拍打座椅，产生振动，改变了座椅占用传感器插接器内的水对座椅占用传感器的影响，从而使故障短暂消失，借此判断了故障。

[案例2] 奥迪A6L 2.4L轿车有时起动机不工作，有时起动机运转但发动机不工作。

故障现象：奥迪A6L 2.4L轿车，起动机不工作，有时起动机运转但发动机不工作。

故障诊断与分析：用VAS5052诊断仪读取发动机系统的故障码，显示发动机控制单元无法进入。用VAS5052诊断仪读取变速器、ABS、舒适系统的故障码，均显示发动机控制单元没有通信。检查发动机控制单元的熔丝及供电、搭铁均正常。因为是间歇性故障，打开点火开关，试着抖动发动机线束，当抖动左侧流水槽线束时，听到继电器"啪嗒""啪嗒"响，节气门也"卡卡"响，这说明线束有接触不良处。

故障排除：打开线束后发现D51连接点接触不良，此接点是发动机控制单元的15号供电线。将此连接点重新焊接后，故障再没出现。

小结：本案例在排除故障时，试着抖动发动机线束，当抖动左侧流水槽线束时，听到继电器"啪嗒""啪嗒"响，节气门也"卡卡"响，这说明线束有接触不良处。通过振动的方法找到了故障。

[**案例3**] 奥迪轿车转向沉重。

故障现象：奥迪 A6L 2.4L 轿车转向沉重。

故障诊断与分析：检查转向沉重的感觉应与轮胎气压、定位等因素无关，应是转向系统的故障造成的。读取转向系统的故障码，有关于电控转向助力系统电磁阀 N119（图 8-1）的故障码。清除故障码，再读取，无故障码显示。可汽车行驶几天后，故障又出现。第二次检查时，先清除故障码，然后检查电控转向助力系统电磁阀 N119 的线路，并轻轻摇动线束，一会故障码出现了，说明线路或插接器有故障。在拔电控转向助力系统电磁阀 N119 的插接器时，感觉插接器连接不是太紧。

故障排除：将插接器拔下后重新连接，清除故障码，故障消除。

小结：本案例是由于插接器连接不良引起的，这种不良时好时坏，检测方法是摇动线束，使插接器出现连接不良的情况，故障码重新出现。

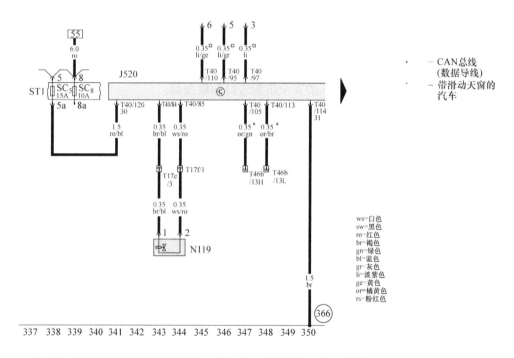

图 8-1 车载电网控制单元 2 和电控转向助力系统电磁阀的电路图

J520—车载电网控制单元 2　N119—电控转向助力系统电磁阀　㊥—搭铁连接 1，在主导线中

2. 加热法

如果故障与高温有关可用加热器模拟加热。使用加热器时可加热可疑的部位或部件，同时监视故障诊断仪或数字式万用表，以找出故障条件。

用加热器或类似设备加热可能的故障部位，但注意加热温度不要超过 60℃。

[**案例**] 用电吹风加热法判断发动机熄火故障。

在维修中判别发动机间歇熄火的故障是件令人头痛的事情。因为这种故障有时二三天出现一次，有时一天就出现多次；有时熄火后，发动机可以马上起动并正常工作，有时则需等十几秒甚至更长的时间才能正常工作，无规律可循。出现这种现象应先排除油路故障，然后

第八章 疑难故障诊断技巧

再考虑电路故障。而后者的诊断往往靠经验判别。对进口轿车来说,零件价格高,错误的判断必然导致停车时间长、维修费用昂贵等问题。

在维修中曾遇到过一辆奔驰 560SEL 轿车,其发动机在怠速、中速、高速时均出现过突然熄火的故障,熄火间歇发生且越来越频繁,开始是每天仅出现一两次,后来竟变成一天出现十几次,严重影响了车辆的正常行驶。用电吹风加热法对点火线圈、点火模块和继电器等进行了判断,最后确定为点火模块故障,更换新件后故障排除。

电器元件故障可用电吹风加热法来诊断,该方法简便、实用,采用普通家用电吹风即可实现。建议按照以下顺序进行:

1)起动发动机使其达到正常的工作温度。

2)用手触摸嫌疑待查电器元件的表面,最好用表面温度计测量其表面温度值 T_1。

3)用电吹风均匀地吹拂待查电器元件的表面,吹风机端口要距元件表面 50mm 以上。

4)用手感觉待查电器元件的表面温度,最好用表面温度计测出其温度值 T_2,应控制 $T_2 - T_1 \leq 10℃$,若过热则易损坏元件。

5)若在吹风加热过程中出现发动机熄火,则可断定故障与此元件有关。

这种方法可用在点火模块、点火线圈及继电器等部件上,但千万不能对控制单元进行加热检测。

3. 喷水法

对于在雨天或阴湿天气易发生的故障可采取喷水法,但注意不要直接将高压水喷到电器元件上,以免引起电器元件的损坏。

[案例] 一汽-大众速腾轿车间歇熄火。

故障现象:2006 年款一汽-大众速腾轿车,装备 1.6L 发动机,出现发动机间歇熄火故障。

故障诊断与分析:连接故障诊断仪,读取故障码,无故障码显示。因是间歇性故障,无从下手。询问客户得知,车辆在雨天或过水路时容易出现故障。于是模拟车辆过水路的情景,在发动机工作时用高压水枪往车辆底部喷水,一会发动机熄火了,打开发动机舱盖,检查发现点火线圈上面又有水,用高压空气将水吹净,发动机可以重新起动工作。再试,一会发动机又熄火了,打开发动机舱盖,检查发现点火线圈上面又有水,用高压空气将水吹净,发动机又可以重新起动工作。分析点火线圈有问题。

故障排除:更换点火线圈,故障消除。

4. 高负荷法

打开暖风机、前照灯、后窗除雾器等电器设备,检查故障是否再次发生。

[案例] 上海通用别克新轿车有异味,客户反映汽车在连续行驶时,在驾驶室能闻到刺鼻的异味。车辆开到修理厂后,气味已经闻不出来了。为了让气味再现,打开前照灯开关和后窗除雾器开关,工作一段时间,在驾驶室果然闻到有刺鼻的异味,打开发动机舱盖,异味更浓,检查发现异味从蓄电池发出,观察蓄电池已经变形。更换蓄电池后故障排除。

5. 喷洒盐水

有些化合物在水中溶解时能够导电,如将充分的食盐与水混合可以增加水的导电性,因此任何对湿气敏感的电路,在不受限制地喷洒这种混合液后很容易出现故障。将水与盐混合制备 5%(质量分数)的盐水溶液,将该溶液灌入普通喷水瓶,这种混合液足以增加水的导电性，将其喷洒到电路上时，很容易导致电路故障。将溶液大量喷洒在可疑的部位，然后观察故障诊断仪或数字式万用表的变化。

6. 低温条件

根据故障条件的性质在车辆前部放置一个风扇，同时将车辆停在阴凉处能取得理想的效果。如果这种方法不成功则采用局部冷却处理，如使用冰块。当车辆部件或线束充分冷却后，操纵线束或部件以使故障重现。

[案例] 冷车时自动变速器的变速杆有时不能从P位拉出。

故障现象：2003年款一汽－大众宝来轿车冷车时自动变速器的变速杆有时不能从P位拉出。

故障诊断与分析：自动变速器的变速杆锁止电磁阀，只有打开点火开关，踩下制动踏板时，阀杆才能离开锁止位置，变速杆即可从P位拉出。连接故障诊断仪，读取故障码，无故障码显示。分析可能的故障原因如下：①制动开关故障；②线路故障；③变速杆锁止电磁阀故障。

客户反映车辆故障时制动灯亮，检查线路正常，分析可能变速杆锁止电磁阀冷车时动作不良，使阀杆不能从锁止位置离开。可故障需要确认，于是拿来冰块放在变速杆锁止电磁阀上，反复试验，果然有时，变速杆锁止电磁阀动作行程小，使阀杆不能从锁止位置离开。

故障排除：更换变速杆锁止电磁阀，故障消除。

7. 加载法

利用加载法可以检查发动机支撑、悬架系统或车架的状态，可以帮助查找异响或共振故障，也可以查找一些偶发的电路故障。加载的方法有掩住前后车轮，踩住制动踏板，自动变速器挂入D位或R位，然后加速，模拟故障是否出现，这对于查找异响或共振故障有帮助。同时利用自动变速器挂入D位或R位，加速时发动机整体的移动查找太短的线束和插接器分离到足以导致接触不良发生，使故障现象再现。

在维修实践中利用千斤顶将发动机托起，这对于查找异响或共振故障有帮助；用拉绳将发动机向前向后移动，这对于查找异响或共振故障有帮助。同时，这种方法对于查找太短的线束和连接器分离到足以导致接触不良的条件十分有用。

例如捷达前卫GiX型车发动机的进气歧管压力传感器线束内导线易被拉断，形成虚接，导致发动机运转不稳定。导线被拉断的原因往往是发动机支撑松动，发动机前后窜动。可以利用拉绳将发动机前后移动，查看故障是否消失或重现，从而轻松找出故障原因。

8. 加力法

利用给怀疑故障部件施加外力的方法来判断部件的状态是否异常。

[案例] 捷达CIX型轿车冷却液温度异常。

故障现象：捷达CIX型轿车急速或低速时有时冷却液温度高，高速行驶时冷却液温度正常。

故障诊断与分析：用故障诊断仪检测怠速时有时冷却液温度升到110℃左右风扇不转，用手触摸上下水管感觉温度是一致的，说明节温器开合良好。把风扇插头拔下，用万用表检测，发现当冷却液温度升高时有12V电压，说明双温开关开启正常。把插头插上，风扇不转，用一小棍轻微转动一下风扇，风扇即开始转动，怀疑问题出在风扇电动机上。

故障排除：更换风扇后故障消除。原来是风扇电动机发卡引起的故障。

第八章 疑难故障诊断技巧

四、间歇性故障诊断需要逻辑分析

间歇性故障因为出现故障的频率比较低，光靠故障现象确定故障的原因需要的时间比较长，因此判断此类故障，更需要逻辑分析的能力。

[案例] 2008年款上海通用雪佛兰景程轿车有时行驶中熄火，有时停车后不能起动。

故障现象：2008年款上海通用雪佛兰景程轿车有时行驶中熄火，有时停车后不能起动，故障平均六七天犯一次。有时熄火后马上就可以起动，有时则需要等十几分钟。

故障诊断与分析：第一次熄火后维修人员敲了敲油箱，发动机能工作了，以为是燃油泵工作不良，更换了燃油泵。几天后，发动机又熄火了，以为是燃油泵质量不好，就又换了一个。没过几天发动机再次出现熄火。这次仔细询问了客户，得知熄火前没什么征兆，一下就熄火了，怀疑线路有故障，建议客户将车留厂试验。试车时，发动机熄火了，急忙检查燃油压力，压力很低，分析若是燃油泵故障，应慢慢熄火，燃油系统不应有残余压力。检查燃油系统，发现燃油有一定压力，分析可能是燃油泵和喷油器同时停止了工作。能让燃油泵和喷油器同时停止工作的部件很可能是曲轴位置传感器，如果是曲轴位置传感器的故障，那也应该无点火信号。立即检查，点火系统果然无高压火，判断故障很可能在于曲轴位置传感器。

曲轴位置传感器的故障怎么判断呢？

一是故障码，但很多发动机的曲轴位置传感器故障，发动机控制单元是不记录故障码的。

二是数据流，在发动机不能工作时，观察数据流中的发动机转速，若有转速则曲轴位置传感器正常；若无信号，很可能是曲轴位置传感器故障。

三是在发动机不能工作时，观察仪表板上的发动机转速表，若转速表动作则曲轴位置传感器正常；若不动作，很可能是曲轴位置传感器故障。这一经验对大多数车型适用，但不是对所有车型适用，到底适用哪些车型需要日常多留心。

故障排除：更换曲轴位置传感器，故障消除。

五、间歇性故障的瞬态记录法

间歇性故障的诊断，有时需要多种方法组合在一起，有时需要根据经验将故障车辆的种种现象与完好车辆进行比较，或用同一型号的正常车辆与故障车辆进行对比，或用正常总成或零件替代怀疑有故障的总成或零件，比较更换前后的差异，以此判断故障所在。瞬态记录法是一种很好的确认故障的方法，即在故障发生瞬间记录下电控系统的故障码或数据流，从而在瞬间确定故障。

[案例1] 奥迪A6L 2.0L轿车行驶中偶尔出现加不上油的故障。

故障现象：2009年款奥迪A6L 2.0L轿车，行驶12.8万km。车辆行驶中偶尔出现加不上油（即踩下加速踏板，发动机转速和车速均不提升）的故障，故障在冷车时尤其容易出现，驾驶人反映加不上油时仪表板出现"请检查制动系统"的提示。

故障诊断与分析：车辆到达修理厂时，加速正常。因为车辆故障是间歇的，所以此时只能读取故障码。因为故障现象的提示信息是加不上油和检查制动系统，所以重点对发动机、自动变速器和制动系统这三个系统进行检查。

进入发动机系统，无故障码存在。进入制动系统，有一个故障码，内容为01316：制动控制单元。进入自动变速器系统，有两个故障码，分别是 18159　P1751：电源电压高，电阻值过大；18265　P1857：来自发动机控制单元负荷信号，电阻值过大。

从这三个与故障现象可能有关联的系统看，似乎没有太多有价值的东西，唯一的收获是自动变速器系统有个关于电源电压高的故障码。

读取蓄电池控制系统的故障码，显示有四个故障码（图8-2），都与电压有关。

看来电源电压有问题，但此时故障现象不存在，测量一切数据流正常，用万用表测

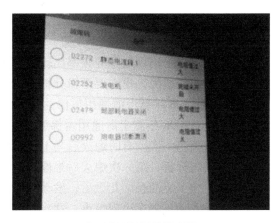

图8-2　四个故障码

量蓄电池的电压，发动机熄火时为12V，发动机怠速时为13.9V，也正常。分析故障可能在于发电机。

问题现场没有可更换试验的发电机，若是购买一个，却不能排除故障就不好了。修理厂坚持的原则是一定要用事实说话，不能靠推测。于是和客户说明情况，商议第二天一早到客户家再检测一下。

第二天一早到了客户家，连接故障诊断仪，起动发动机，一切正常，驾驶车辆刚跑出100m，仪表板上的ESP、ABS和制动器故障指示灯亮了（图8-3）。这时车辆加不上油了，认为故障出现了，赶快进入ABS读取故障码，可仪表板上的ESP和ABS故障指示灯突然熄灭了，仪表板上的蓄电池指示灯却亮了（图8-4）。立即进入蓄电池控制系统，读取电压为16.9V，读取故障码，和昨天的一样（图8-2）。故障找到了，确定是发电机出现故障了。

图8-3　仪表板上的ESP、ABS和制动器故障指示灯亮了

图8-4　仪表板上的蓄电池指示灯亮了

故障排除：更换发电机，故障消除。

小结：车辆加不上油，发动机控制系统却没有故障码，这时进入其他系统却有了新发现，有多个与电源电压高相关的故障码，怀疑是发电机或蓄电池有故障。该故障的排除采取了瞬态记录法，在发生故障时，观察蓄电池的电压，从而找到了故障。

[**案例2**]　奥迪A6L轿车热车有时起动困难。

故障现象：奥迪 A6L 2.0L 轿车，装备 FSI 发动机，热车有时起动困难。

故障诊断与分析：用 VAS5052 诊断仪读取故障码，发动机无故障码显示。检查燃油系统正常。检查火花塞等正常。读取数据流发现，当故障出现时，冷却液温度信号不稳定，在 10～95℃ 的范围内波动变化。分析发动机控制单元根据冷却液温度传感器的信号控制喷油量，当车辆起动时，若冷却液温度信号显示温度低，发动机控制单元根据冷却液温度传感器的信号加大喷油量，使车辆热车起动困难。检查冷却液温度传感器线路正常，分析故障应在冷却液温度传感器上。

故障排除：更换冷却液温度传感器，故障消除。

本故障由于冷却液温度信号的偏差量没有超过极限值，因此发动机控制单元没有储存故障码。排除故障时要注意故障码和数据流相结合。

[案例3] 北京现代伊兰特轿车 1.6L 发动机偶尔熄火。

故障现象：2011 年款北京现代伊兰特轿车，装备 1.6L 发动机，行驶 56000km，出现发动机偶尔熄火的故障。客户反映这个熄火很有规律，就是车辆大约行驶 20km，就会出现一次，发生故障时，有时是等红绿灯，有时是在行驶中。

故障诊断与分析：连接故障诊断仪，读取故障码，无故障码显示。观察数据流，也很正常。只能和客户一起试车。先连接好故障诊断仪，然后上路试车。果然在大约行驶 20km 后，在一转弯处，发动机突然熄火了，赶快读取故障码，有一个故障码 P0339：曲轴位置传感器电路故障。再起动发动机，发动机工作了，故障码没有了，读取数据流又一切正常。

故障排除：更换曲轴位置传感器，故障消除。

小结：该故障的排除，是在故障发生的瞬间读取了故障码，如果没有读取，运行一段时间，故障没有发生，故障码可能就自动消除了。

六、排除法诊断间歇性故障

对可能造成故障的原因，可以采取排除法，逐一排除。也可以根据部件性能特点，排除不可能的部件，最后剩下的就是故障原因。

[案例] 一汽 - 大众捷达轿车冷车起动困难。

故障现象：2008 年款一汽 - 大众捷达轿车，行驶 23 万 km。客户反映该车冷车起动困难，有时甚至不能起动。

故障诊断与分析：连接 V.A.G1552 故障诊断仪，读取故障码有三个，如图 8-5 所示。三个故障码涉及氧传感器、点火线圈和车速传感器，清除故障码后试车，始终未见故障出现，只好暂时交车。第二天客户反映车辆故障仍然存在，用故障诊断仪读取故障码还是原来的三个故障码。

接上故障诊断仪，清除故障码，与客户一起路试，故障始终未出现。分析三个故障码中能引起发动机起动困难或不能起动的只有点火线圈，于是检查线路，正常；又检查点火线圈，从表面看不出任何问题，但分析的结果是点火线圈故障，决定更换一个点火线圈。

图 8-5 读取故障码

故障排除：客户将车开走，多次回访故障一直没有出现。

小结：这个故障就是采用排除法排除了故障。

第二节　漏电故障检查技巧

之所以把漏电故障放在疑难故障里，是因为在任何一个车型上，漏电都是一个令人头痛的故障，漏电涉及很多部件，特别是电器元件，查找起来比较麻烦。

一、漏电的原因

1. 电器元件没有关闭

某个电器元件始终处于打开状态，最常见的是忘了关闭前照灯开关导致的漏电；也有些车辆因车门关不紧，导致室内灯一直亮产生漏电。像这样的漏电还容易查找。而有些漏电，如行李箱盖关不紧，导致行李箱灯一直亮引起的漏电就不太容易查找。还有些漏电，很多人以为是由于电器故障造成的，殊不知机械故障也能引起漏电。

上海通用别克新世纪和君威（旧车型）轿车停了一晚，全车就没电了。这两种车型经常发生这种故障，早在2006年时就在上海别克售后服务站遇到过这种故障。开始怀疑是漏电，可一检查没有漏电的地方，折腾半天将车装好。连续几天早上发动机起动正常，可忽然有一天，故障又出现了，还是全车没电，又是折腾半天找不到故障，装好车后，连续几天早上发动机起动正常，还是忽然有一天，故障再次出现了。开始以为是某个接触不良的部件，调整一下就好了。于是把所有可能的部件重新固定、插牢，可故障依旧。在故障又一次出现时，认真研究了车辆的每一个状态，发现全车没电时，点火开关不在LOCK（锁止）位置，而是在ACC位置。点火钥匙只有在LOCK（锁止）位置时才能拔下，那在ACC位置怎么会拔下钥匙呢？将点火钥匙插入钥匙孔中试验，发现点火钥匙在LOCK（锁止）位置和ACC位置均可拔出。原因找到了，分析全车没电是由于客户停车熄火不小心将点火钥匙从ACC位置拔出造成的。与客户沟通后，更换了点火锁，故障再没发生。

小结：实际上这种漏电与忘记关闭电器设备是一样的，只不过这种有很大的隐秘性。在1995年修过一辆北京切诺基，也是偶尔漏电。查了很多天也没找到原因，后来偶然发现，当后窗除霜开关不处于打开状态时，有时开关内部实际上是处于接触状态，造成漏电。

2. 线路磨破搭铁

这是最常见的一个故障现象，即线路磨破搭铁产生漏电。

[案例]　奥迪Q7 SUV停一个晚上不能起动。

故障现象：奥迪Q7 SUV，装备4.2L BAR发动机和09D自动变速器，该车停一个晚上不能起动。

故障诊断与分析：维修人员到达现场后直接搭电起动，检查发现天窗无法使用。车开回维修厂检查，用VAS5052诊断仪检测，发现J393里有一个故障为LIN总线断路/短路。联想到车辆停了一个晚上，就重点怀疑是LIN总线短路。J773是大天窗车顶系统的主控制单元。检查从J773至滑动天窗控制单元J245的LIN线路，发现线路对地短路了。因LIN线伸到后部天窗控制器J392及天窗卷帘控制器J394处，拆下顶篷，详细检查，发现天窗架子与车架的螺栓锁紧处的线夹破皮，拆下检查正是LIN总线被磨破。

故障排除：修复线束，故障消除。

3. 控制单元不能进入休眠状态

配置有车载总线系统的车辆基本上都具有系统休眠功能。电控系统的休眠（Standby）模式是指在发动机熄火一段时间后，整车自动进入一种用电量非常小的状态，也称为"低能耗模式"。"休眠"的目的主要有两个方面：一是减少在点火开关关闭以后蓄电池电能的无谓消耗，使蓄电池经常保持充足的电量；二是当总线系统中某个控制单元出现故障时，不至于因"漏电电流"过大而引起蓄电池亏电。

[案例] 奥迪 A6L 轿车无法起动。

故障现象：奥迪 A6L（C6PA）轿车，装备 BDW 发动机和 01J 变速器，该车无法起动。

故障诊断与分析：根据客户描述检查电压不足，发现是蓄电池亏电，根据以往经验导致蓄电池亏电的原因有发电机不发电、蓄电池故障或车辆自身漏电。用 VAS5052 诊断仪进入网关，读取历史数据，显示车灯、灯开关及 15 号线都是关闭的。但 CAN 总线有 8 个多小时没有进入休眠状态。为验证历史数据，关上车门发现三角警告灯开关指示灯一直无法熄灭，同时静态电流显示在 4A 左右跳动。用 VAS5052 诊断仪进入系统诊断，在 03 制动系统内有 G85 不通信及供电的故障码，而 G85 供电是由转向柱电器控制单元 J527 控制的，进入 125 组读取通信数据流发现在"0"与"1"之间跳动。由于 J527 工作不正常，怀疑是其影响使系统不能进入休眠，尝试拔下 J527 的供电熔丝 13 号，约 1min 后静态电流显示 0.00A，同时警告指示灯也熄灭，插上熔丝故障再现，说明故障点在 J527 上。

故障排除：更换转向柱电器控制单元 J527，故障消除。

小结：对于控制单元自身故障使系统不能休眠导致蓄电池亏电的，通过 VAS1598/38 总线节点诊断器，逐一剔除各控制单元，可快速准确诊断故障。

二、漏电的检查方法

如何检测汽车漏电呢？检测汽车是否漏电的方法有三种：经验检测法、万用表电流检测法和电流钳检测法。

1. 经验检测法

检测时，断开点火开关，拆下蓄电池负极接线，然后将接线与蓄电池负极柱碰触，观察火花强度。火花越强，漏电现象越严重。故障排除方法：若火花较弱，则说明有小电流存在，应重点检查室内小灯、行李箱灯等是否存在虚接常亮现象；若火花较强，则说明有大电流存在，应着重查看是否有用电器在一直工作或线路是否有破损搭铁的现象。

这种方法对旧车型适用，对现在带延时功能的车型已经过时了，因为蓄电池负极接线，与蓄电池负极柱碰触时，电器设备未处于休眠状态。对于旧车型，这种方法简单快捷。

2. 万用表电流检测法

这种方法须用万用表。检测时，断开点火开关，拆下蓄电池负极接线，把数字万用表调到电流表档，使万用表红表笔接触负极接线，万用表黑表笔接触负极接线柱，观察电流表数值。将测得的电流值与维修资料对照，看是否在正常范围内。若测得的电流值过大，则说明车辆有漏电故障。

对带音响防盗密码的车辆，在不知防盗密码的情况下，具体的检测方法如下：

1）关闭点火开关、用电设备及所有车门。

2）遥控上锁（智能车辆将智能卡远离车辆 3m 以上），等待一段时间让车辆进入休眠状态。等待时间因车型而异，有的需要 5~10min，有的需要 30min，有的甚至需要 1h。

3）旋松负极桩螺栓（为下一步检测做准备工作）。

4）将数字万用表转换到电流档（注意表笔要移到相应插孔）。

5）使万用表红表笔接触负极导线，黑表笔接触负极桩。

6）慢慢将负极导线和红表笔一并上移直至红表笔与负极桩完全脱离（此时状态是黑色表笔套在卡子里）。

7）观察串联电流表的电流值，一般来说非智能车辆为 0.03A，智能车辆为 0.05A 左右。如超出过多甚至翻倍即为异常。

3. 电流钳检测法

这种方法是借助专用工具电流钳（图 8-6）进行的，电流钳可对某一线路是否漏电进行测量。另外，电流钳使用也方便，不用断开蓄电池负极或线路。

[案例] 福特蒙迪欧致胜轿车漏电。

故障现象：2007 年款福特蒙迪欧致胜轿车，该车停放三四天后，蓄电池亏电，无法起动着车，更换新的蓄电池无效。

图 8-6 电流钳

故障诊断与分析：该车配置有一键起动系统。接车后，首先确认故障，关闭全车用电设备并用遥控器锁闭车门，用电流钳测量蓄电池正极电源线上的漏电电流，一开始为 0.8A 左右，慢慢降到 0.4A 左右，并且极不稳定。有时能听到某个继电器动作，电流会上升到 2.0A 左右，然后又降到 0.4A 左右。漏电电流反复变化，说明此车无法进入全车休眠状态。

采用逐个拔熔丝断电的方法，把小电流的熔丝逐个拔下，系统仍存在 0.4A 左右的电流，拔下所有继电器也没有使电流降到正常范围。

检查发动机舱的熔丝盒，逐个拔下盒内几个大容量的熔丝。

断开控制仪表上和音响部件的大熔丝后，电流降到了 0.13A 左右，看来是仪表或音响有漏电处。插上控制仪表和音响部件的大容量熔丝后，电流又恢复到 0.4A 左右，再逐个断开音响、仪表等部件。当拆下仪表后，发现电流降到了 0.13A，初步判断此车仪表损坏，更换仪表总成后故障排除。

小结：

1）此车的故障是因仪表损坏，造成整车电控系统无法进入休眠状态而产生漏电。

2）此车进入休眠的时间较长，约为 40min，由此提醒维修人员在检测此车型漏电故障时要多加注意。

3）经过与专家沟通，确认此车的仪表漏电故障是一个较为常见的故障，此仪表芯片采用摩托罗拉的 CPU，出现故障时的特点是 CPU 的复位系统出现故障，总是反复地进行复位，无法进入休眠状态。

该车通过电流钳即可准确地界定故障为"休眠模式失效"。采用逐个拔熔丝断电来观察漏电电流的方法，先找到导致漏电电流产生的熔丝，然后查找与该熔丝对应相连的用电设备，则该用电设备就是故障产生的原因所在。

三、漏电逻辑推理方法

漏电逻辑推理方法如下：首先用万用表测量出实际电流和蓄电池的电压，要测量三次，取其平均值。然后，用测出的实际电流减去标准电流，计算出漏电电流，再用漏电电流乘以实际蓄电池的电压，这个数值就是漏电部分的功率（单位是W）。

计算公式为 $P = U \times (I_{实测} - I_{标准})$

其中，P 为功率；U 为电压；I 为电流。

如果漏电电流为0.4左右，乘以电压12V，等于5W左右，可以考虑汽车上有什么东西是5W。小灯灯泡一般是5W，那么就可以考虑行李箱灯或者杂物箱灯没有正常熄灭。如果计算出来是2～3W，可以考虑音响方面或背景灯泡、仪表灯泡等。如果瓦数非常大，要考虑用电量较大的电器（如电机类等）或者有间接搭铁漏电的现象。

如果漏电电流是变化的，则有三种可能：①线路有搭铁漏电处，因搭铁程度不同，漏电电流可能也不同；②电器元件的状况在不断变化；③可能有2～3个电器元件交替放电。

[案例1] 奥迪A6L轿车的蓄电池亏电。

故障现象：奥迪A6L轿车，装备2.4L发动机，车辆停放一段时间后，起动机转运无力。

故障诊断与分析：用万用表检测放电电流，在该车锁车状态，静止40min后，放电电流在0.3～0.9A之间跳变，不正常，说明有线路或用电设备放电。查找放电部件，简便方法是逐个断开熔丝、继电器或用电器。当断开音响系统功率放大器J525后，放电电流降至0.002A，分析J525自身漏电。

故障排除：更换功率放大器J525，故障消除。

[案例2] 奥迪Q7 SUV停放一天后，无法起动。

故障现象：奥迪Q7 SUV，装备BAR发动机和09D变速器，车辆停放一天后无法起动。

故障诊断与分析：开始测量静电电流，3min左右开始睡眠，电流降到0.18A（Q7标准是不大于0.07A），10min后突然跳到6.15A。分别断开左、右CAN节点，发现右侧节点断开以后静电电流一直保持在0.06A。由此确定故障点在右侧CAN总线插头控制的范围内。依次拔下和插上熔丝，发现ST1/SC5（J387）和ST3/SC11（副驾驶人遥控车窗电动机和右后电动车窗电动机）只要插上任一熔丝，静态电流都会变化。查找发现右前车门通过LIN线控制右后车门，逐个排除J387控制的各个执行元件，发现拔下G416右前车门把手接触传感器时静电电流一直保持在0.06A，分析是右前车门把手接触传感器故障。

故障排除：更换右前车门把手接触传感器后，故障消除。

[案例3] 奥迪Q7 SUV停放一晚蓄电池没电。

故障现象：奥迪Q7 SUV，装备BHK发动机，该车停放一晚蓄电池没电。

故障诊断与分析：连接VAS5052A诊断仪检测无故障码。用VAS5052A诊断仪引导进入网关读取静态电流，发现此车的静态电流在下降到0.5A时又会突然变到7.2A左右，然后慢慢下降到0.5A，这个过程反复进行。找到同样的车型读取静态电流。诊断仪提示35min后下降到0.2A并保持。逐个拆下控制单元插接器，观察静电流的情况。无意中发现在静电流升至7.2A时J393内的继电器会发出"咔哒、咔哒"的响声，随后消失。这说明是舒适系统里的某个元件有故障，3～5min会给J393发送一次信号，使其苏醒。

有了这个信息，就能更清楚地分析故障点了。首先对舒适系统中的门锁进行排除，在对右前门主插头进行拔插后观察30min，静电流没有上跳的现象，说明故障就在这里。

拆除门饰板，对内部的部件一一排除，故障现象没有变化。由电路图可知后门由前门供电，随后拆去后门饰板并拔插其内部元件，拔掉右后车门把手传感器观察静电流时一切正常。最后确定是右后车门把手有故障向J393发出错误的信息。（注意：车门把手和传感器是制成一体的。）

故障排除：更换右后门把手传感器，故障消除。

四、漏电排除方法

1. 拔熔丝或继电器

漏电故障的一种排除方法是将熔丝或继电器逐个拔下，观察指针变化。当拔下某个熔丝或继电器时，指针不再转动，则故障点是通过此熔丝或继电器的电路或用电器。同电流检测法一样，通过查阅电路图或查看线路走向，沿线路查找出损坏部位进行修理。

采用逐个拔熔丝断电来观察漏电电流的方法如下：先找到导致漏电电流产生的熔丝，然后查找与该熔丝对应相连的用电设备，则该用电设备就是故障产生的"罪魁祸首"。

2. 利用光纤短接头

现在的车辆采用网关，用一光纤短接头，依次替代光纤系统控制单元，当替换掉某一控制单元时，静电流完全正常了，说明这个控制单元漏电。

大众奥迪车系的光纤短接头（4E0 973 802）是一个用途很广的工具。光纤系统出现的故障，如有时声音时断时续、有时黑屏等疑难杂症均可用它排除，而且线束中的光纤损坏也可用它修复，省去了更换整个线束的要求，可降低维修成本并大大缩短维修时间。

[**案例**] 奥迪A6L轿车停一晚上蓄电池亏电。

故障现象：2010年款奥迪A6L轿车，装备2.8L发动机，该车停一晚上蓄电池亏电。

故障诊断与分析：连接故障诊断仪检测，有断电级别6产生。读取历史数据，有总线不能休眠的信息。分析蓄电池亏电是由于车辆不能休眠造成的。检查蓄电池的静态电流，30min后静态电流为3.2A，说明车辆不能休眠。

依次拔下熔丝盒中的熔丝，当拔下音响系统的熔丝时，静态电流变为0.95A。又过了不到5min，静态电流变为10mA，说明系统进入休眠状态。由于光纤系统拔下其中一控制单元的熔丝后，整个系统均不工作，很难确定故障属于哪个控制单元。用一个光纤短接头，依次替代光纤系统控制单元，当替换掉前部信息系统显示和操纵控制单元J523时，静态电流正常了，说明前部信息系统显示和操纵控制单元J523有故障。

故障排除：更换前部信息系统显示和操纵控制单元J523，故障排除。

3. 运用数据流观察休眠状态

运用数据流观察各个部件的休眠状态，也可以检测到漏电。

[**案例**] 网线断路引起休眠模式失效。

故障现象：2006年款速腾轿车，停放2天后难以起动，仪表板上没有任何指示灯报警。

故障诊断与排除：怀疑系统漏电，于是在静止状态下测量蓄电池的放电电流，达到1.05A（标准值应小于50mA）。连接故障诊断仪VAS5051进行检测，读到一个故障码"00470"，其含义是单线组合舒适系统数据总线断路。选择故障诊断仪的"引导性查询功能"，查询CAN总线的数据流。在正常情况下，关闭点火开关，等待1min左右，由于网关休眠，第1区（唤醒总线状态）的显示应为"被动"，第2区（舒适总线）、第3区（信息娱乐总线）和第4区（动力总线）的显示均应为"CAN总线休眠"。

但是故障车辆点火开关关闭1min后的测量结果却为第1区显示"主动"，说明CAN总线没有休眠；第2区（舒适总线）、第3区（信息娱乐总线）显示空白，说明舒适总线和信息娱乐总线没有休眠；第4区（动力总线）显示传输休眠，说明动力总线正常。为了进一步判断舒适总线和信息娱乐总线没有休眠的原因，再次利用故障诊断仪的"引导性查询功能"，查看舒适总线和信息娱乐总线的数据流，结果见表8-1。由表8-1可以看出，第2区显示的"乘员侧车门导线"后面没有显示内容（若后面显示"1"，表示连接正常；后面无显示，表示连接不正常；后面显示"单线"，表示1根导线断路；后面显示"S"，表示休眠模式已设置），说明乘员侧车门上的舒适总线连接不正常。拆开乘员侧车门的线束检查，发现有一根网线断路。更换断裂的网线后，再测量静止状态下的寄生电流⊖，下降为10mA。由于乘员侧车门的网线断路，导致舒适总线和信息娱乐总线无法正常休眠，使网络上的控制单元持续工作，寄生电流过大，造成蓄电池亏电，因此发动机难以起动。

表8-1 舒适总线和信息娱乐总线的数据流

测量项目	测量结果	正常值
CAN-网关-驾驶人侧车门	驾驶人侧车门1	驾驶人侧车门1
CAN-网关-乘员侧车门	乘员侧车门导线	乘员侧车门1
CAN-网关-左后车门	左后车门1	左后车门1
CAN-网关-右后车门	右后车门1	右后车门1

五、综合检测和分析法查找漏电

漏电故障是一种复杂的故障，有时单靠某一种方法很难查出故障的原因，需要综合运用各种方法来查找，造成漏电的原因主要如下：

1）发动机熄火后，钥匙开关没有关闭或钥匙开关关闭了，但音响、灯光等系统长时间处于使用状态。

2）发电机不能正常发电。

3）车辆不能正常休眠、休眠电流过高以及系统被频繁唤醒。

在这些原因中，钥匙开关没有关闭或钥匙开关关闭了，但音响、灯光等系统长时间处于使用状态容易发现。发电机不能正常发电可以测量出来，而车辆休眠电流过高的故障在维修时有一定的难度，甚至有时无从下手。遇到这类问题，要考虑车辆休眠的两种情况：车辆可以休眠但是休眠电流较高；车辆无法进入休眠造成电流较高。这两种情况都可以导致蓄电池过度放电。诊断时需要分清是哪种情况导致的。

⊖ 汽车电气系统的寄生电流是指在电源开关以及其他电器开关关闭后，某些电器或电路继续消耗蓄电池的放电电流。

[案例1] 宝马730Li轿车休眠电流过高。

故障现象：2003年款宝马E66 730Li轿车，行驶8.6万km。停放一晚后，起动机不能转动，检查是蓄电池亏电。更换蓄电池，第二天又出现蓄电池亏电的现象。

故障诊断与分析：根据故障现象分析，可能是车辆有漏电现象。连接故障诊断仪，读取故障码，发现在车辆的多个控制单元内均存储了关于电压过低的历史故障记录，但当前故障没有电压过低的记录。分析造成电压过低的故障原因可能包括以下三点。

1）发电机不能正常发电。

2）发动机熄火后，钥匙开关没有关闭或钥匙开关关闭了，但音响、灯光等系统长时间处于使用状态。

3）车辆不能正常休眠、休眠电流过高以及系统被频繁唤醒，蓄电池放电过度而亏电。

首先检查发电机正常；检查钥匙开关关闭后，音响、灯光等系统正常关闭。这时观察车内，发现遥控器钥匙孔和"START STOP"按钮的照明指示灯（图8-7）以及座椅调节开关指示灯一直亮着，这说明车辆的总线一直处于启用状态。正常情况下，遥控钥匙从遥控器钥匙孔拔出，车门上锁后3min以内遥控器钥匙孔和"START STOP"按钮的照明指示灯会自动熄灭，5~16min座椅灯用电器会关闭，开关指示灯会随之熄灭，然后车辆逐步进入休眠状态。

图8-7 遥控器钥匙孔和"START STOP"按钮的照明指示灯

检查车辆的静态电流是否正常：关闭车辆的所有用电器及车门，通过故障诊断仪GT1的电流钳观察车辆的静态电流，大约过了30min，故障诊断仪显示的静态电流为4.96A，显然车辆根本没有进入休眠状态。这款宝马轿车，各系统的控制单元共有几十个，如果车辆在特定情况下不能按照设计规定的要求进入休眠，将会造成蓄电池放电过度而亏电。虽然宝马车系的各车型由于配置不同，对休眠的要求也不尽相同，但有一点是相同的，就是最大休眠电流不能超过80mA。车辆的休眠分六个阶段完成（图8-8）：第一阶段——总线端15关闭；第二阶段——总线端R关闭；第三阶段——车辆已保险锁死㊀；第四阶段——总线休眠开始；第五阶段——8min后关闭用电器；第六阶段——总线端30B关闭。当车辆装有电话和驻车加热系统时，进入休眠共需60min，没有这些装置时为30min，系统根据总线端状态关闭总线端"用电器"（如阅读灯和化妆镜照明灯）。车辆已保险锁死后，就会立即关闭相关用电器。处于其他所有总线端状态时，继续运行8min后关闭总线端"用电器"，由脚部空间模块进行控制。如果在车辆停止运行60min后总线仍处于启用状态，则在总线端R"关闭"后车辆将无法进入休眠状态。

由休眠特性曲线图可以看出，在第四阶段，电流降低至200mA时才算是休眠开始，然后电流逐渐降低，直到降到规定值80mA的范围。通过故障诊断仪测量的蓄电池放电电流

㊀ 已保险锁死是指用钥匙在车外把车锁死；未保险锁死是指未用钥匙在车外把车锁死。

是 4.96A，说明车辆没有进入休眠状态。

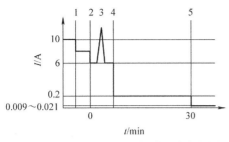

a) 已保险锁死时的典型休眠电流特性曲线

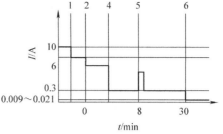

b) 未保险锁死时的典型休眠电流特性曲线

图 8-8 车辆完成休眠的不同状态

故障的关键是要找到是哪个信号触发使得总线系统一直启用。对于这种故障，最简捷的方法就是排除法，结合以往的经验逐个断开怀疑的控制单元，然后观察遥控器钥匙孔和"START STOP"按钮的照明指示灯 3min。当断开右前车门控制单元（图 8-9）后，不到 3min 各相关指示灯就熄灭了，此时再观察故障诊断仪上测得的休眠电流为 0.12A，这说明车辆已经进入休眠状态。

故障排除：更换右前车门控制单元后，故障消除。

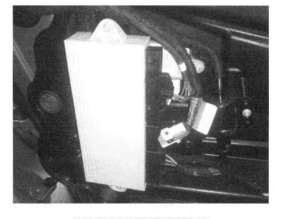

图 8-9 右前门控制单元

小结：宝马车的漏电故障，很多时候就是由于车辆无法进入休眠状态，导致放电电流过大引起的。对于此类故障，利用排除法进行排除筛选，在先后顺序上还是有规律的。首先要排除车辆的后加装设备（如导航、电子眼报警器等），其次是检查车辆的通信娱乐设备（如音频系统、电话等），接着就是各个车门的控制单元等用电设备，依此类推直到找到故障点。判断故障时只需要断开模块或用电器的连接端子，再观察休眠电流的变化即可，此故障的排除则是首先断开整个右前车门的连接端子后逐步发现右前车门控制单元故障的。

[**案例 2**] 宝马 320i 轿车无法进入休眠模式。

故障现象：宝马 320i 轿车，发动机型号为 N46T，底盘开发代码为 E90。该车停放一夜后，按压启动按钮，起动机运转无力，用电缆跨接新蓄电池，发动机起动正常。可以确定发动机无法起动由蓄电池亏电所致。蓄电池充满电后，发动机起动正常，车辆功能正常。第二天，发动机又无法起动，蓄电池再次亏电。

故障诊断与分析：利用故障诊断仪读取故障码，无相关故障记忆。该车能源管理系统为基本能源管理系统，无法进行电源诊断。根据故障现象分析，车辆存在漏电的可能性。

首先进行静态电流测试。

（1）静态电流测试准备　将车辆停放在一个能够不受干扰进行静态电流测量的位置。

1）蓄电池必须已充满电且不允许连接蓄电池充电器。如有必要，必须事先对蓄电池进行充电。

2）打开发动机盖并拉起发动机盖触点开关（模拟关闭发动机盖）。

3）打开行李箱盖，并在行李箱盖处于打开状态时，将行李箱盖锁用螺钉旋具联锁（模拟关闭的行李箱盖）。

4）打开杂物箱（识别用电器断开）。

5）打开驾驶人侧车门并重新关闭（模拟上车）。

6）将点火开关接通至少5s，然后重新关闭。

7）将带无钥匙便捷上车及起动系统的车辆的遥控器或识别传感器从插口槽中拔出，并且不要放在车上。

8）重新打开驾驶人侧车门并在驾驶人侧车门处于打开状态时将驾驶人侧车门锁用螺钉旋具联锁（模拟下车）。

（2）执行POWER DOWN检测计划　POWER DOWN指令发出后，发动机启动按钮背景照明灯始终点亮，车辆无法进入休眠模式。

（3）测量静态电流　用电流钳测量静态电流为1.2A，静态电流过高。

以上测试说明车辆静态电流过高，车辆无法进入休眠模式。可能的原因如下：

1）总线端KL.30或蓄电池上连接有附加用电器。

2）部件损坏、控制单元或某个控制单元的外围设备在睡眠模式下消耗过多的电流并阻止车辆休眠。

3）连接在PT-CAN上的故障源或CAS（点火开关和行车电脑控制单元）的唤醒导线有问题（如接触不良）。

分析该车的故障属于车辆无法进入休眠，可能的原因为损坏的部件、控制单元或某个控制单元的外围设备阻止车辆休眠。

测量PT-CAN、K-CAN的波形，总线系统未进入休眠模式，总线波形正常。本着先易后难的查找原则，首先拔掉KOMBI供电熔丝后，发现此时的休眠电流由1.2A下降到400mA，随后发动机启动按钮照明熄灭，为了验证车辆是否进入休眠模式，再次测量K-CAN、PT-CAN的波形，测试表明PT-CAN和K-CAN均已进入休眠模式，但是K-CAN的休眠波形K-CANL异常。

K-CANL休眠波形异常，而且此时的休眠电流仍很高。这样故障范围基本可以确定：K-CAN总线系统下的控制单元和用电设备。逐个断开控制单元，观察静态电流的变化，当拔掉PDC控制单元插头后，休眠波形K-CANL恢复正常，休眠电流下降至20mA，恢复正常。

故障排除：更换PDC控制单元后，故障消除。

第三节　疑难故障诊断综合技巧

除了前面讲的间歇性故障和漏电故障外，有人把虚假性故障、交叉性故障和人为故障也列为疑难故障。

虚假性故障的特点是，故障现象以非电控形式出现，故障真正的原因难以查明，而导致发生故障的真实原因不是机械部分，而是电控部分。例如某些传感器失灵，误导控制单元发出错误指令，进而使故障恶性循环，造成机件的严重损坏。

第八章 疑难故障诊断技巧

交叉性故障的特点是，电控与非电控部分同时出现综合性故障，非电控故障掩盖了电控故障，此时只重视机械方面故障的排除，而忽视和掩盖了电控系统方面的故障。

人为故障的特点是，人为造成电控系统新的故障。其原因是在驾驶人反映情况有误或车载自诊断系统紊乱（出现假码或乱码）时，维修人员未经科学分析和详细检测而使电控部分产生了新的故障。

有的专家认为虚假性故障、交叉性故障和人为故障，不应算作疑难故障，只有间歇性故障是疑难故障。因为间歇性故障时有时无，不是持续性发生。有的故障现象只有在特定条件下（如振动、受热、潮湿）其症状才会显现出来，诊断时不好下手。实际上，间歇性故障和漏电故障有较容易排除的，虚假性故障、交叉性故障和人为故障也有很难排除的。

本节重点介绍虚假性故障、交叉性故障及人为故障这三种疑难故障的综合诊断技巧。在疑难故障的诊断中，示波器是一个十分重要的工具。

一、虚接故障诊断

1. 车速信号虚接

丰田普拉多 GRJ120 越野车组合仪表中的车速表不工作，表针偶尔抖动一下。使用示波器检测 ABS 控制单元至组合仪表的车速信号发现波形不良（使用万用表检测导通正常），如图 8-10 所示。将线束剥开后发现一处已经腐蚀即将断路，将腐蚀处修复，故障排除。

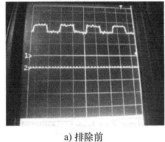

a) 排除前　　　　　　　　　b) 排除后

图 8-10　车速信号波形

2. 点火线圈熔丝虚接

熔丝虚接会产生怎样的故障？把 2012 年款一汽-大众迈腾轿车的点火线圈熔丝换成一个 10Ω 电阻，相当于点火线圈 SB10 虚接（10Ω 电阻），结果发动机不能工作。是什么原因造成的呢？这个故障需要使用示波器，首先将点火开关转至 ON 位置，测量熔丝输入端电压，波形如图 8-11 所示。

将点火开关转至 START 位置，熔丝输入端电压的波形如图 8-12 所示。

再次将点火开关转至 ON 位置时，熔丝输出端电压的波形如图 8-13 所示。

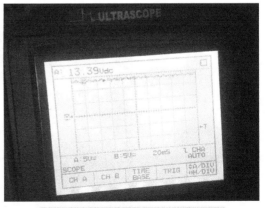

图 8-11　点火开关置于 ON 位置时熔丝输入端电压的波形

将点火开关转至 START 位置时，熔丝输出端电压的波形如图 8-14 所示。可以看到点火线圈触发瞬间，点火线圈的供电电压只有 2~3V，这个电压不能产生火花，发动机也就不能工作了。

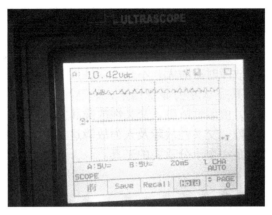

图 8-12　点火开关置于 START 位置时
熔丝输入端电压的波形

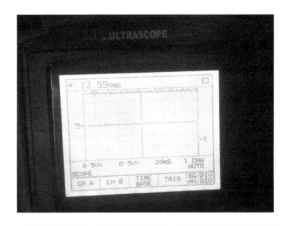

图 8-13　点火开关置于 ON 位置时 熔丝输出端电压的波形

图 8-14　点火开关置于 START 位置时熔丝输出端电压的波形

二、搭铁不良

汽车电气系统由很多子系统组成,每个子系统均由"蓄电池正极—熔断器—控制开关—电器设备—搭铁线—车体—蓄电池负极"构成的闭合回路组成,回路中的任一环节出现故障均会导致该系统工作异常。其中,由"蓄电池负极、车体、搭铁线"组成的搭铁部分,往往成为故障的多发地与故障诊断的难点。

由于汽车是运动的交通工具,不像计算机、电视是静止不动的,通常容易出现搭铁线接触不良或搭铁线断路,轻则影响汽车某方面的功能,重则会使汽车停驶,不能工作。

现在的轿车全身多达几十处的搭铁点,可能由于出厂装配松旷或激烈振动以及长久氧化腐蚀、生锈产生搭铁不良,导致汽车的电源系统、起动系统、点火系统、仪表系统、灯光等产生一些奇怪的故障。许多看起来似乎毫无关联的故障现象,其实就是由于搭铁不良引起的。例如传感器的信号输出值高于正常范围,或者一直不变;起动机、前照灯、风扇电动机等大功率负载的性能不良,都可能是电路搭铁不良的征兆。另外,汽车上的电子控制系统传递的是数字信号或高精度的模拟信号,电路搭铁不良可能使高精度的信号失真,因此这类故障具有很大的隐蔽性。迅速确认搭铁不良的故障,并及时找到搭铁位置,对快速排除相关故障意义重大。

[案例1] 柯斯达3RZ型发动机点火线圈搭铁不良导致发动机起动后立即熄火。

柯斯达3RZ型发动机起动后立即熄火,检测没有故障码,换了很多部件也没找到故障。用示波器测试点火线圈的IGT信号波形异常,如图8-15a所示。

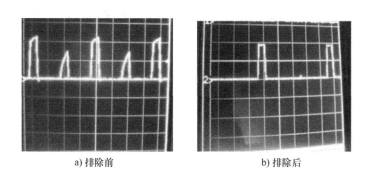

a) 排除前　　　　　　　　b) 排除后

图8-15　点火线圈的IGT波形

经检查是发动机点火线圈搭铁不良导致的故障。将搭铁点处理后,发动机顺利起动,使用示波器检测IGT波形(图8-15b),正常。

[案例2] 宝马X6 SUV搭铁不良导致发动机故障指示灯报警,发动机加速不良。

故障现象:2006年款宝马X6 SUV早上起动时发动机故障指示灯报警,发动机加速不良。

故障诊断与分析:试车发现冷车第一次起动后,从高怠速下降的过程中出现发动机故障指示灯报警,同时伴随发动机抖动。清除故障码后再起动,发动机故障指示灯不报警,车辆也无异常情况出现。

经过基本检查，发动机状况良好。

连接故障诊断仪，读取故障码，经检测有两个故障码，分别如下：

DME 2D44 节气门2，卡住或不灵活；

DME 2CF3 节气门2，节气门电位器1和2。

读取故障时的发动机数据流（图8-16），发现1、2两列节气门数据有区别，数据流在冷起动故障出现瞬间有如下变化：

1）冷起动后发动机故障指示灯报警时，发动机转速在710～1000r/min不稳定。

2）进气流量、进气压力、燃油高压、空燃比、点火提前角在故障时变化波动很大。

3）节气门1的开度在4.25°～4.35°之间，节气门2的开度在0.69°～1.12°之间。

通过故障码及数据流可以发现，故障码指示节气门2卡住或不灵活，数据流显示节气门2的控制不正常。节气门2应是本故障的切入点，于是围绕着节气门2进行以下检查：

1）检查节气门2的电源/搭铁线正常，测量节气门2的信号波形（图8-17）正常。将检查的这些数值与节气门1比较，没有发现异常。

发动机转速实际值 710.00rpm	发动机转速实际值 797.00rpm
节气门2后的进气压力 344.38hPa	节气门2后的进气压力 393.38hPa
加速踏板位置 0.00%	加速踏板位置 0.00%
节气门2前的进气压力 1019.75mbar	节气门2前的进气压力 1018.75mbar
节气门后的进气压力 523.00hPa	节气门后的进气压力 450.88hPa
节气门角度 4.25°	节气门角度 4.35°
节气门角度2 0.69°	节气门角度2 1.12°
节气门前的进气压力 1013.50mbar	节气门前的进气压力 1014.25mbar
发动机冷却液温度 33.00℃	发动机冷却液温度 33.00℃

图8-16 读取故障时的发动机数据流

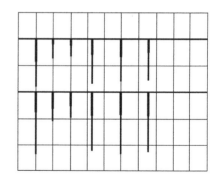

图8-17 测量节气门2的信号波形

2）检查节气门线束插头正常。

3）检查发动机控制单元供电搭铁正常。

这些都没有问题，那会不会是节气门2自身的故障？

考虑到该车只有早上第一次冷起动时才会出现故障，第二次起动车辆就没有故障现象，于是决定换件试验。由于节气门1和节气门2的零件号一致，就对调了节气门1和节气门2的位置。

次日清晨，连接好故障诊断仪和示波器，起动发动机，故障现象出现了，读取故障码，和先前的故障码一样。这样可以排除节气门的问题。测量故障时节气门2的供电及信号波形，发现非常杂乱。分析发动机控制单元到节气门的供电电源及信号控制有问题。阅读电路图发现，节气门 2 的供电有个支路是到燃油压力传感器。

从节点 x8094 断开和节气门 2 共用一个发动机控制单元供电的燃油低压压力传感器，检查燃油低压压力传感器的线束插头未发现异常，检查燃油低压压力传感器正常，连接油压表读取燃油低压压力，正常。

至此，与故障码相关的需要检查的项目都已经检查了。

这时想到电磁干扰，能产生电磁干扰的部件有发电机、电动风扇、点火线圈、火花塞，点火线圈供电搭铁接触不良也能产生电磁干扰。仔细研究已经得到的线索，认为该故障可能是由电磁干扰导致的。

检查发电机、电动风扇正常，检查点火线圈、火花塞正常。

分析该车 1 列节气门 1 一直没有故障，其故障点应该在 2 列节气门 2 所在一侧。下一步重点关注 2 列的一些部件。再次拆检火花塞、点火线圈还是没有发现问题。继续检查它们的线路，检查点火线圈的搭铁线，点火线圈的搭铁线集成在点火线束上，点火线圈搭铁线的固定点安装位置在气门室罩盖上，用螺母紧固。检查螺栓紧固力矩正常，拆下后发现搭铁线板的金属面上有白色氧化物，如图 8-18 所示。

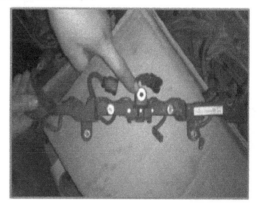

图 8-18　点火线圈搭铁不良

故障排除：清除搭铁线板金属面上的白色氧化物，重新安装，故障再没有出现。

小结：点火线圈搭铁线板金属面上的白色氧化物，造成点火线圈搭铁不良，在冷起动负荷较大的情况下，产生电磁干扰致使节气门供电不稳定从而引发故障。

三、CAN 线和 LIN 线的测量

现在采用车载网络的车辆越来越多，在实际维修中如果遇到网络线路 CAN 线或 LIN 线出现故障，有的维修人员会想到使用万用表电压档测量相应线路的电压，其实这样测量是不准确的，因为总线的信号是波形信号，用万用表测量的其实是波形的峰值电压，不能反映测量的真实性。最准确的方法是用示波器测量相应总线的波形，波形的周期和峰值调节合适就会很明显地看出是短路、断路，甚至虚接等故障。

[案例]　迈腾轿车左后车门玻璃升降器不工作。

故障现象：2012 年款迈腾轿车左后车门玻璃升降器不工作。驾驶人侧车门升降器开关不能控制左后车门玻璃升降器，左后车门也不能控制本车门的玻璃升降器。

故障诊断与分析：连接故障诊断仪，读取故障码，无故障码显示。读取数据流也没发现异常。测量控制单元供电电压正常。测量线束连接正常，无短路或断路现象。测量左前车门控制单元 J386 的 LIN 线波形，如图 8-19 所示。

测量左后车门控制单元 J926 的 LIN 线波形，如图 8-20 所示。

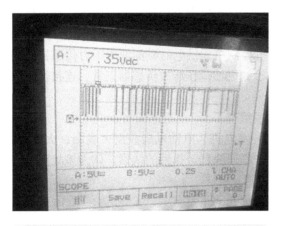

图 8-19　左前车门控制单元 J386 的 LIN 线波形

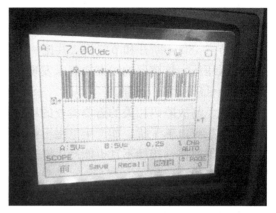

图 8-20　左后车门控制单元 J926 的 LIN 线波形

测量右前车门控制单元 J387 的 LIN 线波形，如图 8-21 所示。

测量右后车门控制单元 J927 的 LIN 线波形，如图 8-22 所示。

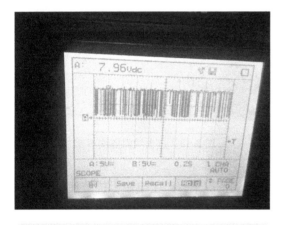

图 8-21　右前车门控制单元 J387 的 LIN 线波形

图 8-22　右后车门控制单元 J927 的 LIN 线波形

对比左右车门控制单元的 LIN 线波形发现，左侧波形不正常，再次检查左后车门控制单元 J926 的 LIN 线，如图 8-23 所示，线路正常。分析故障在左前车门控制单元 J386。

故障排除：更换左前车门控制单元 J386（图 8-24），故障消除。

图 8-23　左后车门控制单元 J926 的 LIN 线

图 8-24　左前车门控制单元 J386

四、信号波形的测量

传感器、执行器的信号都有波形,通过对比测试的波形与标准波形,可以判断故障的原因。

有时波形不正确,不一定有故障码或不正确的数据流出现,这时需要根据传感器或执行器的工作原理,通过波形找到故障原因。

[案例] 丰田陆地巡洋舰 LC100 的空调不制冷。

故障现象:2004 年款丰田陆地巡洋舰 LC100 的空调不制冷。

故障诊断与分析:打开空调系统按压 A/C 开关,开关上的工作指示灯能够点亮,观察空调压缩机也能够吸合运转,可是大约 30s 后空调压缩机离合器断开吸合停止工作,同时 A/C 开关的工作指示灯闪烁,空调不能制冷。

连接空调压力表测量制冷剂的压力,静态时约为 0.49MPa,压缩机吸合的瞬间低压下降,高压上升,说明故障和是否缺制冷剂无关,需要检查空调控制系统。

读取空调系统的故障码,同时按压空调控制面板上的 AUTO 开关和空气循环控制开关,将点火开关转至 ON 位置,空调控制系统便会进入自诊断模式。通过空调控制面板显示屏读取空调控制系统的故障码。读取的故障码为"12"和"47","12"的含义为环境温度传感器线路;"47"的含义为后空调空气混合风门控制电动机电路。

检查车辆前方的环境温度传感器发现传感器线束在以前的事故中被刮断,当时维修时没有发现。将断开的线束修好,再次读取故障码,"12"消失,只剩下"47",但再次确认故障症状并没有改变。分析后空调空气混合风门控制电动机的电路故障与故障现象无关,此故障应该与空调控制系统中的传动带保护系统相关。

该车传动带保护系统的功能是每次压缩机转动时,压缩机内的转速传感器(图 8-25)产生速度信号,控制单元通过计算速度信号检测压缩机的运转,并比较发动机与压缩机的速度。如果差值超过某一值,控制单元压缩机锁定并断开电磁离合器。另外,控制单元控制 A/C 开关指示灯闪烁通知驾驶人有此故障。

 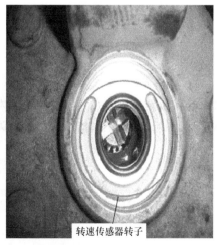

转速传感器　　　　　　　　　　转速传感器转子

图 8-25　压缩机内的转速传感器

确认此车压缩机运转正常并没有抱死和传动带打滑的现象,但并不能说明空调压缩机转速信号一定正常。

使用示波器测量压缩机转速信号的波形，结果没有波形输出（图 8-26），正常的波形如图 8-27 所示，可以肯定该车空调不制冷的故障症状也正是由于此原因造成的。

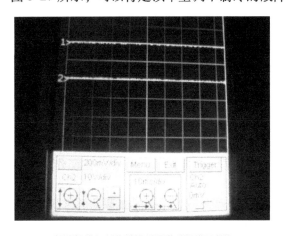

图 8-26　无压缩机转速信号波形

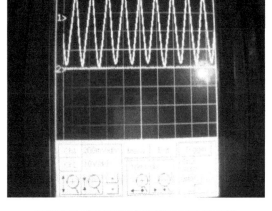

图 8-27　正常的压缩机转速信号波形

拆卸空调压缩机仔细检查后发现了故障点，原来连接空调压缩机上的转速传感器的线束有一处曾经受过损伤，导致内部线路断路（图 8-28）。

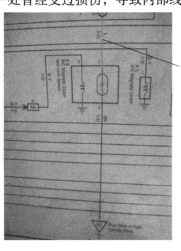

图 8-28　线路断路处

故障排除：重新焊接断开的线束，车辆恢复后，压缩机转速信号波形正常，空调压缩机能够正常连续运转，A/C 工作指示灯也不再闪烁，进一步检查空调的制冷效果也正常。

参 考 文 献

[1] 姚美红，栾琪文. 奥迪 A6L 轿车新技术解析与电气维修 [M]. 北京：机械工业出版社，2012.
[2] 栾琪文. 奥迪车系故障诊断与维修实例 [M]. 北京：化学工业出版社，2016.
[3] 于京诺. 汽车电子控制技术 [M]. 北京：机械工业出版社，2014.
[4] 文恺. 奥迪汽车维修资料速查手册 [M]. 北京：化学工业出版社，2014.
[5] 《汽车维修技师》杂志社. 汽车维修技师 大众奥迪车系技师手记 [M]. 沈阳：辽宁科学技术出版社，2009.
[6] 星宝奥汽车维修技师编写组. 最新奥迪汽车维修实例 [M]. 北京：北京科学技术出版社，2012.
[7] 曹利民. 汽车自动变速器维修精华 [M]. 北京：机械工业出版社，2011.
[8] 谷朝峰. 一汽 – 大众轿车维修笔记汇总 [J]. 北京：汽车与驾驶维修，2013，1 – 12.
[9] 谷祖威，等. 汽车综合故障诊断 [M]. 北京：人民邮电出版社，2013.